土器燒成의 考古學
토기소성의 고고학

土器燒成의 考古學

한국고고환경연구소　편

서 경 문 화 사

본 책은 한국고고환경연구소의 세 번째 학술총서입니다. 단순한 고고학 조사에 그치지 않고 고고학 자료를 활용한 다양한 측면의 연구를 지향하는 본 연구소의 설립 취지에 따라 간행되기 시작한 학술총서가, 그리 길지 않은 기간에 벌써 세 번째의 연구성과를 발표하게 된 것은 주변 선생님들의 적극적인 협조와 우리 연구소 소속 연구원들의 노력이 합쳐진 결과라 생각합니다. 앞으로도 계속적으로 각종 학술활동을 지원하고 학술총서 간행을 적극 장려하여 고고학의 발전에 일조할 수 있는 연구성과가 축적되도록 노력하겠습니다.

책의 제목은 '土器燒成의 考古學' 으로 결정하였습니다. 저희 연구소에서는 2005년 11월 10일과 11일 양일에 걸쳐 '景觀의 考古學' 이라는 제목으로 한·중·일 3국의 국제학술회의를 개최한 바 있습니다. 이때 관련 행사로서 토기소성실험을 실시하였습니다. 토기소성에 대한 실험은 과거 여러 관련 기관에서 행하여진 바 있지만, 일반인들을 위한 이벤트성 행사의 수준을 넘어서는 학술적인 실험은 이루어진 적이 없다고 할 수 있습니다. 사실 저희 연구소로서도 토기소성은 물론 실험고고학 자체에 대한 경험이 거의 없는 상태였습니다만, 이러한 상황에서 그나마 어느 정도의 성과를 얻을 수 있었던 것은 토기소성실험에 관한 많은 경험을 가지고 계시는 北野博司, 小林正史 양 선생님의 도움이 있었기 때문입니다.

이 책에서는 토기의 '소성' 이라는, 지금까지 그다지 연구자들의 주목을 받지 못하였던 주제에 대하여 다양한 측면에서의 접근을 시도하였으며, 이를 통하여 민족지고고학이나 실험고고학 등 고고학적 해석의 다양한 방향성을 모색하기도 하였습니다. 본 책의 학술적인 수준에 대하여 스스로 높게 평가하기에는 부끄러운 점이 많지만, 이러한 연구를 통하여 연구자들이 자료에 대한 새로운 시각을 가질 수만 있다면 그것만으로도 본 책의 목적은 어느 정도 이루어진 것이라 생각합니다.

본 책을 만드는 데에는 바쁘신 가운데도 소중한 원고를 내 주신 小林正史, 北野博司, 長友朋子, 庄田愼矢, 韓志仙, 崔仁建 등 여러 선생님들의 도움이 없이는 불가능했을 것입니다. 이 자리를 빌어 執筆者 선생님들께 다시 한번 감사드립니다. 그리고 번역을 맡아 주신 孫晙鎬, 山本孝文 선생님께도 감사드립니다. 마지막으로 이 총서의 출판을 맡아 주신 서경문화사 김선경 사장님께도 깊은 감사의 뜻을 전하고자 합니다.

한국고고환경연구소장 _ 이 홍 종

차 례

序 ~ '土器燒成의 考古學' 으로의 招待

> 아마도 토기 만들기는 인간이 최초로 화학변화를 의도적으로 이용한 것이리라… 토기 만들기의 핵심은 제작자가 점토를 원하는 형태로 만들 수 있고, 이 형태는 다시 '소성'에 의하여 변하지 않는 형태로 만드는 데에 있다.　　　　　　　　　고든 차일드 (1951), pp.76-77

이 책은 토기소성을 고고학적으로 연구하고자 하는 목적으로 작성되었다. 위에서 차일드가 말한 것처럼 토기 만들기는 인간에 의해 처음으로 이루어진 의식적인 화학변화의 이용이며, 이 화학변화가 일어나는 과정이 이 책에서 다루는 토기의 소성이다. 토기는 동아시아의 각지에서 기원전 10,000년보다 이른 시기에 이미 출현된 것으로 알려져 있고(嚴文明 2000, pp.5~6), 북부 아프리카에서도 그 출현이 기원전 8,000년 가까이까지 올라가는 사실이 알려지고 있다(Close 1995). 즉, 토기와 인간의 관계는 만년 이상의 오래된 역사를 가지는 것이다.

한편, 토기의 제작과정은 원칙적으로 1. 소재의 획득, 2. 소재의 준비, 3. 기물의 성형, 4. 소성 전 처리, 5. 건조, 6. 소성, 7. 소성 후 처리로 정리된다(Orton *et al.* 1993, p.114). 이 가운데 특히 소성이라는 과정은 민족지에 보이는 바와 같이(森淳 1992, p.24; p.65) 이에 대한 많은 禁忌가 확인될 정도로 토기 제작에 있어서 매우 중요한 과정이다. 이 과정에 대해서는 주로 태토 분석을 이용한 소성온도 추정과 같은 화학적 연구가 활발하게 이루어지고 있다(최몽룡 외 1996).

또한, 토기소성에 대한 일본에서의 선행연구를 살펴보면, 자연환경과 토기소성의 관련성에 주목한 연구가 이루어지고 있는 것을 알 수 있다. 예를 들어 須惠器 요지에서 출토된 목탄의 樹種分析을 통하여 주변지역의 식생변천과 窯業과의 관계사를 검토한 연구(西田正規 1978; 山口慶一·千野裕道 1990; 鈴木三男 外 1993; 服部敬史 2003)가 있다. 西田正規(*ibid.*)은 大阪府 陶邑 須惠器窯址群에서 출토된 목탄을 분석하여 요지가 집중하는 지역과 기타 지역을 비교하였는데, 그 결과 요지 집중 지역에서는 연료 채집을 위한 삼림벌채가 많이 이루어졌고 주변 식생이 광엽수에서 소나무숲으로 변화하였다(二次林化되었다)고 지적하였다. 한편, 山口慶一·千野裕道(*ibid.*)는 전국적으로 자료를 집성하여 窯業에 의한 二次林化가 이루어지지 않았던 지역도 있었다는 사실을 밝혔다. 이러한 견해는 埼玉縣 鳩山窯

址群에 대한 집중적인 검토(鈴木三男 外 *ibid.*)에 의해서도 방증되었다. 또한, 服部敬史 (*ibid.*)는 주변환경을 보다 반영한다고 생각되는 화분분석을 통하여 지역마다 다양한 窯業 과 식생변화의 관계가 보이는 점을 지적하였다. 다만, 소나무를 연료로 사용하는 점에 대해 서는 단순히 二次林化를 상정하는 것이 아니라 磁器 생산의 기술적 문제와 밀접한 관계가 있다는 언급도 있다(山口慶一・千野裕道 *ibid.*, p.88).

토기소성과 자연환경의 관계에 대한 연구는 가마 출현 이후에 한정되지 않는다. 小林 正史(1993; 2003)는 민족지 비교연구를 통하여 '덮개형 야외소성'이 도작농경민의 생업과 밀접하게 연관되어 있으며, 도작농경민의 독특한 야외소성방법인 것을 밝혔다. 그리고 덮 개형 야외소성을 채택한 이유로 취락입지 변화에 따라 薪燃料가 희소화된 점도 지적된 바 있다(小林正史 外 2003, p.67). 또한, 근대까지 도작농경이 이루어지지 않았던 北海道에서 는 역시 덮개형 야외소성이 마지막까지 수용되지 않았음도 확인되었다(庄田愼矢 外 2005). 이상과 같이 토기소성이라는 인간활동의 기술적 측면을 통하여 배경에 있는 인간과 환경의 관계에 대해서 접근하고자 하는 관점이 채용되고 있으며, 이를 '生態學的' 접근이라고 부 르고 있다. 이는 토기를 문화전파의 지표나 인간집단의 표시로 보는 기존의 제한된 연구 관 점에서 탈피하려고 하는 시도이다.

그렇다면 토기소성에 대하여 고고학적 입장에서 구체적으로 어떠한 연구가 가능할까? 우선 유적에서 발견된 소성유구와 토기의 검토를 들 수 있다. 물론 이러한 자료들에 대해서 아무 지식과 전제 없이 막연한 관찰만을 통하여 정보를 추출하는 것은 상당히 곤란하다. 따 라서 다른 방법을 援用하게 되는데, 이것이 바로 민족지와 실험이다. 小林正史(2005)에 의 하면 민족지를 이용한 연구방법에는 자신의 가설에 적합한 사례만 선택적으로 받아들인 연 구사례가 많았기 때문에, 민족지 분석 성과를 고고자료에 적용하기 위해서는 通文化的 비 교연구를 토대로 배경조건에 대응한 모델 작성을 축적할 필요가 있다고 한다(p.15). 이밖에 민족지 조사의 장점으로 고고학자가 생각하지도 못한 아이디어를 제공해 준다는 점도 있 다. 예를 들어 아무 지식 없이 무문토기를 아무리 오랫동안 물끄러미 보고 있어도 짚을 사용 한 덮개형 야외소성의 존재를 절대 알아낼 수가 없을 것이다. 따라서 민족지 기록은 고고학 자의 아이디어 폭을 넓혀주기도 하며, 현지조사가 가능하다면 기술적 현상과 그 배경의 인 과관계를 알아 내는 것도 가능하다. 또 하나의 보조적 방법인 실험고고학도 이러한 민족지 고고학적 방법으로 얻어진 정보를 기초로 계획되는 것이 일반적이다.

다음으로 실험에 의한 연구방법에 대해서 살펴보고자 한다. 실험을 이용한 연구의 문 제점은 실험이 '성공'하면 그것이 바로 당시의 재현이라고 믿어버릴 위험성에 있다(佐原眞 1975, p.6). 하지만 실험연구는 당시의 완전한 복원을 목적으로 하는 것이 아니다. 당시 상 태를 그대로 복원하기에는 불확정한 요소가 너무나 많기 때문에 이는 도저히 불가능하다.

오히려 실험연구의 장점은 고고자료에 남겨진 흔적이 어떠한 기술적 조건 때문에 나타나는지를 추정할 수 있다는 점이다(北野博司 2005, p.49). 따라서 실험연구에 있어서는 완전히 制御된 조건하에서 약간씩 조건을 달리해서 비교하는 對照實驗이 바람직하며, 이의 반복을 통하여 고고자료에서 나타난 흔적에 대한 해석방법을 모색할 수 있다. 실험이 민족지와 결정적으로 다른 점은 조건의 설정과 반복적 연구가 가능하다는 점이다. 즉, 一過性인 민족지에 비해 연구목적에 맞추어 조건을 설정할 수 있으며, 만약에 기대한 성과를 얻을 수 없었다면 다시 조건을 수정할 수도 있다. 토기소성연구에 있어서 실험이 가장 중요한 이유가 바로 이 점이다.

실험연구에서 또 한 가지 중요한 점은 정보의 공개와 공유이다. 이는 정보를 공유함으로써 여러 연구자들이 의미 없이 같은 조건의 실험을 반복하지 않도록 하기 위함이다. 박물관이나 유적공원에서도 토기소성은 많이 실시되고 있다. 그러나 대부분이 서로 정보를 공유하지 않은 상태의 실험이며, 연구라고 할 수 있는 단계까지 수준을 올리기 위해서는 실험결과를 공개하여 서로 문제점을 검토하면서 단계적으로 연구성과를 축적할 필요가 있다. 이 책도 이러한 목적 때문에 작성된 것이다.

이 책은 토기소성에 대한 연구사와 방법을 다루는 제1부와 한국고고학에서의 실천을 다루는 제2부, 그리고 토기소성 관련용어에 대한 해설인 부록으로 구성된다. 제1부에서는 민족지(제1장), 실험(제2장), 고고유물에 대한 관찰(제3장)이라는 측면에서 각각 토기소성연구의 연구사와 연구방법에 대해서 자세히 살펴보았다. 원고를 써 주신 선생님들은 모두 일본에서 이 분야 연구를 주도하시는 분들이며, 한국고고학의 입장에서도 참고로 할 만하다. 제2부에서는 초보적이나마 한국고고학에서의 토기소성연구 실천을 시도하였다. 우선 흑반에 대한 해석방법을 정리한 후(제4장), 본 연구소에서 실시한 실험결과 보고(제5장), 청동기시대 토기에 대한 분석(제6장), 원삼국시대 토기에 대한 분석(제7장)을 수록하였다.

제목과 달리 토기소성 전반이 아니라 야외소성만을 다루게 되었지만, 구조 가마에서의 토기소성에 대해서는 지금까지 연구성과가 상당히 축적되어 있어 이것만으로도 몇 권의 책을 낼 수 있다. 이 책은 현재까지 많은 연구가 이루어지지 않았던 야외소성에 대해서 여러 가지 접근 방법으로 다루었다는 점에서 그 독자성을 찾고 싶다. 토기의 야외소성 연구는 아직 미개척의 분야이지만, 여러 가지 가능성을 가진 매력적인 연구 분야이다. 이 책도 어디까지나 초보적인 내용에 머물고 있는 점은 부정할 수 없지만, 앞으로 고고학 연구를 하고자 하는 젊은 분들이 이 분야에 대한 관심을 갖게 되는 계기가 되었으면 뜻밖의 기쁨이라 생각한다.

저자일동

참고문헌

鈴木三男・渡邊一・能城修一, 1993, 「埼玉縣比企郡鳩山窯跡群(8-9世紀)出土炭化材の樹種と燃料材の用材」『金澤大學敎養部論集(自然科學編)』30, 金澤大學敎養部.

服部敬史, 2003, 「窯業からみた自然環境」『考古學からみた古代の環境問題』帝京大學山梨文化財研究所・山梨縣考古學協會.

北野博司, 2005, 「圓筒埴輪の野燒き方法復元に關する豫備實驗」『歷史遺產研究』3, 東北藝術工科大學歷史遺產學科.

山口慶一・千野裕道, 1990, 「マツ林の形成および窯業へのマツ材の導入について」『研究論集』VIII, 東京都埋藏文化財センター.

森 淳, 1992, 『アフリカの陶工たち』中公新書.

西田正規, 1978, 「4. 須惠器生產の燃料について」『陶邑』III, 大阪府敎育委員會.

小林正史, 1993, 「稻作文化圈の傳統的土器作り技術」『古代文化』45(11), 古代學協會.

_____, 2003, 「東南アジアの土器作り民族誌における工程間の結びつき」『立命館大學考古學論集』III, 立命館大學考古學研究室.

_____, 2005, 「稻作農耕民の土器作り民族誌の分析からみた彌生土鍋の作り分け」『考古學ジャーナル』529, ニューサイエンス社.

小林正史・久世建二・北野博司, 2003, 「黑斑からみた彌生土器の覆い型野燒きの特徵」『日本考古學』16, 日本考古學協會.

嚴文明, 2000, 「稻作, 陶器和都市的起源」『稻作 陶器和都市的起源』文物出版社.

庄田愼矢・塚本浩司・根岸洋, 2005, 「北海道オホーツク海沿岸先・原史土器の燒成痕」『貝塚』物質文化研究會.

佐原眞, 1977, 「實驗考古學によせて」『實驗考古學』學生社.

최몽룡・신숙정・이동영, 1996, 『고고학과 자연과학 -토기편』서울대학교출판부.

| 영문 |

Childe. V. Gordon, 1951, *Man Makes Himself*, New American Library of World Literature, London.

Close. Angela E., 1995, Few and Far Between ~Early Ceramics in North Africa, *The Emergence of Pottery*, Smithsonian Institution Press, Washington and London.

Orton. Clive, Tyers Paul, Vince Alan, 1993, *Pottery in archaeology*, Cambridge University Press, Cambridge.

1部

土器燒成硏究의 硏究史와 方法

1. 民族誌 事例의 比較分析에 기초한 덮개형 野外燒成의 基本 特徵과 多樣性
2. 土器 野外燒成 技術에 대한 實驗考古學的 硏究의 발자취
3. 土器燒成과 黑斑形成에 관한 硏究史

1 | 民族誌 事例의 比較分析에 기초한 덮개형 野外燒成의 基本 特徵과 多樣性

小林正史 / 孫晙鎬 _ 譯

1. 分析方法

1) 야외소성의 2유형

窯(항구적인 상부구조를 가지며 연료의 추가가 불가능한 형태로 火口가 있는 시설)를 이용하지 않는 야외소성은 개방형과 덮개형으로 구분할 수 있다(표 1). 양자의 가장 큰 차이는 '벼과초본류 연료로 토기를 완전히 덮었는가' 이다.

久保田正壽 씨는 窯를 이용하지 않는 소성을 '야외소성' 과 '덮개소성' 으로 구분하는 용어를 제창하였지만(久保田 1989), 본고에서는 '窯소성' 과 '야외소성' 이라는 陶藝史의 분류를 중시하여 久保田 씨의 '야외소성' 을 개방형 야외소성으로, '덮개소성' 을 덮개형 야외소성으로 부르고자 한다.

덮개형 야외소성에 대해서는 후술하는 바와 같이 도작 농경민의 민족지 사례가 풍부하다. 한편, 개방형 야외소성의 민족지 사례에서는 죠몬토기와 같이 평저·양동이형의 深鍋를 사용하는 예가 적기 때문에(북미의 수렵채집민에서 관찰되지만 단편적인 기술밖에 없음), '야외소성시의 토기를 놓는 방법(소성 도중에 횡치되었는가, 처음부터 횡치되었는가)' 의 참고로 하기에는 무리가 있다. 따라서 본고에서는 덮개형에 중점을 두고 민족지의 비교분석을 행하며, 개방형 야외소성에 대해서는 땔나무의 양에 대해서만 참고하고자 한다.

야요이토기·土師器의 덮개형 야외소성을 복원하기 위한 기초연구로서 아래의 순서에 의하여 도작 농경민의 덮개형 야외소성 민족사례의 비교분석을 행하였다. 우선, 도작과 덮개형 야외소성의 결합을 검토한 후, 덮개형 야외소성의 기본 특징을 명확하게 하였다. 다음으로 덮개형 야외소성의 유형화를 행하여 이러한 다양성을 발생시킨 요인을 검

표 1 _ 개방형 야외소성과 덮개형 야외소성의 비교

	개방형 야외소성	덮개형 야외소성
정의	벼과초본류 연료의 덮개 없음. 땔나무 연료 다용	벼과초본류 연료의 덮개 존재
승온속도와 소성시간의 조정	토기가 보이기 때문에 토기를 움직이는 조작(횡치 또는 돌리기), 연료의 추가, 예비가열 등이 가능하다. 따라서 땔나무 연료의 양과 배치에 의하여 승온속도와 소성시간을 조정할 수 있다.	소성시 토기가 보이지 않기 때문에 토기를 움직이거나 연료를 추가할 수 없다. 따라서 덮개 밀폐도와 연료의 양에 의하여 승온속도와 소성시간을 자유롭게 조정할 수 있다.
불의 순환 정도	양호하지 않음 → 순환이 불량한 부분에 잔존 흑반	벼과초본류 연료의 덮개로 인하여 불의 순환이 보다 균일함
내면의 연료	필요	불필요
토기의 이동	저면의 가열을 위하여 토기를 횡치 또는 돌리기 때문에 흑반의 위치가 불규칙적	토기를 움직이지 않기 때문에 흑반의 위치가 규칙적
토기를 놓는 방법	직립 가능. 횡치의 경우와 '직립 → 횡치'가 있다.	직립은 없음. 직립하면 짚 덮개로 토기의 구연이 막혀 불의 순환이 불량하게 되기 쉽기 때문
지면 쪽의 연료	① 땔나무나 숯을 간 위에 토기를 횡치(岡安타입), ② 직립된 토기 사이에 땔나무를 놓고 소성 도중에 횡치(加曾利타입) 등의 종류가 있음	① 짚·재를 간 위에 토기를 둠(태국 북부), ② 땔나무를 간 위에 토기를 둠(다수 예), ③ 받침 대 위에 토기를 두고 지면과 토기 사이에 연료를 삽입(카링가)
측면·위쪽의 연료	① 측면에 땔나무를 세워서 걸침, ② 다수의 연료를 이용하여 맞배형으로 덮음(岡安타입) 등의 종류가 있음	토기 전체를 벼과초본류 연료로 덮음. 토갱에 소성할 경우는 위쪽만을 덮음. 짚 덮개에 구멍이 뚫리는 것을 막기 위하여 피복재(진흙, 재, 생초)를 정상부에 덮는다. 토기 측면이나 구연에 연료를 걸쳐두는 것이 많음
토기 설치 방법	처음부터 토기를 횡치하는 경우(岡安타입)와 소성 도중에 횡치되는 경우(加曾利타입)가 있음	列狀, 구연을 안쪽으로 향하게 한 원형배치, 구연을 바깥쪽으로 향하게 한 원형배치 등의 종류가 있다. 또, 포개어 놓는 경우와 그렇지 않은 경우가 있다. 어떠한 경우도 전체가 평탄하지 않고 어느 정도 피라미드형을 이루는 것이 필요
냉각단계의 그을음 부착	큰 불꽃이 존재 → 그을음 접촉 흑반이나 땔나무 접촉 흑반(역U자형, 2개 1쌍형)이 부착되기 쉬움	큰 불꽃이 있는 것은 적다. 땔나무 접촉 흑반은 棒狀이 주체
야외소성방법의 다양성	토기를 놓는 방법(직립 또는 횡치), 토기 위쪽의 연료를 두는 방법(연료를 맞배형으로 덮는가), 토기 돌리기의 유무, 냉각단계에 있어서 큰 불꽃에 유래한 흑반형성 등에 대응하여 다양한 흑반이 존재	토기를 직립하지 않음, 토기군 전체를 피라미드형으로 배치함, 전체를 벼과초본류 연료로 덮음, 소성 도중에는 토기와 연료를 움직이지 않음, 냉각단계에는 큰 불꽃이 적음 등의 점에서 흑반에 뚜렷한 패턴이 관찰
접지면 흑반의 특징	짚을 누르는 형태로 놓이는 것은 생각하기 어렵기 때문에 정연한 접지면 흑반은 부착되기 어려움	짚 연료를 누르는 형태로 놓여진 경우는 정연한 접지면 흑반이 부착. 땔나무 위에 두는 경우는 봉상흑반이 접지면에 부착
위쪽 외면 흑반의 특징	토기군을 연료로 덮어도 소성 중에 타서 없어지기 때문에 덮개형의 덮개 접촉 흑반과 같은 정연한 형태의 흑반이 부착되지 않음	정연한 형태의 덮개 접촉 흑반이 접지면 흑반과 점대칭의 위치에 부착되는 것이 많음
火色과 줄 모양 흑반	없음	부착된 것이 있음
지역	죠몬토기, 東北地方의 야요이토기	서일본과 中部·關東(중기중엽 이후)의 야요이토기

토하였다. 마지막으로 덮개형 야외소성의 다양성에 대해서 '일정한 조건하에 이루어진 규칙성(민족지 모델)'을 제시하였다.

2) 분석자료

도작 농경민의 덮개형 야외소성 사례의 자료로서 민족지 문헌 약 40 예를 이용하였다. 이 가운데에는 필자 등에 의하여 조사가 이루어진 필리핀·루손(Luzon) 섬 산악지대의 카링가(Kalinga) 족, 태국 북부의 한케오(Hankeeo) 마을, 태국 동북부의 여러 마을도 포함되어 있다. 한편, 남아시아와 인도네시아의 경우 야외소성 민족사례는 존재하지만 입수할 수 있는 보고예가 적고, 또 오래 전부터 窯 소성으로 이행된 동아시아에서는 야외소성 민족사례 자체가 거의 없다(海南島만 존재). 따라서 본고에서는 남아시아를 제외한 동남아시아(雲南과 대만은 포함하지만 인도네시아는 제외)와 海南島의 예를 대상으로 하였다. 인도의 야외소성 사례(Saraswati and Behura 1966)는 집계에 추가하지 않았지만, 필요에 따라 참조하였다.

이러한 민족사례는 후술할 덮개형 야외소성의 유형을 함께 고려하여 대만, 필리핀(25예로 과반수를 차지함), 중국 남부(海南島의 1예만 존재), 인도차이나 반도 東半(베트남, 캄보디아, 라오스, 태국 동북부), 북부·중부 태국(북부 태국의 2예만 존재), 雲南, 미얀마의 7지역으로 구분하였다. 7지역 사이에는 사례 수에 있어서 큰 차이가 확인되는데, 그 이유로는 필리핀의 경우 Scheans의 1977년 논문에 다수의 토기 제작 사례가 망라된 것, 그리고 영어를 공용어로 하지 않는 인도차이나 반도의 나라들과 중국에 있어서는 영어·일본어 이외의 민족지 문헌이 다수 존재하는 것으로 생각되지만 여기서 다루지 못한 점 등을 들 수 있다. 또한, 일본어·영어 문헌 중에서도 태국 동북부의 토기 제작에 대한 가장 중요한 문헌인 楢崎·H. L. Lefferts·L. A. Corts 2000년 논문의 보고사례 다수가 집계되지 않고 있어 불충분한 점이 있다. 이러한 문제점들은 앞으로 개정하고자 한다.

2. 稲作 農耕民과 덮개형 野外燒成의 結合

덮개형 야외소성은 도작 농경민의 야외소성에서 보편적으로 관찰된다(도 1). 동남아시아의 야외소성 민족지로는 필리핀 남부(전통적으로 감자류의 비중이 높은 민다나오(Mindanao) 섬 등)에서 개방형 야외소성(8예)이 탁월한 것 이외에는 덮개형이 압도적 다수를 차지한다. 필리핀 남부를 제외하면 개방형은 대만, 인도차이나 동부(베트남) 등에

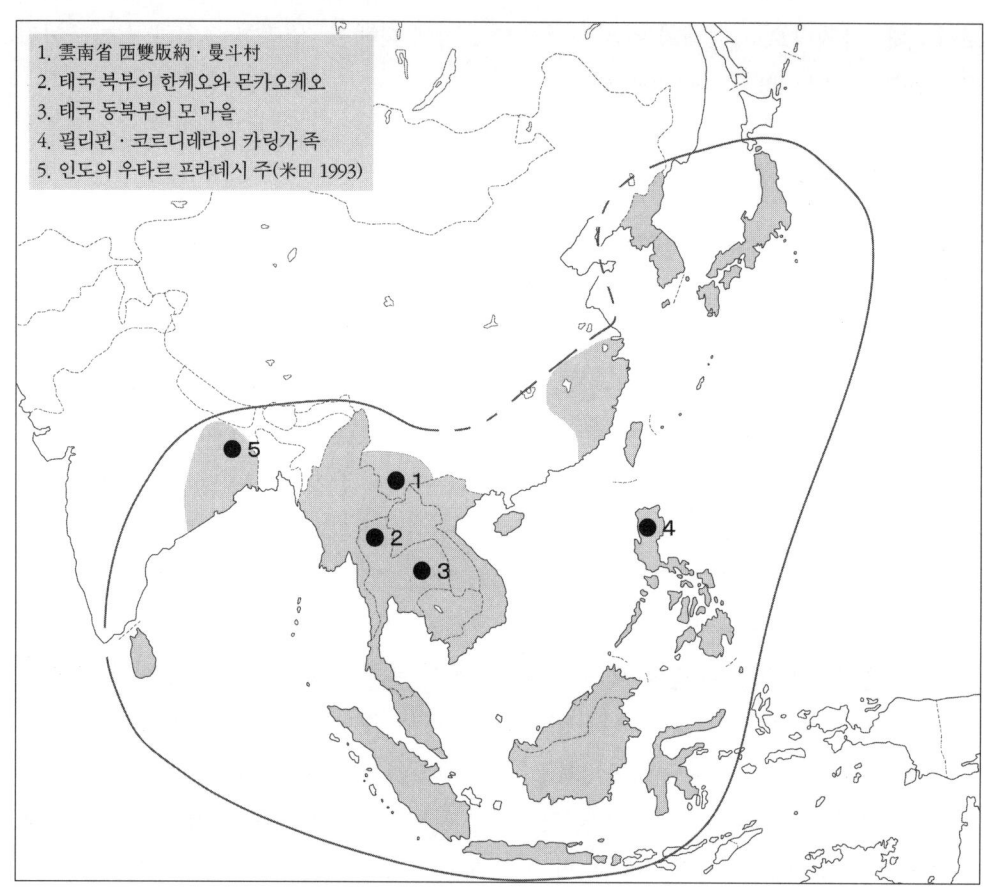

도 1_ 덮개형 야외소성의 분포와 본고에서의 분석자료(일본 · 한반도 · 중국은 고고자료, 동남아시아는 민족지자료)

서 단편적으로 관찰될 뿐이다. 이 가운데 베트남 예(빈도크(Bindok) 마을; 石橋 1997)나 태국 동북부(반첸(Ban Chen) 부근) 예의 개방형은 땔나무에 점화한 후 부분적으로 짚을 덮은 점에서 덮개형과 유사하다. 또, 빈도크의 예는 1회에 수백 개로부터 천 개 가까운 토기를 소성하는 대규모 야외소성이기 때문에, 비교적 최근에 채용되었을 가능성이 있다.

도작 문화권의 東端인 인도 東半(우타르 프라데시(Uttar Pradesh) 州 등)은 '상부를 짚과 진흙으로 밀폐하는 昇炎式窯'가 주체이지만, 진흙을 피복재로 한 덮개형도 존재한다. 한편, 인접한 인도 西半(小麥文化圈)에서는 덮개형은 보이지 않는다.

동아시아는 고대에 있어서 야외소성이 窯 소성으로 완전하게 이행되었지만, 고고자료를 보면 도작과 덮개형 야외소성 사이에 강한 결합이 관찰된다. 즉, 일본과 한반도에서 개방형 야외소성으로부터 덮개형 야외소성으로의 변화는 도작의 보급과 강하게 결합되고 있다. 그리고 중국대륙에서는 양자강유역에서 河母渡文化의 시기부터 덮개형이 이용되었을 가능성이 있는 것에 반하여, 쌀을 주식으로 하지 않는 중국 북부나 明治時代에 품종개량이 이루어지기까지 도작이 보급되지 않았던 北海道에서는 덮개형 야외소성이 마지막까지 채용되지 않았다.

이와 같이 아시아지역의 덮개형 야외소성은 도작과 강한 결합을 보이고 있다. 아시아 이외의 지역을 보면 파프아·뉴기니아의 사고(sago)야자·구근류 농경민(小林 1998)이나 북미의 채집수렵민(단, 단편적인 기술뿐인 예가 많다; Kobayashi 1996)도 모두 개방형이다. 고대문명이 발달한 서아시아와 이집트에서는 오래 전부터 窯 소성이 보급되었기 때문에 야외소성 민족지가 거의 발견되지 않는다. 사하라 이남 아프리카의 잡곡 농경민은 덮개형이 탁월하지만, 개방형도 상당수 관찰된다. 야외소성 사례가 다수 보고되어 있는 북·중미의 옥수수 농경민은 개방형이 주체이지만, 중미에서는 일부 덮개형도 보인다. 단, 중미에서는 窯 소성으로 변화한 예가 다수이기 때문에, 전통적인 야외소성 방법의 주체가 개방형인지 덮개형인지는 명확하지 않다.

이상과 같이 도작 농경민의 야외소성 민족사례는 소수의 예외를 제외하면 덮개형이며, 또한 덮개형 야외소성이 보편적으로 관찰되는 것은 아시아의 도작 농경민과 아프리카에 한하고 있다.

3. 덮개형 野外燒成의 基本 特徵

덮개형 야외소성의 기본 요소로서 ① 벼과초본류 연료의 덮개, ② 벼과초본류 연료의 덮개에 구멍이 뚫리는 것을 막기 위한 피복재, ③ 主熱源의 3가지가 있다. 개방형과 비교하면서 각각을 설명하겠다.

1) 벼과초본류 연료의 덮개

덮개형 야외소성의 정의는 '벼과초본류 연료로 토기 전체를 덮어 窯狀의 구조를 이룬 것'이다. 벼과초본류 연료는 견고한 구조를 가진 규소체(plant opal)를 다수 포함하기 때문에 연소하여도 재로 변하지 않고 짚의 형태를 유지하는 것이 특징이다. 따라서 토기 전체를 벼과초본류 연료로 덮으면 연소 후에도 窯狀의 덮개가 유지되어 덮개 내부에 있는 주열원의 열기가 외부로 빠져나가기 어렵다. 이 때문에 연료 효율이 높아 비교적 소량의 주열원(땔나무 등)으로 소성이 가능하다. 연료의 연소가 진행되어도 외측으로부터는 불꽃이 전혀 보이지 않으며, 덮개의 밀폐도가 높은 경우에는 가까이에 손을 대도 열이 느껴지지 않을 정도이다.

한편, 토기의 상부를 '벼과초본류 식물 이외의 연료' 로 덮는 덮개형 야외소성이 서 아프리카나 동아프리카에서 비교적 많이 관찰되는데, 벼과초본류 연료와 달리 연소하면 재로 변하기 때문에 밀폐도가 낮으면서도 덮개를 유지하기 위해서는 乾燥草와 生草를 2·3중으로 덮는 것이 특징이다.

이와 달리 주열원으로 토기 전체를 덮는 경우는 窯狀의 덮개가 형성되지 않기 때문에 개방형으로 분류된다. 예를 들어 멜라네시아(Melanesia)의 야외소성 민족예는 토기를 연료 위에 두고 그 주위에 연료를 걸쳐 피라미드형을 이룬 것이 특징이지만, 상부에 걸친 연료는 연소하면 재가되어 붕괴되므로 窯狀의 덮개를 유지하지 못한다.

2) 피복재의 필요성

벼과초본류 연료의 덮개는 그대로 두면 소성의 초기 단계에 한번에 불타올라 구멍이 생기면서(덮개 내부에 많은 산소가 공급됨) 커다란 불꽃에 의하여 온도가 상승하기 때문에 토기가 파손되기 쉽다. 따라서 벼과초본류 연료의 상부에 생초, 재, 진흙 등의 '被覆材' 를 덮어 덮개에 구멍이 생기는 것을 막을 필요가 있다. 도작 농경민의 토기 제작 민족지에서는 ① 진흙으로 지면까지 전체를 바름(雲南·미얀마 북부 및 인도에 특징적), ② 재를 지면 부근까지 덮음(태국 북부·중부에 특징적), ③ 생초를 덮음(필리핀에 특징적), ④ 특별한 피복재를 이용하지 않고 덮개에 구멍이 생기면 짚으로 보충(인도차이나 반도 東半~海南島에 특징적) 등의 종류가 확인되는데, ① → ④의 순서로 덮개의 밀폐도가 낮아진다(昇溫速度가 급격하여 소성시간이 짧아진다). 이밖에 ①의 변형으로서 진흙을 정상부에만 바른 것도 살펴진다.

덮개형 야외소성은 토기가 짚 연료로 덮여있기 때문에 소성 중에 토기를 움직이거나 연료를 추가하는 것은 불가능하지만, 최초에 설치한 주 연료의 양과 피복재의 밀폐도에 의하여 승온속도와 소성시간을 자유롭게 조정할 수 있는 것이 특징이다. 후자에 대해서는 벼과초본류 연료 전체를 진흙 피복재로 덮으면 덮개 내부로의 산소 공급량이 제한되기 때문에 완만한 온도 상승으로 서서히 소성할 수 있다. 한편, 생초 등을 벼과초본류 연료의 정상부에만 덮어 밀폐도가 낮은 덮개형은 비교적 급격한 온도 상승으로 보다 단시간에 소성이 완료된다. 재를 덮은 경우는 양자의 중간적인 밀폐도를 갖는다. 또, 피복재의 종류가 같은 경우에는 지면까지 피복재를 덮는 쪽이 짚을 덮은 정상부에만 피복재를 두는 것보다 밀폐도가 높아진다. 특히, 진흙 피복재로 지면까지 전체를 덮은 雲南方式

(泥窯)은 가장 밀폐도가 높고, 또한 덮개가 지면에 이르기 때문에 짚 연료의 소성이 진행되어도 덮개가 무너지지 않는 이점이 있다.

한편, 개방형 야외소성은 소성 중 토기와 연료의 모습이 관찰되기 때문에, 연료를 추가하거나 토기 또는 연료를 움직이는 조작에 의하여 승온속도와 소성시간을 조정한다. 급격한 온도의 상승으로 파괴되기 쉬운 토기(두껍거나 바탕흙 속에 모래의 양이 적거나 혹은 점토띠의 접합이 약한 부분)를 소성할 경우, 덮개형은 피복재의 밀폐도를 높이는 것에 의하여 서서히 소성을 완성하는 것이 가능한데 반하여, 개방형은 승온속도를 제어하기 어렵기 때문에 예비가열의 필요성이 높아진다.

3) 주열원

도작 농경민의 덮개형 야외소성 예에서는 주열원으로 땔나무를 이용하지 않고 대나무, 야자잎·나뭇잎·곡식껍질, 잔가지 등을 사용하는 예도 많다. 또한, 窯狀構造로 인하여 덮개 내부에서 불의 순환이 양호하기 때문에 토기의 내부에 땔나무를 넣는 경우는 거의 없다.

한편, 주열원으로부터 불꽃(熱)의 대부분이 대기 중으로 사라지는 개방형은 열효율이 덮개형보다 낮기 때문에, 소성 개수(소성 규모)가 같으면 주열원(특히 땔나무)의 양이 덮개형보다도 훨씬 많아진다. 특히, 처음에 직립하여 설치한(도중에 횡치) 경우에는 토기 내부에 땔나무를 넣을 필요성이 높다. 또한, 도작 농경민의 덮개형은 예비가열을 행하는 예가 적은 것에 반하여, 개방형은 예비가열의 필요성이 높기 때문에 이 점에서도 보다 다수의 연료를 필요로 한다.

4. 덮개 密閉度와 땔나무 燃料 양에 의한 類型化

기본 특징인 '덮개의 밀폐도(피복재의 종류에 따라 정의됨)'와 '주열원인 땔나무의 양'에 의하여 덮개형 야외소성을 4개의 주요한 유형으로 구분하였다(표 2·3).

표 2 _ 덮개형 야외소성의 유형

땔나무의 양 / 피복재	고밀폐(진흙·재)	저밀폐(생초·볏짚)
땔나무 다용	해당 없음	인도차이나 반도
중간	雲南·미얀마·인도	필리핀
절약형	태국 북부	필리핀

표 3 _ 야외소성 민족지의 유형

	고밀폐 · 땔나무 중간	고밀폐 · 땔나무 절약	저밀폐 · 땔나무 다용	저밀폐 · 땔나무 절약(중간)
분포	雲南 · 미얀마 · 인도	태국 북부	태국 동북부, 인도차이나 東半	필리핀
주열원	땔나무+소똥 · 가지	대나무+소량의 땔나무	땔나무 다용	대나무+야자가 주체
주열원의 배치	지면에 깖+주위에 설치	주로 토기의 주위에 두고 토기 사이에도 소량 설치	지면에 깖. 받침대 위에 두어 지면과의 사이에 공간을 만듦	주로 측면에 두고 토기의 사이나 지면에도 설치
토기의 배치 방법	피라미드형으로 쌓거나 열상	여러 단으로 쌓음. 1단에는 굽다리가 부착된 물동이를 세움	땔나무 위에 쌓아 올림	받침돌 위에 피라미드형으로 쌓거나(코르디레라) 지면에 배치
토기의 설치	구연을 안쪽으로 향하게 함	구연을 안쪽으로 향하게 함	구연을 아래쪽으로 향하게 함(지면에 땔나무)	구연을 아래쪽으로 향하게 함(수지도포)
피복재	전체에 진흙	재	없음(볏짚 추가)	생초
소성시간	반일 정도	3~6시간	3시간 정도	30분
소성 개수	인도, 미얀마에서는 다수	60~100개 정도	다수	30개 미만
지면 쪽의 연료	땔나무 연료를 깐 위에 토기를 나열하고 주변의 지면에 땔나무를 설치	재(전통적으로는 짚)를 깐 위에 토기를 두고 그 주변에 대나무나 땔나무를 설치		토기를 받침돌 위에 쌓고 지면과의 사이에 대나무 연료를 삽입
측면의 연료	지면 쪽의 주변	지면 쪽의 주변		대나무를 주변과 토기의 사이에 설치

　　우선, 벼과초본류 연료의 덮개에 걸친 피복재에 대해서 동남아시아의 덮개형 야외소성 민족지에서는 ① 피복재 없음(덮개에 구멍이 생기면 짚으로 보충), ② 생초, ③ 재, ④ 진흙으로 전체를 덮음의 4종류가 있으며, 이러한 순서로 덮개의 밀폐도가 높아져 승온속도는 느려지게 된다. 따라서 피복재가 진흙 또는 재인 경우를 '高密閉', 피복재가 '없음(짚만 존재)'과 생초의 경우를 '低密閉'로 하였다.

　　다음으로 땔나무의 양에 대해서는 수량 기록이 있는 민족사례가 매우 적기 때문에, '땔나무를 이용하였는가'와 '땔나무를 이용한 경우는 대량의 땔나무를 지면에 깔았는가'의 두 가지 기준에 의하여 '땔나무 多用型'(지면에 대량의 땔나무를 깖), '땔나무 절약형'(땔나무를 이용하지 않고 대나무, 야자잎이나 곡식껍질, 가지, 소똥을 이용), '중간형'(대량으로 지면에 까는 것은 아니지만 땔나무를 이용하거나 혹은 비교적 대량의 소똥을 이용)의 세 가지로 구분하였다.

밀폐도 타입 2종류와 땔나무 양에 의한 타입 3종류의 조합 가운데 '고밀폐·땔나무 다용'은 존재하지 않기 때문에, 5개의 조합이 설정되었다. 이 가운데 '저밀폐·땔나무 절약'과 '저밀폐·땔나무 중간'은 모두 필리핀을 중심으로 분포하며, 후자에 있어서 땔나무 양(땔나무 중간형)이 어느 정도인가는 명확하지 않기(定量的 데이터 없음) 때문에 양자를 합하여 '저밀폐·땔나무 절약(중간)형'으로 하였다. 한편, '고밀폐·땔나무 다용형'이 존재하지 않는다라는 사실은 '덮개의 밀폐도가 높은 만큼 비교적 소량의 주열원 원료로 효율적인 소성이 가능하다'라는 덮개형 야외소성의 특징을 보여주고 있다.

이러한 네 가지 유형은 아래와 같이 명확한 분포차이를 나타내고 있다. 즉, '저밀폐·땔나무 절약(중간)형'은 1예를 제외하면 필리핀에 분포하는 것에 반하여, '저밀폐·땔나무 다용형'은 필리핀의 1예를 제외한 인도차이나 반도·海南島에 분포한다. 한편, 고밀폐형은 필리핀의 1예를 제외하면 '골든 트라이앵글(Golden Triangle)'로 불리는 태국 북부·雲南·미얀마 북부 및 인도(UP州 등)에 분포하고 있다. 그리고 고밀폐 타입 중에서 태국 북부는 땔나무 연료 절약형에 재를 피복재로 하는 것에 반하여, 雲南·미얀마 북부·인도에서는 진흙을 피복재로 땔나무(주변과 지면에 배치) 또는 소똥을 주열원으로 하는 예가 많다. 이와 같은 분포차를 생기게 한 요인에 대해서는 뒤에서 다시 언급하겠다.

아래에서는 각 유형에 대해서 설명하고자 한다(표 3, 도 2·3).

1) 저밀폐·땔나무 다용 타입

| 덮개의 밀폐도 |

인도차이나 반도 東半(태국 동북부, 라오스, 캄보디아, 베트남)에서 海南島에 걸쳐 분포한다. 피복재를 이용하지 않고 소성 중에 벼과초본류 연료의 덮개에 구멍이 생기면 볏짚을 보충하여 채운다. 이와 같이 덮개의 밀폐도가 낮은 것은 지면에 다량으로 간 땔나무에 불을 잘 붙도록 하기 위함이다. 그리고 땔나무 다용형의 배경으로는 도시에서 떨어진 곳에 입지하여 삼림자원이 비교적 풍부한 것을 들 수 있다.

또, 태국 동북부에서 급격한 온도의 상승이 가능한 배경은 츄아(Chua)라는 유기물 燒粉(Chamotte)이 들어간 바탕흙에서 찾을 수 있다. 츄아는 반반의 비율로 섞인 점토와 왕겨의 덩어리를 하룻밤 소성한 후 분쇄한 혼합물로, 완전히 연소하지 않은 왕겨(분쇄되어 육안으로는 관찰하기 어렵다)를 다량 포함한다. 소성된 츄아 점토덩어리는 왕겨를 대량으로 포함하여 매우 약하기 때문에, 절구와 공이를 이용하여 쉽게 가루로 만들 수 있

표 4 _ 도작 농경민의 덮개형 야외소성 비교

	남아시아	雲南	태국 북부	태국 동북부	海南島	필리핀 산악지대
피복재	전체에 진흙	전체에 진흙	재	없음(짚을 보충)	없음(짚을 보충)	생초를 정상부에 덮음
덮개의 밀폐도	昇炎式窯(소성실+원형측벽+상부 덮개)나 측벽이 설치된 덮개형 야외소성. 가장 밀폐도가 높음	가장 밀폐가 높음	지면 가까이까지 재를 덮기 때문에 밀폐도가 높음	점화 후에 짚을 덮음. 밀폐도가 가장 낮음	점화 후에 짚을 덮음. 밀폐도가 가장 낮음	밀폐도 낮음. 점화 후에 짚을 덮는 것도 있음
소성시간	실제 3시간 정도. 다음날 아침 꺼냄	반일 정도. 다음날 아침	실제 3~6시간 정도. 다음날 아침 꺼냄	2~3시간 정도. 다음날 아침 꺼내지만 당일도 가능	짧음	30분 정도(수지를 바르기 위하여 뜨거운 상태로 꺼냄)
지면쪽의 연료	지면에 연료를 깔거나 또는 昇炎式窯	①땔나무를 지면에 깖, ②주변의 지면에 땔나무를 둠(높이 20cm 정도)	①재(+우기에는 짚)를 간 위에 토기를 두고 사이에 대나무나 땔나무를 설치, ②주변에 대나무·땔나무를 둠(높이 20~30cm 정도)	①받침돌 위에 땔나무를 다수 깖, ②지면과 땔나무 사이에 짚을 넣는 것도 있음	지면에 다수의 땔나무를 깖	①토기를 받침돌 위에 쌓고 지면과의 사이에 대나무를 삽입, ②주변에 대나무를 걸침, ③토기 사이에 대나무를 삽입
선택이유			도시근교에서 연료비용이 높기 때문에 땔나무 절약형	츄아(유기물을 포함한 燒粉)를 넣은 바탕흙이므로 급격한 온도 상승이 가능. 땔나무 풍부	수지도포를 위하여 뜨거운 상태의 토기를 꺼냄	수지도포를 위하여 뜨거운 상태의 토기를 꺼내도록 덮개의 밀폐도 낮음
소성개수	100개 이상	?	60~100개 정도	100개 이상	소수	30개 미만
기종	물동이, 식기, 자비용 토기	자비용 토기(평저), 물동이, 소형 토기	물동이, 자비용 토기	물동이, 자비용 토기	얕은 자비용 토기, 시루, 물동이	자비용 토기, 물동이
토기의 배치방법	많은 종류의 토기를 조합하여 배치. 하단은 구연을 위로 비스듬히 향하게, 상단은 아래로 향하게 함	구연을 안쪽으로 비스듬히 향하게 하여 땔나무 위에 설치. 대형은 열상배치	자비형 토기의 경우는 접지면이 작아지도록 횡치로 열상배치. 굽다리가 부착된 물동이는 직립하여 열상배치. 양자 모두 상단은 구연을 아래로 향하게 함	하단은 연료를 다수 깐 곳의 열을 받기 때문에 구연을 아래로 둠. 상단은 구연을 아래로 둔 것이 많지만 소성 중에 토기를 꺼내는 경우는 구연을 비스듬하게 위로 둠		받침돌 위에 구연을 비스듬히 바깥쪽으로 쌓음(수지도포를 위하여 토기를 꺼내기 쉬움). 하단 중앙에 대형 토기를 배치
토기의 설치	원형배치·겹쳐쌓기	열상배치	열상배치	열상배치		원형배치
바탕흙의 특징	모래가 적기 때문에 급격한 온도 상승은 피함	?	細粒砂를 3% 정도 혼입	츄아(유기물을 포함한 燒粉)를 넣은 바탕흙이므로 급격한 온도 상승이 가능		粗粒砂를 다량 포함하기 때문에 급격한 온도 상승이 가능
성형기법과의 관련	녹로 물손질을 행하기 위하여 모래가 적고 가소성이 높은 바탕흙이 필요	2차 성형 타날의 변형도가 크기 때문에 가소성이 높은 바탕흙이 필요	2차 성형 타날로 원형의 변형도가 크기 때문에 가소성이 높은 바탕흙이 필요	원통형 1차 원형이나 2차 성형 타날을 행하기 위하여 가소성이 높은 바탕흙이 필요		2차 성형 타날로 원형의 변형도가 비교적 낮기 때문에 가소성이 낮은 바탕흙도 성형 가능
기면조정공정	없음	거친 마연	없음	없음		내면 깎기에 의하여 기면을 얇게함, 내면 마연, 소성 후 수지도포

다. 따라서 한눈에 고운 모래와 구별하기는 어렵지만 모래보다는 토기의 조직에 가까우며, 또한 대량으로 포함된 왕겨 편이 소성시에 多孔質의 기벽을 만들어내기 때문에 급격한 온도의 상승에도 파손이 적다. 그리고 소성시에는 분쇄된 왕겨에 의하여 높은 可塑性이 얻어진다.

이에 따라 '땔나무의 취득 용이+다공질의 바탕흙' → '땔나무 연료 다용형' → '덮개의 밀폐도 낮음' 이라는 인과관계를 추출할 수 있다.

| 토기와 연료의 배치 | (도 2e · f)

지면에 깐 대량의 땔나무에 불이 잘 붙도록 하기 위하여 '소성장에 땔나무를 사각형으로 조립하고 그 위에 땔나무를 까는' 방법을 취한 사례가 많다. 또한, 착화를 촉진시키기 위하여 땔나무와 지면의 사이에 짚을 두는 예가 있지만, 땔나무 아래의 지면에 짚이나 재를 깐 예는 없다. 땔나무 위에 토기를 열상으로 배치하지만, 이때 아래로부터 열을 쉽게 받기 위하여 토기의 구연을 아래쪽으로 향하게 하는 것이 많고 횡치하는 경우도 있다.

토기는 2단 정도까지 쌓는다. 3단 이상으로 높이 쌓는 것이 적은 이유로는 ① 토기의 측면이나 상부에 땔나무를 두지 않고 덮개의 밀폐도가 낮기 때문에 높이 쌓으면 상단에

도 2e _ 태국 동북부의 야외소성 1

도 2f _ 태국 동북부의 야외소성 2

도 2g _ 태국 동북부의 야외소성 3

도 2h _ 태국 동북부의 야외소성 4

서 불의 순환이 원활하지 못하며, ② 덮개의 밀폐도가 낮고 지면과 토기의 사이에 연소 가스가 흐르는 공간이 충분하기 때문에 피라미드형으로 쌓을 필요가 없는 점 등을 들 수 있다.

| 소성과정 | (도 2g)

지면에 간 대량의 땔나무를 잘 연소시키기 위하여, 벼과초본류 연료의 덮개를 땔나 무 착화 후에 덮는 경우가 많다. 벼과초본류 연료를 덮은 후에도 피복재가 없어 덮개에 구멍이 생기기 쉽기 때문에 자주 짚을 보충한다.

| 다양성 |

태국 동북부에서는 한번에 다수의 토기를 만들기 때문에 지면에 간 연료의 양도 매 우 많다. 한편, 海南島의 예에서는 1회의 소성 개수가 적은데, 뜨거운 상태에서 토기를 꺼내어 樹液을 뿌린다(점상으로 뿌려지기 때문에 코팅이 아닌 장식으로서의 의미를 가 진다). 후자에 있어서 덮개의 밀폐도가 낮은 이유(피복재를 이용하지 않고 볏짚으로 구 멍을 막음)로서 지면에 간 땔나무의 착화를 쉽게하기 위함에 더하여, 소성 중에 토기를 꺼내는 타이밍 계산의 용이함을 들 수 있다.

도 2a _ 카링가의 야외소성 1

도 2b _ 카링가의 야외소성 2

도 2c _ 카링가의 야외소성 3

도 2d _ 카링가의 야외소성 4

앞서 기술한 '덮개를 만들지는 않지만 볏짚을 부분적으로 덮는 개방형 야외소성' 인 베트남 등의 예도 이 유형의 다양성 가운데 하나로 보는 것이 가능하다.

2) 저밀폐 · 땔나무 절약(중간) 타입

| 덮개의 밀폐도 |

이 타입은 1예를 제외하면 모두 필리핀의 도작 농경민에 해당한다. 이 타입의 특징은 뜨거운 상태의 토기를 소성 도중에 꺼내어 행하는 樹脂 코팅의 빈도가 다른 유형보다 훨씬 높다는(10예 가운데 6예) 점이다(도 2d). 수지를 바르는 경우 소성 중에 토기를 꺼내는 타이밍을 계산하기 위해서는 덮개의 밀폐도가 낮은 것이 좋다. 이러한 이유 때문에 피복재가 없는(따라서 덮개에 구멍이 생기는 경우 볏짚을 추가하여 보충함) 예가 대부분(11예)을 차지하며, 생초(2예)가 그 다음이다. 또한, 주열원에 점화한 후에 벼과초본 연료의 덮개를 덮는 예가 4예 이상 보고되어 있다. 그런데 생초를 피복재로 하는 코르디레라(Cordillera)의 2예(도 2c)는 상세한 보고(小林 1993 · 大西 1998)가 이루어진 것에 반하여 다른 민족지의 다수는 간단한 기술만이 존재하기 때문에, '피복재 없음'으로 한 것 가운데에는 실제로 '생초가 피복재'인 것이 포함되어 있을 가능성이 높다. 한편, 피복재가 '없음', '생초' 이외에는 재를 피복재로 하는 산니콜라스(San Nicholas)의 예밖에 없다. 이와 같이 樹脂塗布의 유무에 관계없이 덮개의 밀폐도가 낮은 것이 특징이다.

또, 토기 내부에 막대기를 짚어 넣어 뜨거운 토기를 꺼내기 위해서는 구연을 바깥쪽으로 하여 피라미드형으로 쌓아올리는 것이 좋다(도 2a).

| 연료의 종류 |

주열원은 대나무 · 야자 · 가지 등의 '땔나무 절약 타입'이 주체이지만, 땔나무가 더하여진 '땔나무 중간 타입'도 있다. 주열원 연료의 설치 방법은 '측면', '측면＋지면', '지면'의 세 가지가 거의 같은 수로 존재한다.

주열원 연료는 대나무가 가장 많고(도 2a), 야자잎, 야자껍질, 가지(칸카나이(Kankanay)의 작은 가지 등)도 이용된다. 땔나무를 이용하는 예는 소수에 불과하다(소성 개수가 400개 이상의 이바낙(Ibanag) 예 등 3예뿐). 모두 연료의 양은 적은 편이다.

덮개의 벼과초본 연료에는 볏짚과 함께 코곤(Cogon)이라는 풀이 다량 사용되는 점이 특징이다(도 2b). 코곤은 억새지붕의 재료(함석지붕이 보급된 최근에도 부엌은 연기를 빼내기 위하여 억새지붕으로 한 것이 많다)로서 각 가구에서 보관하는 경우가 많다. 키가 크기 때문에 피라미드형으로 쌓은 토기를 덮는 데에 적당하다.

수지 코팅을 행한 경우는 받침돌 위에 구연을 바깥쪽으로 향하게 한 토기를 피라미드형으로 쌓고 주열원을 측면에 걸친 것이 많은 데에 반하여, 수지를 바르지 않는 경우는 지면에 깐 주열원의 위에 토기를 둔다. 지면에 깐 주열원 연료의 착화를 양호하게 하는 방법을 행하는 것이다.

| 소성과정 |

주열원 연료가 적은 편이며 덮개의 밀폐도가 낮고 더욱이 수지 코팅을 위하여 소성 중에 토기를 꺼내기 때문에, 소성시간(토기를 빼낼 때까지의 시간)은 짧은 것(1시간 이내)이 대부분(10예 중 7예)을 차지한다. 또한, 수지를 바른 경우는 1회의 소성 개수를 적게 할 수밖에 없다.

소성 도중 벼과초본류 연료 덮개의 지면 쪽에 공기 구멍을 뚫어 내부의 양상을 관찰하는 조작이 다수 보고되고 있다(카링가, 칸카나이 등). 작업시에는 덮개의 밀폐도가 낮아 가까이 가는 것이 어렵기 때문에, 약간 떨어진 곳에서 막대기를 짚어 넣어 구멍을 뚫는다. 토기가 급격한 온도 상승에 의하여 파손되지 않도록 예비소성을 행하는 예는 소수만 존재한다(칸카나이).

| 공정 간의 상호보완 |

타날성형에 의한 형태의 변형도, 기벽을 누르는 효과, 기벽을 얇게 하는 정도가 낮기 때문에, 깎기에 의하여 기벽을 얇게 하거나 물이 세지 않기 위한 마연, 수지 코팅을 행한 빈도가 다른 지역보다 높다. 수지 코팅을 행한 경우 앞서 기술한 바와 같이 ① 소성 도중에 토기를 꺼내기 쉽게하기 위하여 구연을 바깥쪽으로 향하게 하여 피라미드형으로 쌓고, ② 꺼내는 타이밍을 계산하기 쉽도록 덮개의 밀폐도가 낮게 하는 방법이 이용된다. 주열원을 지면에 두지 않고 측면에 세운 이유는 피라미드형으로 3단 이상 쌓은 것에서 찾을 수 있다.

3) 고밀폐 · 땔나무 절약 타입

| 덮개의 밀폐도 |

피복재인 재를 지면 가까이까지 덮고 대나무 연료를 주체로 하는 태국 북부의 예가 전형적인 것으로, 재(일부는 진흙)를 피복재로 하는 미얀마 · 雲南 예의 일부도 해당된다. 태국 북부 예와 미얀마 일부의 예는 도시근교형으로 1일 소성 개수가 많은 것이 특징

도 3a _ 태국 북부의 야외소성 1

이다. 태국 북부에서는 대량의 재를 볏짚 덮개의 거의 전체(지면 가까이)에 덮는다. 단, 볏짚에 점화하기 위하여 지면 바로 윗부분까지 덮지는 않는다. 소성 중에 자연적으로 구멍이 생길 수 있기 때문에, 의도적으로 공기 구멍을 뚫을 필요는 없다.

태국 북부에서 다수의 소성온도 측정을 행한 결과, 주열원 연료(대나무와 땔나무)의 양과 덮개의 밀폐도(볏짚과 재의 양)에 따라 소성시간(점화로부터 400℃ 이하로 내려갈 때까지의 시간)을 3시간 정도에서 10시간 이상까지 자유롭게 조정할 수 있는 것이 밝혀지게 되었다. 乾期에는 다음날 아침에 꺼내는 것이 보통임에 반하여, 雨期에는 습기에 의한 파손이나 소성 불량을 막기 위하여 승온속도를 느리게 하여 장시간 소성하는 경우가 있으며, 저녁 무렵 스콜(squall)이 오기 전에 토기를 꺼내기 위하여 단시간 소성을 우선하는 경우도 있다. 이와 같이 계절이나 상황의 차이에 상응하여 승온속도와 소성시간을 유연하게 조정할 수 있는 것이 덮개형의 큰 특징이다.

| **연료의 종류와 배치** | (도 3a · b)

주열원 연료는 대나무와 땔나무인데, 땔나무의 양은 적은 편이다. 지면에 재를 간 위에 토기를 방형 · 열상으로 배치하고 토기의 사이에 소량의 대나무나 땔나무를 둔다. 토

도 3b _ 태국 북부의 야외소성 2

도 3c _ 태국 북부의 야외소성 3

기를 2~3단으로 쌓은 후 토기 주변의 지면에 대나무·땔나무의 대부분을 배치한다. 토기의 주변에 대나무와 땔나무를 병용하는 경우는 착화하기 쉽도록 대나무 위에 땔나무를 설치한다.

| **토기의 배치** | (도 3a)

자비용 토기 주체의 경우와 물동이를 포함한 경우가 다르지만, 어느 쪽이든 접지면적이 가장 작게 되도록 배치한다. 즉, 자비용 토기(둥근 저부에 동부는 偏球形)가 주체인 경우는 넓게 벌어진 구연부와 동최대경 부위에 접지하도록 앞의 토기에 걸쳐 횡치하면서 열상으로 배치한다. 각 열의 가장 앞 토기만 구연을 안쪽으로 향하게 하여, 내부에 숯이나 재가 떨어지는 것을 막는다. 위에 쌓인 자비용 토기의 수는 비교적 적다. 한편, 물동이(굽다리 부착)를 포함한 경우 1단에는 직립한 물동이를 방형으로(4×4~5×5) 배치하고, 그 위에 구연을 안쪽·아래쪽으로 향하게 한 자비용 토기와 소형 물동이를 둔다. 물동이는 굽다리가 접지하기 때문에 底面에도 불의 순환이 양호하다. 방형으로 배치된 壺의 주변에 구연을 안쪽으로 향하게 한 소형 자비용 토기를 서로 걸치도록 배치한 것도 자주 관찰된다.

| **소성과정** |

볏짚으로 전체를 덮은 후, 이전의 소성으로 만들어진 짚의 재를 덮는다(도 3c). 재는 비교적 두껍게 지면 가까이까지 덮는다. 이와 같이 덮개의 밀폐도가 비교적 높기 때문에 ① 토기의 주변을 중심으로 땔나무·대나무를 배치하고, ② 토기의 주변에는 대나무 위에 땔나무를 두어 주열원인 대나무·땔나무에 불이 잘 붙기 위한 방법을 행하고 있다.

최고 온도(700~800도)에 이르기까지의 시간은 덮개의 밀폐도와 주열원의 양에 대응하여 2시간 정도에서 6시간까지 다양하다. 한편, 최고 온도까지의 시간이 2~3시간인 경우에도 최고 온도 부근(20도 이하까지)을 1시간 가까이 유지하는 것이 용이하다.

| **공정 간의 상호보완** |

도시근교형의 토기 만들기에서는 연료 획득 비용이 높기 때문에 주열원은 대나무가 주체이다. 비교적 소량의 주열원(대나무와 땔나무)으로 효율적인 소성을 하기 위하여 덮개의 밀폐도는 높은 편이다(재를 두껍게 지면 부근까지 덮는다). 덮개의 밀폐도가 높은 경우 주열원의 착화가 용이하도록 토기의 주변 지면에 배치하는 편이 좋다. 한편, 전면에 적색을 채색(한케오 마을)하거나 철분이 많은 점토를 이용(몬카오케오(Monkaokeo) 마을)하여 적색으로 소성하는 경우, 적색이 균일하게 소성되기 위하여 덮개의 밀폐도가 높은 쪽이 좋다.

4) 고밀폐 · 땔나무 중간 타입

| 덮개의 밀폐도 |

진흙으로 전체를 덮는 雲南(도 3d), 미얀마 북부, 인도(도 3e)가 해당된다. 덮개의 밀폐도가 가장 높기 때문에 많은 주열원 연료를 사용하지 않아도 양호하게 소성할 수 있다. 이러한 泥窯로 불리는 구조는 승온속도가 느려 연료 효율이 높을 뿐만 아니라, '연소에 동반한 덮개의 붕괴가 적기 때문에 측벽에 구멍을 뚫으면 덮개 내부의 산소 유통이 비교적 양호한' 이점이 있다.

| 연료의 종류와 배치 |

주열원 연료는 땔나무(가지나 얇은 판재가 많음) 주체인 경우가 많지만, 소똥뿐인 예도 있다. 주열원의 배치는 땔나무 · 가지를 지면에 얇게 까는 것과 함께, 착화가 용이하도록 토기군의 주변에 보다 많은 양을 둔다. 지면에 깐 땔나무의 양은 비교적 적은 편이며, 그 아래에 짚을 까는 경우도 자주 있다(5예 중 2예). 이것은 지면으로부터 수분이 올라오는 것을 막기 위함으로 생각된다. 한편, 소똥이 주열원인 경우는 땔나무보다 착화가 쉽기 때문에 지면과 주변에 더하여 측면에도 배치한다.

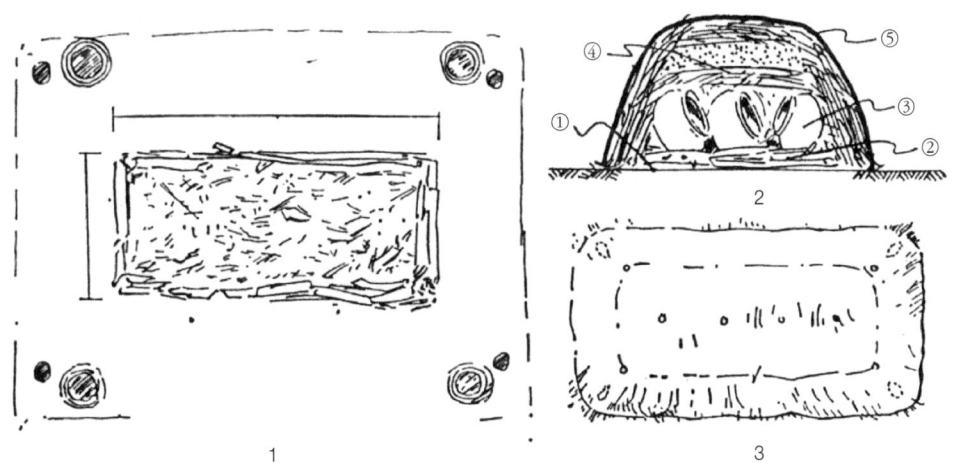

1. 소성장 평면도, 네 모서리에 진흙으로 만든 항아리를 배치
2. 덮개를 한 후의 단면도 ① 지면, ② 나뭇가지, ③ 토기, ④ 볏짚, ⑤ 진흙
3. 배연구의 위치

도 3d _ 雲南式 야외소성

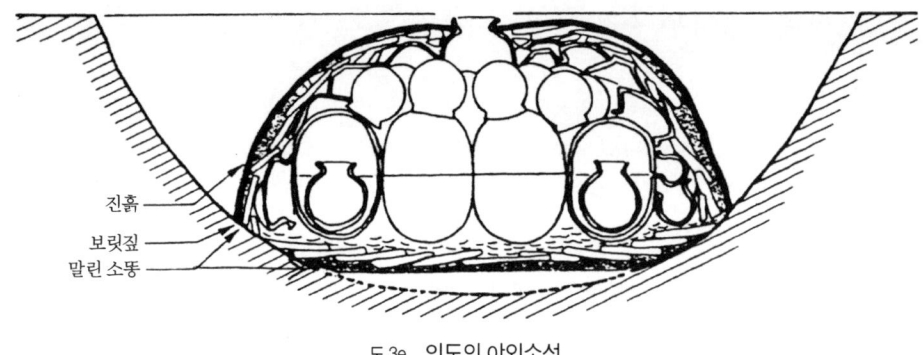

도 3e _ 인도의 야외소성

| 토기의 배치 |

雲南에서는 대형 토기를 포함하는 경우 방형·열상으로 배치하지만(도 3d, 周 1979), 소형 토기 주체의 경우는 구연을 안쪽으로 향하게 하면서 피라미드형으로 겹쳐 쌓는다 (石橋 1997).

한편, 인도에서는 얕은 수혈이나 側壁이라는 소성시설을 이용한 것이 많다.

| 공정 간의 상호보완 |

雲南과 인도에서는 토기의 제작이 급격한 온도 상승에 적합하지 않기 때문에, 고밀 폐의 덮개형이 선택되고 있다. 雲南의 토기는 자비용 토기·물동이·식기 가운데 평저 토기가 다수인 점에서 다른 동남아시아 예와 다르다. 저부 원반 위에 점토띠를 쌓아 원통 형의 1차 원형을 제작한 후 타날기법에 의하여 구형으로 만들지만, 평저로 마무리하기 때문에 저면에는 타날을 행하지 않는다. 이 때문에 저부와 동체부의 접합이 환저 토기에 비하여 약하게 되어, 보다 느린 온도 상승이 필요하게 된다.

한편, 남아시아 도작 농경민의 토기 제작 특징으로는 바탕흙에 모래를 많이 넣지 않 는 것과 세습된 전업 토기 제작을 위하여 1회의 소성 개수가 다수인 점을 들 수 있다. 바 탕흙에 모래를 많이 넣지 않는 것은 녹로 물손질 성형이 다수 이용되었기 때문이다. 이와 같이 모래가 적은 토기를 파손시키지 않고 소성하기 위해서는 승온속도를 최대한 억제 시킨 고밀폐의 덮개형이 반드시 필요하다. 또한, 이 지역에서는 땔나무가 귀중하기 때문 에 소똥 등도 많이 이용하지만, 1회의 소성 개수는 수백 개로 많다. 따라서 비교적 적은 연료로 다수의 토기를 소성하기 위해서도 덮개의 밀폐도가 높은 쪽이 좋다.

상기한 내용을 통하여 진흙으로 전체를 덮는 고밀폐의 덮개형 야외소성은 ① 바탕흙 에 모래가 적은 토기(인도)나 점토띠를 쌓은 평저의 토기(雲南)를 파손 없이 소성하기 위하여 느리게 온도를 상승시키며, ② 적은 연료로 대량의 토기를 소성하기(인도) 위한 이유에서 채택되었다고 생각된다. 한편, 고밀폐 타입은 저밀폐 타입에 비하여 주열원에 착화하는 것이 어렵기 때문에, 주열원은 '주변과 지면'에 두는 경향이 있다.

5. 덮개형 野外燒成의 多樣性을 發生시킨 要因

덮개형은 ① 지면에 연료(짚이나 주열원인 땔나무 · 대나무 · 야자 등)를 깔고, ② 토기를 배열하고(겹쳐 쌓는 경우가 많음), ③ 토기의 주변, 토기 사이, 측면(세워 걸침)에 연료를 두고, ④ 전체를 볏짚으로 덮고, ⑤ 피복재(진흙, 재, 생초, 볏짚)를 볏짚 위에 두는(雲南 · 미얀마 · 인도에서는 전체를 덮음) 순서로 토기와 연료를 배치하는 것이 기본이다. 아래에서는 주열원 연료의 배치, 주열원 연료의 종류와 양, 지면에 짚 · 재를 까는지의 여부, 토기를 두는 방법(배치 방법), 덮개의 밀폐도(피복재의 종류)에 대해서 그 다양성을 밝혀 이것을 발생시킨 요인을 검토하고자 한다.

1) 덮개의 밀폐도(피복재의 종류)

밀폐도가 낮은(피복재가 '없음(덮개의 구멍에 볏짚을 추가하여 보충)' 또는 생초이며, 점화 후 벼과초본 연료를 덮는 경우도 많음) 덮개형의 선택에 대해서 ① 수지도포를 행하는 경우 소성 도중에 토기를 꺼내는 타이밍의 계산을 용이하게 하는 것(필리핀, 海南島)과 ② 땔나무 연료 다용 타입에 있어서 땔나무에 착화를 쉽게 하기 위함(인도차이나 반도 東半)의 두 가지 이유를 앞에서 제시한 바 있다.

또한, 덮개의 밀폐도가 가장 높은 泥窯(진흙으로 전체를 덮음)가 선택되는 이유로는, 기벽의 접착 강도가 약한 토기나 바탕흙에 모래를 넣지 않은 토기를 파손시키지 않고 소성하는 것(雲南과 인도)과 비교적 적은 연료(소똥 주체)로 대량의 토기를 소성하기 위한 것(인도)을 들었다.

마지막으로 재를 피복재로 하는 고밀폐 타입이 선택되는 이유로, 적은 연료의 효율적인 소성과 소성시간을 보다 자유롭게 조정할 수 있는 점 등을 제시하였다. 즉, 연료 비용이 높아 주열원 연료의 양이 제한되어 있는 상황에서는 피복재에 의한 승온속도와 소성시간을 조정할 필요성이 높아지지만, 재를 피복재로 하는 덮개형은 생초 · '피복재 없음'이나 泥窯(장시간 소성이 될 수밖에 없다)에 비하여 승온속도와 소성시간을 보다 자유롭게 조정할 수 있다.

표 5 _ 덮개형 야외소성의 지역 간 비교

유형	미얀마	雲南	태국 북부	인도차이나 동부	海南島	필리핀	대만	총계
고밀폐·땔나무 절약	2	1	2					5
고밀폐·땔나무 중간	4	2						6
중간밀폐·땔나무 절약						1		1
저밀폐·땔나무 절약				1		11		12
저밀폐·땔나무 중간						3		3
저밀폐·땔나무 다용				7	1	1		9
왕겨 덮개				1				1
유형불명						1		1
개방?		1		1		8		11
총계	6	4	2	10	1	25	1	49
예비소성								
있음				1		2		3
없음	1	1	1	6	1	8		18
불명	5	2	1	2		6		16
주열원								
땔나무 주체	2	2	1	8	1	5		19
땔나무 없음		1				1		2
땔나무 없음(소똥)	4					1		5
땔나무 없음(가지)						1		1
땔나무 없음(대나무)			1	1		4		6
땔나무 없음(야자)						2		2
땔나무 없음(야자·대나무)						2		2
주열원의 배치								
지면에 깖+주변		1						1
지면에 깖+측면	1			3		5		9
지면에 깖	5	2		6	1	4		18
측면						5		5
주변			2					2
불명						2		2
지면에 까는 짚·재								
없음	3	1		7	1	10		22
짚을 깖	1	2		1		2		6
짚을 깖(땔나무 위)						1		1
재·짚을 깖			2					2
재를 깖	1					1		2
불명	1			1		2		4
피복재								
없음				8	1	12		21
생초						2		2
재	1	1	2			1		5
진흙	3	1						4
불명	2	1		1		1		5
덮는 타이밍								
점화 후에 덮음				3	1	2		6
점화 후에 덮은 것도 있음						1		1
왕겨를 걸침				1				1
쌓는 방법								
2단 이하				4				4
피라미드형		1				3		4
불명	6	2	2	5	1	13		29
토기의 배치 방법								
횡치	3		2	2		3		10
구연을 아래로 향하게 함	1			2	1	4		8
구연을 아래·안쪽으로 향하게 함				1				1
구연을 바깥쪽으로 향하게 함						2		2
구연을 안쪽으로 향하게 함		1						1
불명	2	2		4		7		15
1회의 소성 개수								
적은 편				1	1	3		5
중간		2	1	1		4		8
많음	4		1	5		2		12
불명	2	1		2		7		12
소성시간								
짧음				1	1	7		9
중간	1			6		4		11
긺	3	2	2	1		1		9
불명	2	1		1		4		8
수지도포								
있음					1	6		7
없음	4	3	2	8		5		22
흑색화						1		1
불명	2			1		4		7
총계	6	3	2	9	1	16		37

표 6 _ 덮개형 야외소성의 유형 간 비교

	고밀폐 땔나무 중간	고밀폐 땔나무 절약	중간밀폐 땔나무 절약	저밀폐 땔나무 다용	저밀폐 땔나무 중간	저밀폐 땔나무 절약	왕겨 덮개	총계
지역								
필리핀			1	1	3	11		16
海南島				1				1
인도차이나 동부				7		1	1	9
태국 북부		2						2
雲南	2	1						3
미얀마	4	2						6
예비소성								
있음			1	1		1		3
없음	2	1		7	3	4	1	18
불명	4	4		1		7		16
주열원								
땔나무 주체	4	1		9	3		1	19
땔나무 없음		1						2
땔나무 없음(소똥)	2	2				1		8
땔나무 없음(가지)						1		1
땔나무 없음(대나무)		1	1			4		6
땔나무 없음(야자)						2		2
땔나무 없음(야자·대나무)						2		2
주열원의 배치								
지면에 깖+주변	1							1
지면에 깖+측면		1		2	2	3	1	8
지면에 깖	5	2		7	1	3		18
측면			1			4		5
주변		2						2
불명						2		2
지면에 까는 짚·재								
없음	3	1		8	2	8		22
짚을 깖	2	1		1		2		6
짚을 깖(땔나무 위)					1			1
재·짚을 깖		2						2
재를 깖		1	1					2
불명	1					2	1	4
피복재								
없음				9	3	8	1	21
생초						2		2
재		4	1					5
진흙	3	1						4
불명	3					2		5
덮는 타이밍								
점화 후에 덮음				3	1	2		6
점화 후에 덮은 것도 있음						1		1
왕겨를 걸침							1	1
쌓는 방법								
2단 이하				4				4
피라미드형		1			1	2		4
불명	6	4	1	5	2	10	1	29
총계	6	5	1	9	3	12	1	37
설치각도								
횡치	3	2		2	2	1		10
구연을 아래로 향하게 함	1			3	1	3		8
구연을 아래·안쪽으로 향하게 함				1				1
구연을 바깥쪽으로 향하게 함						2		2
구연을 안쪽으로 향하게 함	1							1
불명	1	3	1	3		6	1	15
1회의 소성 개수								
적은 편			1	2		2		5
중간	2	1		1	1	3		8
많음	3	2		6	1			12
불명	1	2				7	1	12
소성시간								
짧음				2	1	6		9
중간	1		1	5	2	1	1	11
긺	3	4						9
불명	2	1				5		8
수지도포								
있음	5	4		8	1	3	1	22
없음					1	6		7
흑색화			1					1
불명	1	1			2	3		7
총계	6	5	1	9	3	12	1	37

한편, 동남아시아의 야외소성 민족지에서는 '피복재인 진흙을 정상부에만 바른' 덮개형이 보고된 바 없지만, 이 방법도 재 피복재와 동일한 효과가 있다.

이상을 정리하면 피복재의 선택 요인으로서 토기의 제작(수지도포나 黑色化, 바탕흙의 모래 함유량, 점토띠의 접착 강도 등), 땔나무 연료의 양(땔나무 다용형인가 절약형인가), 소성 규모(1회의 소성 개수)의 세 가지가 있는데, 〈표 7〉에 제시한 바와 같은 관련성을 갖는다.

표 7 _ 피복재의 비교

	저밀폐 생초 또는 '없음'	고밀폐 재 · 진흙을 부분적으로 덮음	고밀폐 泥窯
소성시간의 조정	소성시간은 땔나무의 양에 의해 조정	주열원의 양과 볏짚 피복재의 덮는 방법에 따라 조정 가능한 범위가 큼	소성시간 긺
승온속도	급격	느림	가장 느림
수지도포나 흑색화를 위해 토기를 소성 도중에 꺼냄	적절	부적절	부적절
바탕흙의 모래 함유량	모래가 많은 바탕흙이 필요	모래가 필요	모래가 적은 바탕흙으로도 가능
테쌓기의 접착 강도	테쌓기에 평저이기 때문에 약간 약함	테쌓기 없음	테쌓기 없음
1회의 소성 개수와 땔나무의 양	다수의 토기를 소성하기 위해서는 대량의 주열원 연료가 필요	적은 땔나무 연료로 다수의 토기를 소성하기에 적절	적은 땔나무 연료로 다수의 토기를 소성하기에 적절

2) 땔나무 연료의 양

인도차이나 반도 東半 · 海南島에서 가장 땔나무를 다용하는 것에 반하여, 필리핀과 태국 북부는 땔나무 절약형이다. 그리고 덮개의 밀폐도가 가장 높은 雲南 · 미얀마 · 인도는 그 중간 타입이다. 이러한 땔나무 양의 차이는 땔나무 획득 비용(자연환경), 1회의 소성 개수, 토기의 특징 등 복수 요인이 결합된 결과로 생각된다.

| 땔나무 획득 비용 |

인도차이나 반도 東半에서 땔나무 연료 다용형이 이용되는 것은, 마을의 공동관리 산림지 등에서 땔나무를 낮은 비용으로 획득하는 것이 배경이 된다. 한편, 도시근교형인 태국 북부에서는 땔나무 획득 비용이 높기 때문에 땔나무 절약형이 되고 있다.

필리핀(특히 코르디레라 지역)에서는 자비용 토기나 물동이의 물이 새는 것을 막기 위하여 정밀한 마연조정과 수지도포를 행하고 있기 때문에, 땔나무 절약형의 단시간 소성으로도 사용 가능한 토기가 만들어진다. 한편, 수지도포를 위하여 소성 도중에 토기를 꺼내는 타이밍의 계산에는 단시간 소성이 적합하다.

3) 주열원 연료의 배치

도작 농경민의 덮개형 야외소성에 있어서 주열원(땔나무, 대나무, 야자, 가지, 소똥 등)의 배치방법으로는 지면에 깔거나 토기군의 주변 지면에 설치, '지면+주변', 측면, '측면과 지면' 등의 종류가 있다. 〈표 1 · 3 · 4 · 5〉를 보면 '지면에 까는 것'이 가장 많지만, 민족지 문헌에는 '주변'이 '지면에 까는 것'과 구별되지 않고 후자에 포함된 예가 있다고 생각되기 때문에 실제로는 '지면+주변'과 '주변'의 비율이 보다 높았을 것이다. 이러한 각 타입이 선택된 요인에 대해서 아래와 같은 점들을 들 수 있다.

'지면에 까는' 타입은 저밀폐 · 땔나무 연료 다용형(인도차이나 반도 東半)에서 가장 특징적이다. 다량의 땔나무를 지면에 깔지만, 이 때 착화를 쉽게 하도록 받침대 위에 두는 것이 많다. 또, '저밀폐 · 땔나무 절약형' 가운데 소성 도중에 토기를 꺼내지 않는(수지도포나 흑색화를 행하지 않음) 예에서도 '지면에 까는 것'이 관찰된다. 한편, '고밀폐 · 땔나무 중간형'에 있어서 '지면에 까는' 타입은 실제로는 '지면+주변'일 가능성이 높다고 생각한다. 이와 같이 '지면에 까는' 타입은 덮개의 밀폐도가 낮은 경우에 주로 이용되는데, 땔나무 다용형의 경우 받침대 위에 두는 것이 많지만 땔나무 절약형의 경우에는 직접 지면에 설치하는 경향이 보인다.

'주변' 타입은 고밀폐 · 땔나무 연료 절약 타입인 태국 북부에서 특징적으로 관찰된다. 태국 북부의 예에서 땔나무는 비용이 높기 때문에 대나무를 사용하는 경우가 많다. 토기 사이의 지면에도 소량의 대나무 · 땔나무를 배치하지만, 대부분은 주변에 설치한다. 이와 같이 주변을 중심으로 주열원을 배치하는 것은 덮개의 밀폐도가 높은 상태에서 주열원에 불이 잘 붙도록 하기 위함이다. 덮개의 밀폐도가 높기 때문에 토기 사이에 다수의 연료를 삽입하지 않아도 불의 순환은 양호하다.

'지면+주변' 타입은 고밀폐 · 땔나무 중간형인 雲南 · 미얀마에서 관찰된다. 덮개의 밀폐도가 높은 상태에서 주열원에 착화하도록 주변에 보다 다수의 연료를 설치하며 지면에 까는 양은 적은 편이다.

'측면' 타입은 '저밀폐·땔나무 절약형' 가운데 수지도포나 흑색화를 위하여 소성 중에 토기를 꺼내는 경우 특징적으로 보인다(표 8). 또, '측면＋지면' 타입은 측면 타입보다 땔나무의 양이 다수인 경우나 소똥을 많이 이용하는 경우에 관찰된다.

이상의 내용을 통하여 주열원 배치에 대해서 다음과 같은 규칙성이 도출되었다. 첫 번째는 땔나무 연료 다용형에서는 주열원인 땔나무를 지면에 까는 것이 많다. 그 이유는 땔나무 연료 다용형의 경우 땔나무에 점화를 쉽게 하도록 덮개의 밀폐도를 낮게 하여 연료 효율이 좋지 않은데, 이러한 제약 속에서 가장 효율적으로 토기에 열을 공급하기 위해서는 토기 아래에 주열원을 설치하는 것이 좋기 때문이다.

두 번째는 땔나무 연료의 양에서 큰 차이가 없는 경우 덮개의 밀폐도가 높아짐에 따라 지면 주체에서 주변 주체로 변화하는 경향이 있다. 이것은 덮개의 밀폐도가 높아지면서 주열원에 착화를 쉽게 하기 위한 필요성이 높아지기 때문이다. 즉, 주열원(땔나무)의 착화는 덮개의 주변부에서 중심부로 진행하기 때문에, 주변의 지면에 보다 많은 땔나무를 두는 것이 착화에 용이하다.

세 번째는 소성 도중에 토기를 꺼내는 경우 피라미드형으로 높게 쌓는 편이 좋기 때문에, 주열원 연료를 측면에 세워서 걸치는 예가 많아진다.

마지막으로 토기 내부에 땔나무를 넣는 예가 없는데, 이는 窯狀의 덮개에 의하여 내부까지 연소가스가 순환되기 때문이다. 한편, 窯狀 덮개가 없는 개방형에서는 토기 내부에 땔나무를 집어넣을 필요성이 보다 높다.

표8 _ 야외소성 민족지의 속성 간 차이

	지면	지면＋주변	지면＋측면	주변	측면	불명	총계
지면의 짚·재							
없음	14	1	4		3		22
볏짚을 깖	3		3		1		7
재·짚을 깖				2			2
재를 깖			1		1		2
불명	1		1			2	4
총계	18	1	9	2	5	2	37
수지도포							
있음	2		1		4		7
흑색화					1		1
없음	14	1	2	2		1	20
불명	2		4			1	7
총계	18	1	7	2	5	2	35

4) 지면에 짚 · 재를 깔았는가?

덮개형 야외소성 민족예에서는 토기의 접지 방법으로서 ① 지면에 깐 땔나무 위에 설치, ② 소성 받침대 위에 둠(코르디레라 지역에서 특징적), ③ 짚이나 재 위에 접지하고 주변에 땔나무 · 대나무 · 야자 등의 주열원 연료를 두는 등의 종류가 있는데, 이 중 ①이 가장 많다. 한편, 토기를 지면에 똑바로 세운 예가 없는데, 이는 덮개형 야외소성의 경우 소성 도중 토기를 움직일 수 없어 지면에 직치하면 접지부분에서 불의 순환이 원활하지 않게 되기 때문이다.

지면에 짚을 까는 경우는 땔나무 아래에 까는 것이 많다고 생각되지만, '땔나무 위에 짚을 두는' 것으로 기록된 예도 1예 존재한다. 짚을 까는 목적으로는 ① 소성 중에 지면에서 올라오는 수분을 막는 것(방습재), ② 위에 설치한 땔나무가 착화하기 쉽게 함(착화재), ③ 연료로서 토기를 가열 등이 생각된다. 한편, 재를 깐 경우는 ①의 역할이 살펴진다.

동남아시아의 덮개형 야외소성 민족사례에서는 지면에 짚을 깐 예가 9예(27%) 보고되고 있다. 야요이토기에서는 짚 위에 접지되고 있는 예가 대다수를 차지하고 있기 때문에, 그 요인을 밝히는 것이 중요하다.

지면에 짚을 깐(그 위에 토기와 땔나무를 설치) 예는 지면이나 주변에 비교적 적은 땔나무를 두는 경우에 관찰되며, 측면에 두는 경우(필리핀의 수지도포 예)나 지면에 대량의 땔나무를 두는 경우(태국 동북부)에는 보이지 않는다. 한편, 태국 동북부에서는 대량의 땔나무 아래에 비교적 소량의 짚을 둔(깐 것은 아님) 것이 있지만, 이는 땔나무의 착화를 촉진시키기 위한 조치로 토기가 볏짚과 밀착하지는 않는다.

주변에 주열원의 다수를 배치하는 태국 북부의 경우, 건기에는 재만 깔지만 우기에는 재와 함께(그 위에) 짚을 까는 빈도가 높아진다.

이상을 정리하면 지면에 볏짚을 깐 것은 땔나무 절약형 · 중간형의 야외소성에 있어서 지면에 설치한 땔나무의 착화를 촉진시키기 위한 것이라 할 수 있다. 한편, 땔나무 다용형의 덮개형 야외소성에서는 지면에 깐 땔나무에 착화하는 수단으로서 볏짚을 두는(까는 것이 아니며 토기와 접촉하지 않는다) 것이 선택된다.

또한, 태국 북부 예에서는 우기에만 볏짚을 지면에 까는(건기에는 재) 것을 볼 때, 습기가 많은 상황에서 지면에 짚을 까는 것에 의하여 땔나무의 착화를 촉진시키는 방법이 행하여졌다고 할 수 있다.

5) 토기의 배치 방법

토기 배치 방법에 대해서는 겹쳐 쌓기를 행하는가, 열상 배치인가 동심원상 배치인가, 구연을 안쪽으로 향하게 하는가 바깥쪽으로 향하게 하는가, 측벽이나 수혈 등 소성시설의 유무가 핵심이 된다. 동남아시아 덮개형 야외소성 민족지의 토기 배치 방법은 ① 토기를 겹쳐 쌓고, ② 수지도포 예를 제외하면 구연을 안쪽 또는 아래쪽으로 두며, ③ 토광이나 측벽 등의 시설을 이용하지 않는다라는 특징이 있다. 아래에서 각각의 이유를 검토해 보자.

| 겹쳐 쌓기의 유무 |

토기를 겹쳐 쌓는 것의 이점으로는 ① 덮개 내부에서 연소가스의 유통을 촉진시키고, ② 1단으로 쌓는 것보다 다수의 토기를 효율적으로 소성할 수 있으며, ③ 뜨거운 상태의 토기 내부에 막대기를 넣어 소성 도중에 꺼내는 조작을 행하기 쉽다라는 세 가지를 들수 있다. 첫 번째 이점에 대해서 보충하면 다음과 같다. 벼과초본 연료의 덮개는 소성이 진행됨에 따라 붕괴되기 때문에, 토기를 겹쳐 쌓지 않은 덮개형 야외소성 실험에서는 덮개 내부에서 연소가스가 유통할 공간이 좁아지게 되어 땔나무 연료가 충분히 연소하지 않는 경우가 많았다. 한편, 토기를 여러 단으로 겹쳐 쌓으면 벼과초본 연료의 덮개가 붕괴되어도 상단과 하단의 토기 사이에 공간이 확보되기 때문에, 덮개 내부에서 불의 순환이 나빠지지 않는다. 덮개형 야외소성의 실험에서 땔나무를 지면에만 배치한 경우에도, 1단보다는 2·3단으로 쌓은 토기 쪽에서 불의 순환이 양호한 것이 보통이다.

덮개형 야외소성 민족사례의 대다수는 2단 이상으로 겹쳐 쌓기를 행하고 있는데, 이 가운데 태국 동북부의 예는 2단이 주체(그 대신 평면 규모가 크다)인 것에 반하여, 수지도포를 위하여 소성 도중에 토기를 꺼내는 경우가 많은 필리핀·코르디레라 예에서는 3단 이상 쌓은 것이 일반적이다. 이 밖의 예는 2단과 3단 이상 양자를 포함하는 것이 많다고 추정된다. 태국 동북부 예는 덮개의 밀폐도가 낮기 때문에, 1단 쌓기의 경우에도 '덮개 붕괴로 내부에 연소가스의 유통이 나빠진다' 라는 문제는 적다. 한편, 코르디레라의 예에서는 3단 이상으로 쌓은 경우 막대기를 넣어 뜨거운 상태의 토기를 꺼내기 용이하다는 이점이 있다.

덮개형 야외소성 가운데 겹쳐 쌓기가 뚜렷하지 않은(위에 쌓은 경우도 수가 적음) 사례로, 태국 북부에서 구연부가 넓게 벌어진 부식용 자비 토기를 서로 걸쳐서 배열한 경우나 雲南에서 대형 자비 토기를 2열 1단만으로 소성하는 예(周 1979)가 있다. 태국 북부의 예는 넓게 벌어진 구연부가 접지하고 그 반대쪽의 구연이 덮개와 접촉하도록 얕은 자비 토기를 옆으로 세워서 배열한다. 이 방법은 토기가 서로 걸치도록 배치되어 있어 약간 불안정한 상태이기 때문에, 위에 다수의 토기를 쌓기 어렵다. 또, 부식용 자비 토기(MooKeen)는 구연이 넓게 벌어져 있어 구연부가 지면과 덮개에 접촉한 경우 덮개와 동체부 사이, 지면과 동체부 사이에 충분한 공간이 확보되기 때문에, 불의 순환이 양호하지 못하게 되는 것은 아니다. 한편, 雲南의 대형 자비 토기 소성 예의 경우 진흙 덮개가 지면까지 이르기 때문에, 짚 연료의 연소가 진행되어도 덮개가 붕괴되지는 않는다.

이상의 민족지 사례를 통하여 아래와 같은 경향을 도출할 수 있다. 즉, 덮개형 야외소성은 일반적으로는 몇 단으로 겹쳐 쌓는 것이 내부 불의 순환을 확보하기 위하여 효과적이다. 특히, 덮개의 밀폐도가 높은 경우나 소성 도중에 막대기를 넣어 토기를 꺼내는 경우에 적합하다. 한편, 아래의 경우에는 이러한 제약에 해당되지 않는다.

첫째, 1단의 토기가 서로 걸치는 등 불안정한 상태인 경우 상부에 다수의 토기를 쌓기 어렵다(예 : 태국 북부의 자비 토기 배치).

둘째, 덮개의 밀폐도가 낮은 경우에는 높이 쌓을 필요성이 낮다(예 : 인도차이나 반도 東半).

셋째, 대형 토기를 포함한 경우 1단만으로도 겹쳐 쌓은 경우와 큰 차이 없이 산 모양의 전체 형태를 이루게 된다(예 : 雲南의 대형 자비 토기 배치).

| 열상 배치인가 동심원상 배치인가? |

야외소성 민족지에서는 이 점에 대해서 명확한 기술이 없는 경우가 많기 때문에, 비교적 제한된 수의 사례를 토대로 검토하였다. 동심원상 배치는 ① 비교적 소수의 토기를 받침대 위에 피라미드형(3단 이상)으로 쌓아올린 코르디레라 지역, ② 소형 토기를 주체로 배치한 雲南, ③ 다수의 토기를 소성 수혈(원형) 내부에 배치한 인도 · 우타르 프라데시 州 등에서 이용되고 있다. 이러한 예와 같이 소성 개수가 소수이거나 소형이 주체인 경우는 열상으로 배열하기 어렵기 때문에 동심원상으로 배치하는 것이 좋다. 또, 받침돌 위에 토기를 피라미드형으로 쌓는 경우 1단에 두는 토기의 개수가 제한되며, 중앙에 설치한 대형 토기를 중심으로 높게 쌓기 위해서는 동심원상이 안정적이다. 마지막으로 소성 수혈을 이용하는 경우는 방형보다 원형이 모서리 부분의 열 손실을 줄일 수 있기 때문에, 원형이 많아지는 것으로 생각된다.

한편, 열상 배치(평면 방형)는 雲南, 태국 북부, 태국 동북부, 필리핀의 도시근교형 토기 제작 마을 등에서 보편적으로 이용되고 있다.

이와 같이 동심원상 배치는 ① 1회의 소성 개수가 적거나 소형이 주체이고, ② 받침돌 위에 피라미드형으로 쌓으며, ③ 소형 수혈에서 다수의 토기를 소성하는 등의 경우에 선택되어지는 것에 반하여, 열상 배치는 이것 이외의 경우로 1회의 소성 개수가 많을 때에 선택되는 경향이 있다.

6) 토기의 구연을 안쪽으로 향하게 하였는가 바깥쪽으로 향하게 하였는가?

덮개형 야외소성 민족사례에서는 구연을 안쪽으로 비스듬하게 두는 경우와 구연을 아래로 향하게 두는 경우(1단)가 많다. 구연을 안쪽으로 향하게 하는 이점으로는 ① 토기 내부에 재가 떨어지는 것을 막고, ② 볏짚 덮개로 구연이 막혀 토기 내부에서 불의 순환이 불량하게 되는 것의 방지 등을 들 수 있다. 또한, 지면에 다량의 주열원이 깔린 경우 지면의 땔나무에서 열을 받기 쉽도록 1단에 위치한 토기의 구연을 아래로 향하게 하여 배열한다.

한편, 코르디레라 예와 같이 수지도포를 위해 토기를 뜨거운 상태로 꺼내는 경우에는 구연을 바깥쪽으로 하는 편이 좋다.

7) 측벽이나 수혈 등의 소성시설

소성 토광과 측벽이 있는 소성시설은 측벽이 있다는 점에서 동일하다. 이러한 측벽·토광의 이점으로는 ① 측면의 밀폐도를 높여 내부의 열이 빠지기 어렵게 하고, ② 벼과초본 연료의 덮개가 토기의 상부만으로 완료되기 때문에 벼과초본 연료를 절약할 수 있으며, ③ 덮개의 측벽에 구멍이 생길 염려가 적은 점, ④ 덮개의 붕괴가 적은 점 등을 들 수 있다. 덮개형 야외소성의 실험에서는 벼과초본 연료 덮개의 측면에 초기 단계에 구멍이 생겨 산소가 유입되면서 급격하게 온도가 상승한 결과 토기가 파열하는 것이 때때로 관찰된다. 지면까지 진흙으로 덮으면 이러한 실패는 없지만, 소성시간이 상당히 길어지게 된다. 측벽이 있는 소성시설은 이와 같은 실패를 막기 위한 간편한 방법이라 할 수 있다.

동남아시아의 덮개형 야외소성에서는 토광이나 측벽을 이용하는 예가 소수인 것에 반하여, 인도의 고밀폐형 덮개형 야외소성에서는 토광이나 측벽을 이용하는 예가 다수 보고되고 있다(Sarawati and Behura 1966). 이러한 차이를 발생시킨 이유로는 모래가 포함되지 않은 대량의 토기를 적은 연료로 소성하기 위해서는 측벽이나 수혈을 동반한 고밀폐의 덮개형 야외소성 쪽이 좋다는 점을 들 수 있다. 또, 인도에서는 '모래가 포함되지 않은 바탕흙을 이용하여 녹로 물손질 성형' 이 이루어진 토기가 고밀폐의 덮개형 야외소성과 '볏짚과 진흙으로 상부를 밀폐시킨 昇炎式窯' 의 양 방법에 의하여 만들어지고 있기 때문에, 양자가 서로 영향을 주고받았다고 생각하는 것도 가능하다.

한편, 일본에서는 土師器의 소성시설로 원형이나 방형의 토광이 보편적으로 이용되고 있다(久保田 1989). 또, 서일본의 야요이토기 가운데에는 측벽이 상정되는 사례(石橋 1997)나, 소성 토광에서 소성실패품이 소성시의 배치 그대로 출토되는 예(百間川原尾島 遺蹟 1호 토광)도 있다.

8) 민족지 모델의 정리

표9 _ 야외소성 속성 간의 관련

덮개형 야외소성 민족지의 비교분석에 의하여 일련의 '일정 조건 아래에서 성립된 규칙성' 이 도출되었는데, 이것은 (표 9)와 같이 정리된다. 자연환경(연료 획득 비용), 생산 규모, 토기의 제작(토기의 형태 · 크기 · 테쌓기의 접착 강도, 수지도포 등) 등의 요인에 따라 야외소성의 여러 속성(땔나무 연료의 양, 주열원 연료의 배치, 덮개의 밀폐도, 토기 배치 방법 등)에 대한 선택이 영향을 받는다. 이와 같이 야외소성 방법의 여러 속성 사이에 연료의 종류 → 주열원 연료의 배치 · 덮개의 밀폐도 → 토기의 배치 방법이라는 결합이 관찰되었다.

6. 野外燒成 民族誌에서 觀察되는 規則性을 참고로 한 野外燒成 方法의 復元

피복재의 종류(덮개의 밀폐도), 토기의 배치 방법(窯 내부의 설치 방법), '토기군 주변의 지면에 땔나무(토기와 접촉하지 않음)가 배치되는가' 등은 야외소성 방법의 복원을 위하여 중요한 요소이지만, 흑반의 특징을 통하여 직접적으로 추정하기 어려운 것이 많다. 이들에 대해서는 '야외소성 민족지의 비교분석을 통하여 도출된(일정 조건 아래에서 성립) 일련의 규칙성'을 참고하여 복원 가설을 제시할 수 있는 경우가 있다. 몇 가지의 예를 들어보고자 한다.

1) 땔나무 연료 배치방법의 추정

고고자료에서 '접지면 근처나 측면·구연·상부에 땔나무가 설치되는가'는 토기 각 면에 남겨진 흑반의 특징(땔나무 접촉 흑반이나 땔나무의 불꽃에 의하여 결입부가 형성된 짚 밀착 흑반)을 통하여 어느 정도 추정이 가능하지만, 토기군의 주변에 배치한 연료는 뚜렷한 흑반을 남기기 어렵다. 덮개형 야외소성 민족사례에서는 땔나무 연료 절약형의 경우 토기 주변의 지면이나 피라미드형으로 쌓은 토기의 측면·토기 사이에 소수의 땔나무를 설치하는 것에 반하여, 땔나무 연료 다용형에서는 지면에 까는 것이 많다는 규칙성이 도출되었다. 따라서 고고자료에서 겹쳐 쌓기의 흔적이 명확하지 않고, 또한 토기의 주변에 땔나무·대나무 등이 설치된 흔적이 전혀 관찰되지 않는 땔나무 절약 타입의 덮개형 야외소성은 토기군 주변(의 지면)에 주열원이 배치된 것으로 추정하였다.

2) 덮개 밀폐도의 추정

서일본의 야요이토기는 야요이 조기에서 중기 후반이 되면서 '땔나무 다용형(접지면의 근처나 상부에 다수의 땔나무가 설치됨)에서 땔나무 절약형(접지면 부근이나 상면에 땔나무의 흔적이 관찰되지 않기 때문에 주변 중심의 땔나무 배치로 변화하였다고 추정)으로의 변화'가 관찰되었다. 이러한 변화에 상응하여 덮개 접촉 흑반의 출현 빈도가 증가하는 경향이 관찰되는데, 그 이유로는 ① 토기 상부에 땔나무가 설치되지 않은 결과 상면이 벼과초본 연료의 덮개와 밀착하게 되고, ② 덮개의 밀폐도가 높아졌다는 두 가지 (상반되는 것은 아님)를 생각할 수 있다. 덮개형 야외소성의 민족지 분석에서는 '지면에 다수의 땔나무를 배치하는 만큼 이것에 착화하기 위하여 덮개의 밀폐도는 낮아진다' 라는 규칙성이 관찰되었는데, 이 모델을 참고로 하면 앞서 기술한 예에 있어서 덮개의 접촉 흑반이 증가한 이유를 '상면에 설치한 땔나무가 감소하였기 때문에 덮개와의 밀착도가 높아졌다' 라는 점과 '땔나무 절약형으로 이행함에 따라 제한된 연료의 효율적인 소성을 위하여 덮개의 밀폐도가 높아졌다' 라는 두 가지 요인이 결합된 결과로 해석하는 것이 가능하다.

3) 수액 코팅이 이루어진 토기군의 덮개 밀폐도 복원

北陸에 덮개형이 수용된 야요이 중기 전반의 壺에는 높은 비율로 수액 코팅이 행하여지고 있다. 이 토기군은 앞서 기술한 바와 같이 땔나무 연료 다용형으로, '덮개 접촉 흑반이 불명료한' 것이 특징이다. 수지 코팅에 대해서 덮개형 야외소성의 민족지 분석에서는 '수지(수액) 코팅이나 흑색화를 위하여 야외소성의 최종 단계에 아직 뜨거운 상태의 토기를 꺼내는 경우 꺼내는 타이밍의 계산을 쉽게 하도록 덮개의 밀폐도가 낮은 쪽이 좋다' 라는 규칙성이 제시되었다. 이 규칙성을 참고로 하면 앞서 기술한 예에 있어서 덮개의 밀폐도가 낮은 이유로, '지면에 깐 다수의 땔나무가 착화되기 쉽도록 하며, 소성 도중에 토기를 꺼내는 타이밍의 계산을 용이하게 하기 위함' 이라는 해석이 도출된다.

참고문헌

| 일문 |

加藤唐九郎, 1972 『陶器大辭典』 京都.

高田一夫, 1975 「土器を燒く村:タイ北部バン・ハンケオ所見」 『えとのす』 4揭, 117~120頁.

_____, 1976 「土器を燒く村(その2)タイ北部バン・ムルクオン所見」 『えとのす』 7號, 77~80頁.

關根光宏, 2000 「インド西ベンガル州における土器およびその製作技術」 『物質文化』 68 : 32~53.

久世建二ほか, 1994 「繩文土器から彌生土器への野燒き技術の變化」 『日本考古學協會第60回總會研究發表要旨』, pp.26~29.

_____, 1996 「繩文土器の野燒き方法」 『日本考古學協會第62回總會研究發表要旨』, pp.94~97.

大西秀之, 1998 「土器製作者の誕生ーカンカナイ社會における技術の傳承と實踐ー」 『民族學研究』 62(4) : 470~493.

_____, 1998 「ルソン島北部・カンカナイ社會において形作られた土器製作者の身體」 『物質文化』 64 : 1~28.

鹿野忠雄, 1941 「紅頭嶼ヤミ族の土器製作」 『人類學雜誌』 56卷1號揭載, 41-49頁.

瀨川芳則, 1983 「土器作り」 『古代日本の知惠と技術』, pp.141-171, 大阪書籍.

米田文孝, 1988 「インドにおける土器製作技術(I)-UP州カンダ・バーリー村の事例を中心に」 『網干善敎先生華甲記念考古學論集』, pp.1035-1062.

_____, 1993 「インドにおける土器製作技術(II)-UP州カンダ・バーリー村の事例を中心に」 『考古學論叢』, pp.1083~1120.

坂井隆, 1984 「インドネシアにおける最近の土器作り調査例」 『群馬縣埋藏文化財調査事業團研究紀要』 1, 前橋, 49-68頁.

福本繁樹, 1994 『精靈と土と炎ー南太平洋の土器ー』 東京美術.

西谷大, 1991 「海南島における土器づくり」 『國立民俗歷史博物館研究報告』 31, 佐倉, 29~54頁.

石橋新次, 1997 「土器燒成に關する二・三の予察(前編)」 『みずほ』 23 : 52~67.

小林正史, 1989 「先史時代土器の器種分類について」 『北越考古學』 2號, pp.1~24.

_____, 1993 「カリンガ土器の製作技術」 『北陸古代土器研究』 3號, 74~103頁.

_____, 1993 「稻作文化圈の傳統的土器作り技術」 『古代文化』 45(11) : 27~50.

_____, 2003「東南アジアの土器作り民族誌における工程間の結びつき」『立命館大學考古學論集III』1043~1066頁.

_____, 2004「稻作農耕民の傳統的土器作りにおける覆い型野燒きの特徴」『北陸學院短期大學紀要』36：203~228.

小林青樹, 1998「土器作りの專業製作と規格性に關する民族考古學的研究」民族考古學研究會編『民族考古學序說』, pp.122~138, 同成社.

小野正敏・西谷大・新田榮治, 1993「タイの土器作り」『歷博』59號, 10~11頁.

植田正幸・小川文雄, 1985「土器作りムラ入門記(下)」『まんだ』24號54~58.

畠博滿, 1973「タイ國北部における土器作りについて」『上智史學』18：7~32.

_____, 1988「北部タイの土器作り」『東南アジア考古學會會誌』8號揭載, 44~45頁.

宇野文男, 1974「バシー文化圏における土器づくり」『季刊人類學』5卷1號, 京都, 126~148頁.

楢崎彰一, リーダム・レファート, ルイス・コート, 2000「東南アジア本土における現代の土器および燒締陶の生產に關する地域調査」『瀬戸市埋藏文化財センター研究紀要』8：105~192.

佐原眞, 1986,「彌生土器の製作技術:粘土から燒きあげまで」『彌生文化の研究3』, 東京, 27~41頁.

鳥居龍藏, 1897「東部台灣, 阿美族の土器製造に就いて」『東京人類學雜誌』135號, 344~359頁.

_____, 1902『紅頭嶼土俗調査報告』東京.

周達生, 1979「中國タイ族の土器づくり」『季刊民族學』8：74~79.

中村浩, 1982「中部ジャワの土器づくり」『大谷女子大學紀要』17卷1號, 169~180頁.

清水潤三, 1959「カンボジアにおける土器づくり部落とその技術」『民族學研究』23(1・2)：54~62.

_____, 1963「カンボジアにおける土器製作法の一例」『考古學雜誌』49卷2號.

青柳洋治, 1982「ルソン島北部における土器作り」『黑潮の民族・文化・言語』, pp.88~104.

青柳洋治・岡崎完樹, 1981「土器の露天燒」『季刊民族學』15：53~57.

芦屋市淡神文化財協會, 1991『タイの土器作り』.

後藤和民, 1980『繩文土器を作る』中公新書.

| 중문 |

王苧生, 1989「泰族原始制陶術」『民族考古學論集』, 190~210頁, 北京.

李仰松, 1959「從瓦族制陶探討古代陶器製作上的幾個問題」『考古』1959年5期, 250~254頁.

林聲, 1965「雲南泰族制陶術調査」『考古』1965年12期, 北京.

揚原, 1986「雲南元謀紅村的制陶工芸」『考古』1986年12期, 1133~1138頁.

張李, 1959「西雙版納泰族的製陶技術」『考古』1959年9期揭載, 488~490頁, 北京.

朱寶田, 1982「雲南西雙版納稅泰族和西盟我族原始制陶的起源和傳播」『雲南文物』1982年11期, 67~69頁.

泰族製陶工芸總合考察小組, 1977「記雲南景洪泰族慢輪制陶工芸」『考古』1977年 4 期, 251~257頁.

| 영문 |

Arnold, D., 1985 *Ceramic theory and cultural process*. Academic Press New York.

Aronson, M., J. Skibo and M. Stark, 1991 Use technologies: an ethnoarchaeological study of Kaligna pottery. *Material Issues in Art and Archaeology*, pp.415~426.

Bayard, D., 1986 A Novel Pottery Manufacturing Technique in Western Loei Province, Thailand. *Thai Pottery and Ceramics*, pp.261~278, The Siam Society.

Chiong, L., 1974 The Present methods of pottery manufacture in Daro, Dumaguete City, Philippines. *Proceedings of the First Regional Seminor on Southeastern Arian Archaeology and prehistory*, pp.67~84, Manila.

Conklin, H., 1953 Buhid pottery. *Journal of East Asiatic Studies*, Vol.3 No.1, Manila, pp.1~12.

Foster, G., 1956 Resin-coated pottery in the Philippines. *Aemrican Anthroplogist*, Vol.58 No.4, pp.732~733.

Graham, W. A., 1922 Pottery in Siam. *Journal of Siam Society*, No.16, Bankok, pp.1~27.

Graves, M., 1981 *Ethnoarchaeology of Kalinga ceramic design*. Univ. of Arizona, Ph.D.dissertation, Tucson, AZ.

London, G., 1991 Standardization and variation in the work of craft specialists. *Ceramic ethnoarchaeology*, Tucson, AZ, pp.182~204.

Longacre, W., 1974 Kalinga pottery-making: the evolution of a research design. *Frontiers of anthropology: an introduction to anthropological thinking*, New York, pp.51~67.

_____, 1981 Kalinga pottery: an ethnoarchaeological study. *Patterns of the past: studies in honor of David Clarke*, London, pp.49~66.

_____, 1983 Ethnoarchaeology of the Kalinga. *Pictures of Record*, Weston, Conn.

_____, 1985 Pottery use-life among the Kalinga, northern Luzon, the Philippines. *Decoding prehistoric ceramics*, Carbondale, IL, pp.334~346.

_____, 1991 Sources of variability among the Kalinga of Northern Luzon. *Ceramic ethnoarchaeology*, Tucson, AZ, pp.95~111.

Longacre, W., K. Kvamme and M. Kobayashi, 1988 Southwestern Pottery Standardization :An Ethnoarchaeological View From the Philippines. *The Kiva*, Vol. 53 No.2, Tucson, AZ, pp.101-112.

Longacre, W. A. and J. Skibo (editors), 1995 *Kalinga ethnoarchaeology*. Washington D.C, In press.

Longacre, W., J. Skibo and M. Stark, 1992 Ethnoarchaeology of the top of the world. *Expedition*, Vol.33, No.1, pp.4~15.

Longacre, W. and M. Stark, 1992 Ceramic, kinship, and space: a Kalinga example. *Journal of Anthropological Archaeology*, New York, No.11, pp.125~136.

Longacre, W., M. Stark and K. Kvamme, 1991 Ethnoarchaeological approach to ceramic specialization: four Philippine examples. A paper presented at the 62nd Annual Southwestern Anthropological Association Meetings.

May, Patricia and Margaret Tuckson, 1982 *The traditional pottery of Papua New Guinea*. Bay Books, Sydney.

Rice, P., 1987 *Pottery analysis ; A Source book*. Chicago.

Saraswati, B. and N. K. Behura, 1966 *Pottery techniques in peasant India*. Calcutta.

Scheans, D., 1965 The Evolution of the Potter's Wheel: the Philippine data. *American Anthropologist*, Vol. 67, pp.1327~1329.

_____, 1965 Pottery industry of San Nicholas, Ilocas Norte. *Journal of East Asiatic Studies*, No.9, Manila, pp.1~28.

_____, 1966 Pottery manufacture in South Asia. *Current Anthroplogy*, Vol.7, No.2, pp.366~367.

_____, 1966 A new view of Philippines pottery manufacture. *Southwestern Journal of Anthropology*, Vol.22, No.2, pp.206~219.

_____, 1969 Socio-cultural characteristics of Filipino potters. *Philipinne Sociological Review*, No.17, Manila, pp.83~95.

_____, 1977 Filipino market pottery. *National Museum Monograph* No.3, Manila.

Skibo, J., 1992 *Pottery function: a use-alteration perspective*. Prenum Press, New York.

_____, 1995 The Kalinga cooking pots: an ethnoarchaeological and experimental evaluati on of performance characteristics. *Kalinga ethnoarchaeology*, Washington D.C., In Press.

Skibo, J., Schiffer, M. & K. Reid, 1989 Organic tempered pottery: an experimental study. *American Antiquity,* Vol.54 No.1, pp.122~146.

Smith, M., 1985 Toward an economoc interpretation of ceramics. *Decoding Prehistoric Ceramics*, Carbondale, IL.

Specht, J., 1972 The pottery industry of Buka Island, Territory of Papua New Guinea. *Arhcaeology and anthropology in Oceania*.

Solheim, W. G., 1952 Pottery Manufacturing in the Islands of Masbate and Batan,

Philippines. *Journal of East Asiatic Studies* 1(1):49~53, Manila.

_____, 1954 Ibanag Pottery Manufacture In Isabela, Philippines. *Journal of East Asiatic Studies* 3(3):305-307, Manila.

_____, 1964 Pottery manufacture in Sting Mor and Ban Nong Sua Kin Ma, Thailand. *Journal of the Siam Society* 52:151~161.

_____, 1965 The function of pottery in Southeast Asia: From the present to the past. *Ceramics and man*, pp.254~271.

_____, 1976 Notes on Pottery Manufacture near Luang Prabang, Laos. *Journal of the Siam Society* 55:81~86.

_____, 1984 Pottry and the prehistory of northeastern Thailand Pots and Potters. *Institute of Archaeology Monograph* 24, Univ. of California, Los Angels, pp.95~106.

Solheim, W. and T. Shuler, 1959 Further Notes on Philippine pottery manufacture: Mountain Province and Panag. *Journal of East Asiatic Studies* 8(1):1~10, Manila.

Stark, M., 1991 Ceramic production and community specialization: a Kalinga ethnoarchaeological study. *World Archaeology,* No.23, pp.64~78.

_____, 1991 Transforming the Kalinga Immosso: an ethnoarchaeological perspective on causes behind ceramic change. *The Journal of Durham Univ. Anthropological Society*, No.10, Daurham, U.K., pp.80~91.

_____, 1991 Ceramic change in ethnoarchaeological perspective: a Kalinga case study. *Asian perspectives*, Vol.30, No.2, pp.193~216.

_____, 1992 From sibling to Suki: social relations and spatial proximity in Kalinga pottery exchange. *Journal of Anthropological Archaeology*, No.11, pp.137~151.

_____, 1995 Pottery exchange from an ethnoarchaeological perspective: a Kalinga case study. *Kalinga ethnoarchaeology*, Smithsonian Press, Washington D.C.

2 | 土器 野外燒成 技術에 대한 實驗考古學的 研究의 발자취

北野博司 / 山本孝文 _ 譯

1. 實驗考古學의 기본틀

일본고고학에 있어 實驗考古學(Experimental Archaeology)이 '靜的인 과거 유물과 유적을 소재로 실험적 연구에 의해 動的인 과거 인간활동의 복원을 시도하고, 또한 고고 자료가 받은 人的·自然的 영향 과정을 검증'(堤隆 2000)하는 과학적 방법론으로 인식 된 것은 최근의 일이다. 예전에 小林行雄이나 佐原眞 등이 실험고고학을 회의적으로 비 평한 것은 당시의 실천이 운용면에 있어 반드시 실증적이지 못했음을 말해주고 있다(小 林行雄 1971, 佐原眞 1972, 都出比呂志 1974).

실험고고학은 현재 두 가지 입장·방향성으로 구분되고 있다(堤隆 2000, 五十嵐彰 2001, 岡內三眞 2001). 하나는 유물·유구의 복원을 위한 하드웨어 모델과 관련되는 것 으로 재현 과정의 기술이나 기능, 폐기에 대한 검토에 중점을 둔다. 또 하나는 흔적과 인 간 행동 사이의 관계 유형화, 즉 소프트웨어 모델의 구축을 목표로 하는 것이다.

전자는 고고자료를 가능한 한 당시 조건으로 복제한 다음에 사용·폐기함으로써 과 거 인간의 행위나 자연 영위를 모의적으로 체험하고 그 경과를 관찰·기록한다. 여기서 는 큰 장치가 필요하고 실험 기간이 긴 건조물 복원이나 곡물재배, 수혈주거의 소실실험 과 같은 폐기 패턴의 검토가 이루어져 왔다. 후자는 흔적을 동작으로 치환하기 위한 방법 론, 즉 중위이론 연구(阿子島香 1983)로서의 지향성이 강한 것이다. 거기서는 모델 구축 을 위한 대조실험이 반복된다. 이는 석기 사용흔 연구에서 출발한 '가공된 재료측의 흔 적으로부터 동작을 재발견'하려고 하는 "traceology"(山田しょう 1991, 御堂島正 2001) 라는 이론과 깊이 연결되는 것으로, 일본에서는 1980년 경부터 정착되고 발전되었다. 현 재 토기 제작기술 복원을 위한 실험연구 역시 이러한 사고방식에 기초를 두고 실시되고

있는데, 그 시작은 1990년 경으로 아직 역사가 짧다.

실험고고학에 대해서는 최근에 들어서도 '복제'나 '체험' 등 종전의 안이한 이미지가 남아 있어 인간의 행동이나 자연적 영위 복원을 위한 접근이라는 입장마저도 오해와 근거 없는 비판을 받곤 한다. 이러한 점에 대해 실험고고학에 있어서의 후자의 입장을 명시하고, 여러 가지 고고자료를 대상으로 하는 실험연구를 중위이론 연구로서 통일적으로 파악하기 위해 '實驗痕迹硏究', '實驗痕迹學'으로서 재구성할 필요가 있다는 주장도 제시되고 있다(五十嵐彰 2001).

한편, 고고학의 역사를 통관하면 전자의 작업이 인공물의 제작기술이나 기능에 대한 연구를 진전시킨 것 또한 사실이다. 예를 들어 제작기술의 경우 실험적 행위의 체험, 결과 관찰을 통해 공정, 도구(재질), 자세 등 기술의 세 가지 요소와 흔적의 관련성을 주목하게 되며 고고자료의 관찰 · 기록점을 발견하게 된다. 이와 같이 실험에는 물건을 관찰하는 눈을 단련시키고 연구 착상을 풍부하게 한다는 측면(阿部芳郎 1999)이 있다.

본고에서는 일본의 토기 야외소성 기술과 관련된 실험고고학적 연구의 발자취를 돌아보고 각 단계에서의 성과와 과제를 언급하면서 오늘날의 과제에 대해 고찰해 보고자 한다.

2. 實驗的 硏究의 黎明期 (1910~30年代)

大正時代~昭和時代 초기는 明治時代의 공상적 인종민족논쟁이 점차 사라지게 되고 유럽 근대고고학의 학문체계나 방법론이 도입된 시기이다. 학회에서 과학이나 실증성이 중시되는 가운데 형식학이나 층위학에 기초한 편년연구가 성행하고 繩文 · 彌生土器 편년의 큰 틀이 완성되었다.

토기 제작기술 및 기능과 관련된 실증적인 연구가 시작된 것도 바로 이 무렵이었다. 大山柏, 直良信夫, 杉山壽榮男 등이 각각 특색 있는 방법으로 이 문제에 접근하였다.

그 초기 단계의 위치에 있는 大山柏의『土器製作基礎的硏究』(大山柏 1923)는 窯業史的 관점에서 토기제작 공정이나 각 단계의 기술에 대해 총괄적으로 언급한 것이다. 大山柏 자신이 말하는 것처럼 이 논고는 연구의 틀이나 방법론을 제시하는 것에 중점을 둔 것으로 구체적인 고고자료의 분석이나 실험 데이터는 거의 없다. 풍부한 자료 관찰의 경험이나 지식을 기초로 하면서 공업시험소 기술자들과의 교류나 京都 幡枝의 전통적 토기제작 견학 등 요업기술 · 민속에 대한 관심을 알 수 있다. 아울러 시험제작 수준이었지만,

도예에 대한 지식을 가지는 친구의 협조를 얻어 토기 성형실험을 시행하기도 하였다. 이와 같은 폭넓은 지식을 바탕으로 토기소성의 발전과정으로서 덮개구조(보온성)에 주목한 6단계의 변천을 상정하였다(도 1). 고고자료와의 대비도 이루어졌으나, 죠몽・야요이토기의 적용은 유보하였다. 전체적으로 당시의 진화주의적인 기술론의 제약을 부정할 수 없으나, 장작 연료에 의한 예열로부터 질겨 被覆으로 이행하는 기술발전을 생업과의 관계에서 논한 점은 大山柏의 생태적 역사관의 일단을 말해주고 있다. 大山柏은 토기제작 기술과 기능에 대한 연구에 比較土俗學(民俗誌)이 유효하다는 점과 실험(燒度・燒成時間・色調)의 필요성을 주장했고 이후 연구는 大山柏이 예견한 방향으로 나아갔다. 大山柏의 연구에는 인맥을 살린 交友關係와 넓은 학문적 시야, 고고자료 해석에 대한 신중한 태도가 많이 보인다.

　토기의 특성을 해명하기 위해 처음으로 체계적인 화학분석을 도입한 것이 直良(村本)信夫이다. 直良信夫는 大山柏과는 대조적으로 독학으로 고고학을 공부하고 능숙한 실험화학의 방법을 구사해서 죠몽・야요이토기 제작기술이나 생업의 해명에 노력하였다. 죠몽토기와 야요이토기의 吸水度를 측정하여 그것이 태토 속의 모래 크기나 기벽 두께보다 토기의 소성상태, 태토 속의 틈과 관련될

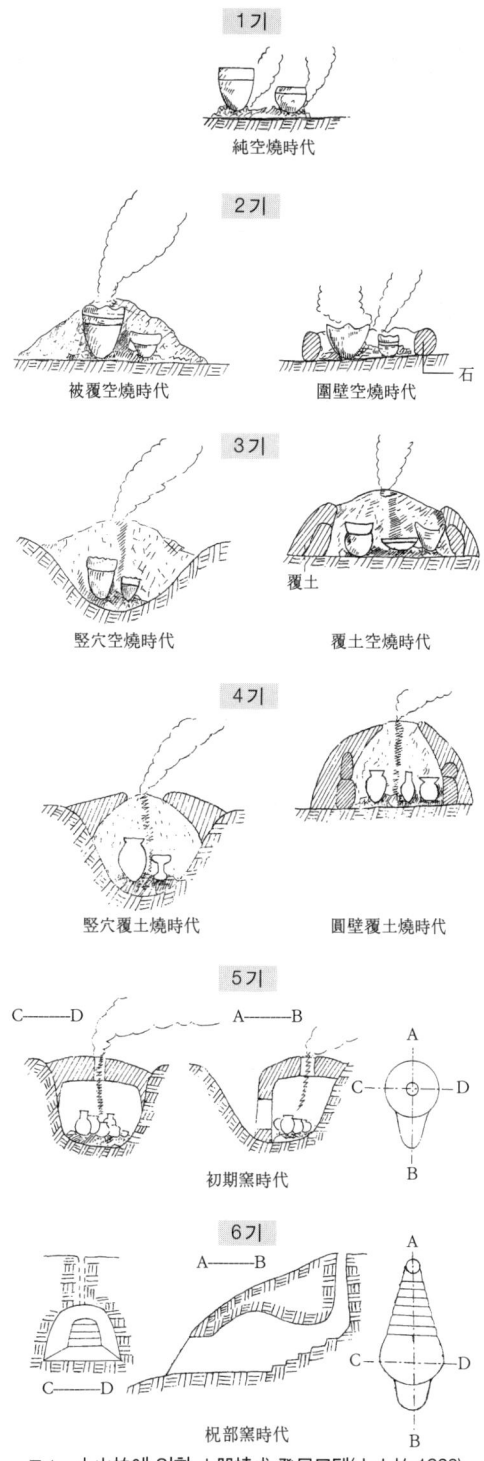

도 1 _ 大山柏에 의한 土器燒成 發展모델(大山柏 1923)

것으로 보고 수치가 낮은 야요이토기가 소성상태가 좋다는 점을 밝혔다(直良信夫 1926). 또한 實驗爐를 사용해서 시료를 소성하여 고고자료와 비교하는 방법으로 토기의 소성온도를 추정하였다(村本信夫 1924). 여기서는 900°C부터 1000°C를 넘는 온도로 유사한 것이 되었다고 하나, 실험토기 태토의 화학성분이나 조건 설정에 문제가 남았다. 죠몽토기 소성방법에 대해서는 단면의 흑색층(大山柏 1922)에 주의를 기울이면서도 '불완전한 窯露'에 의한 환원염소성으로 추정하는 등(直良信夫 1926·1927) 大山柏과 같이 토기소성에 몇 가지 발전단계를 상정한 흔적은 없다. 直良信夫의 연구는 고고자료 분석에 허점이 있었기 때문에 당초부터 고고학자에 의한 비판도 많았다. 그 후 자신의 관심도 고생물학으로 바뀌었기 때문에 토기 화학분석이나 실험연구는 더 이상 진전되지 않았다.

圖案文樣이나 아이누 공예 연구자로 알려져 있는 杉山壽榮男은 공예사의 입장에서 선사고고학 연구를 실시하였다. 杉山壽榮男의 특징은 民具·民族誌에 대한 풍부한 지식과 고고자료 해석으로의 원용이다. 또한『日本原始工藝槪說』(杉山壽榮男 1928)에는 토기 소성온도를 알기 위한 소성실험이 보고되었다. 이는 토기편의 분말로 만든 seger-corn(譯註 : 가마 내부의 온도를 측정하기 위해 각종 광물가루를 삼각추 모양으로 固形化시킨 것)을 電氣爐로 재가열한 것으로, 소성상태의 비교를 통해 죠몽토기의 소성온도를 750°C 이하(600~655°C 정도)로 추정하였다. 아울러 耐火度 시험을 실시함으로써 죠몽시대 중기 토기, 후·만기 토기, 야요이토기, 須惠器의 순서로 시기가 내려갈수록 온도가 높아지는 경향을 지적하였다. 杉山壽榮男은 大山柏과 교류하고 있었으며(阿部芳郎 2004), 기형 분류나 소성기법의 발전모델(도 2)에서 그 영향을 엿볼 수 있다(大山柏 1923 : 第19圖, 杉山壽榮男 1928 : 第72圖, 大山柏 1921, 杉山壽榮男 1928).

이 외에 窯業化學 분야에서 죠몽토기 태토의 化學組成 분석이나 물리적 성질(吸水率·氣孔率·比重·耐火度)에 대한 시험, 재가열

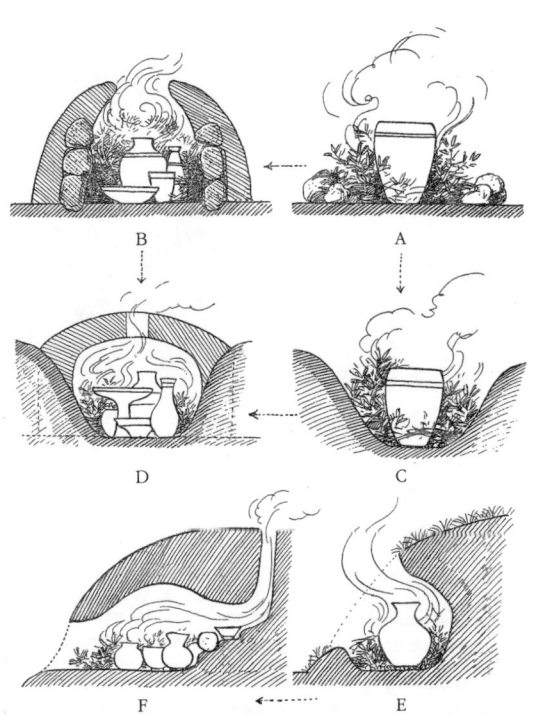

도 2 _ 杉山壽榮男에 의한 土器燒成 發展모델(杉山壽榮男 1928)

실험을 이용한 산화알루미늄 추출법에 의한 소성온도 추정(700~800°C), 시간의 경과에 따른 再水和의 문제를 다룬 연구가 있었다(近藤淸治 外 1935). 이들에는 고고학적인 면에서 大山柏의 협조가 있었다.

2차대전 전의 大山柏이나 杉山壽榮男의 토기연구에는 당시의 문양계통론을 중심으로 한 편년 편중주의에 대한 반발의 의미가 내포되어 있었으며, 直良信夫의 실험화학적 입장에서도 고고학적 자료해석의 과학적 근거나 학문적 틀을 반문하는 메시지가 내포되어 있었다(大山柏 1923.p58, 杉山壽榮男 1928. p 117, 直良信夫 1926. p 78). 이러한 일본 근대고고학 초기에 보였던 토기연구의 시각과 방향성은 위의 세 명에 의한 토기에 대한 저작이 끊어질 무렵에 죠몽·야요이토기 편년의 성과나 문화론이 연이어 발표되었고(山內淸男1932 : 1933 : 1937, 小林行雄 1933 : 1938 : 1939), '미네르바論爭(1936년)' 이나 '히다비토論爭(1937년)' 을 거쳐 고고학 분야의 토기연구가 더욱 정밀한 편년연구로 이행하는 가운데 점차 사라지게 되었고, 2차대전 후에도 한동안은 정당하게 평가·계승되지는 않았다.

3. 繩文土器의 復元과 野外燒成 實驗(1960~70年代)

1952년 岡本太郞은 '繩文土器論'(岡本太郞 1952)을 발표하면서 그 조형에 일본문화의 원류로서의 예술적 평가를 부여하고 죠몽시대의 공예와 문화에 대한 국민의 시각을 크게 바꾸는 계기를 마련하였다.

이 무렵을 경계로 죠몽토기의 매력에 빠진 도예가나 고고학자 등에 의해 야외소성에 의한 복제적인 토기제작이 시작되었다. 塩野半十郞, 新井司郞 등이 그 대표인데 塩野半十郞은 後藤守一, 甲野勇, 山內淸男 등, 新井司郞은 後藤和民 등의 고고학자와 각각 교류를 가짐으로써[1] 본격적인 기술 탐구에 눈을 뜨게 되었다(塩野半十郞 1970, 新井司郞 1973, 井上章夫 1977). 塩野半十郞의 야외소성은 우선 참억새 등의 풀을 대량으로 태워서 재를 모아 그 속에 토기를 매설한다. 토기·땅의 예열단계에서 1~2시간 둔다. 다음으로 그 위에 작은 나뭇가지를 올려서 불을 피운 후 서서히 두꺼운 가지를 올린다. 밑의 가

---

1 塩野半十郞은 東京 多摩의 죠몽시대 유적이나 토기의 연구, 조리실험 등을 폭넓게 실시하였으며, 그 밑에는 江坂輝彌, 和島誠一, 吉田格, 相澤忠洋, 大場磐雄, 杉山壽榮男 등 많은 학자가 모였다(塩野半十郞 1970).

지는 완전히 타고 두꺼운 가지가 타는 단계가 되어도 재 때문에 토기에 직접 불길이 닿지 않기 때문에 숯이 퇴적된다. 토기가 안보이게 될 정도로 숯이 퇴적되면 마지막에 짚(밀짚)을 태운다. 짚이 완전히 타도 덮개 때문에 숯불은 꺼지지 않는다. 굽는 시간은 약 1시간으로 저절로 식을 때까지 기다린다. 한꺼번에 풀을 태우고 재로 전체를 감싸게 하는 것이 중요하다고 한다. 안정된 숯불이나 볏짚과 같은 풀 연료에 의한 덮개소성 효과를 도입하는 등 경험에 따른 합리적인 야외소성이라고 할 수 있다. '죠몽시대에는 짚이 없었겠지만…' 라고 스스로 지적하고 있듯이 이 실험에서 토기소성의 과정이나 재료 자체는 크게 문제로 삼지 않았다.

新井司郎이나 後藤和民 등이 시행한 加會利貝塚博物館의 야외소성(新井司郎 1973, 後藤和民 1980)은 우선 한나절 불을 태워서 火床을 마련하고 홈을 내서 충분히 건조시킨 장작을 준비한다. 토기는 火床에 세워서 설치하고 주변에 방사선상 또는 '井' 자형으로 장작을 쌓는다. 밑에서 점화하여 20~40분 크게 태운 다음에 10분 정도 방치한다. 마지막으로 저부를 굽기 위해 눕혀서 火床 위에서 천천히 굴린다. 토기는 기면의 그을음이 사라진 시점에서 식기 전에 꺼낸다. 수많은 시행착오를 거쳐 많은 경험으로부터 최종적으로 이러한 방법이 선택된 것이다. 이미 오래전에 단절된 토기 제작기술을 고고자료와 대비시키면서 체험하는 과정은 불, 흙, 물 등 자연적 물질의 성질을 재발견하는 감동이 있다. '죠몽인들은 최소한의 노력으로 최대의 효과를 노렸다' 는 新井司郎의 말(新井司郎 1973)은 그것에 대한 솔직한 감상일 것이다. 한편으로 꼼꼼한 예열이나 다량의 장작을 사용한 것은 균열이 없고 튼튼하게 소성된 토기가 아니면 사용할 수 없을 것이고, 그것을 '높은 기술' 로 보는 당시의 통념에 영향을 받았던 것으로 생각된다.

이 무렵에 단독적으로 복제토기를 만든 도예가, 토기 제작을 시도한 고고학자는 상당히 많았을 것이다. 고고학자들은 점토나 불에 대한 경험적 지식 및 기술이 풍부한 도예가의 토기제작을 주목하고 장인으로서의 말에 귀를 기울였다. 또한 고고자료 관찰의 경험이 풍부한 고고학자들이 스스로 토기를 제작함으로써 각각의 의문을 해결하려고 시도하기 시작하였다[2](도 3). 고고학에서는 편년연구와 함께 도구의 제작기술에 관심이 높아진 시기이기도 하였다.

山內淸男들과 함께 죠몽토기의 편년연구를 추진한 甲野勇은 '석기시내 사람들이 이

---

2 後藤和民, 小島俊彰, 久保田正壽 등. 後藤和民의 토기 기술·기능 연구에는 편년연구 편중으로의 비판이 내포되어 있었다(後藤和民 1980). 小島俊彰은 편년연구를 적극적으로 시행함과 동시에 제작기법 해명에도 노력하였다(原田實 外 1989).

떻게 토기를 만들었는가에 대해서 아는 가장 확실한 방법은 토기에 남아 있는 제작과정을 나타내는 흔적에 따라 복원 제작하는 것이다'(甲野勇 1964)라고 말하였다. 이 말에는 실험 목적이 제품의 복원이나 흔적의 재현이라는 결과를 중시한 사고방식이 엿보인다. 야외소성 실험에 있어서도 도예 경험에 기초한 합리적인 방법으로 얼마나 죠몽토기답고 깨지지 않게 소성할 수 있는지를 실험 성공의 평가로 삼았다. 이 단계의 실험이 흔적의 재현이라기보다는 복제품 제작을 중시하는 것처럼 보이는 것은 그 때문일 것이다. 따라서 필연적으로 공예적인 기술을 가지는 사람에 의한 실험이 주목된다. 고고자료에서 유추할 수 없는 실험 조건은 어느 정도 경험에 따를 수밖에 없으나, 야외소성 전의 火床 제

① 예열에서 중앙으로, ② 장작으로 덮는다, ③ 횡치

도3_ 小島에 의한 繩文土器 野外燒成 實驗(1974~金澤美大에서)

작이나 소성 중의 토기 조작 등에는 현대적인 지식이 우선되었던 듯하다. 실험에는 모든 방법의 시행착오가 필요하다는 新井司郎의 신중한 태도(新井司郎 1973)와 그 실천은 기억할 만하지만, 계획적인 대조실험 수준에는 이르지 않았다.

이 무렵 新井司郎, 後藤和民 등이 정력적으로 시행한 박물관에서의 활동(後藤和民 1980)은 성과의 공개나 자연과학자들과의 협업에서 새로운 전개를 보였으며, 실험적 연구의 획기가 되었다. 또한 실물을 지향한 토기제작을 일반인의 체험활동으로서 보급시킨 것도 간과할 수 없다. 加會利貝塚博物館의 토기소성 방법은 고고학자 뿐만 아니라 각 지방 박물관 등에서의 체험학습으로 파급하여 실험적 사고를 넓히는 데 기여하였다.

야외소성에 대한 과학적 관심으로서 소성온도의 측정이 이루어졌다. 新井司郎은 공업시험장 등의 협조를 얻어 융해온도가 서로 다른 樂燒釉(역주 : 납이 많이 포함된 흑색유의 일종)를 입힌 모델판을 미리 전기로에서 굽고 이 유약이 섞인 토기를 야외소성해서 양자를 대조시켜 소성온도를 추정하는 방법을 취하였다. 그 결과 新井司郎의 야외소성은 800~950°C임이 확인되었다(新井司郎 1973).

이것을 전후하는 무렵에 熱膨張收縮試驗이나 熱分析(示差熱分析 · 熱重量分析)에 의한 토기 · 須惠器 소성온도의 추정이 시작되었다(江藤盛治 1963, 竹山尙賢 1972 · 1973, 二宮修治 外 1979 등). 자연과학적 방법에 의한 토기소성온도 추정은 이후 뫼스바우어(Mossbauer)分光法 · 電子스핀共鳴法(前田豊 外 1980, 藥科哲男 1981), X線回折法 등 여러 분석법으로 인해 데이터가 축적되었으며, 죠몽토기는 500°C 이하~900°C의 수치가 제시되었다(大澤眞澄 · 二宮修治 1994). 그러나 개방된 시설의 야외소성 실험에서는 각 부위에서 이 정도의 온도차이가 보편적으로 생기기 때문에 개별 토기의 정밀한 소성온도를 구하는 것은 그다지 의미가 없다(二宮修治 外 1979). 또한 수치가 나타내는 '소성온도' 의 의미에도 문제가 남고(大澤眞澄 · 二宮修治 1994) 퇴적 중의 자연풍화나 열을 받은 흔적에 의한 화학변화에 대한 주의도 필요하게 된다(富永健 1981, 阿部芳郎 1995). 고고학에서 우선적으로 고려되어야 하는 것은 토기를 설치하는 방법이나 야외소성 과정, 연료의 소재 · 양 · 배치, 조작 등 인간의 행동을 수반하는 기술 내용의 복원이다. 그 다음에 축적된 분석 데이터를 通時的 · 通文化的으로 비교하는 작업은 고고학에서 귀납적으로 밝혀진 야외소성 방법의 특성을 파악하는 데 유용하게 작용할 것이다.

일본에서 '實驗考古學' 이라는 호칭이 등장한 것은 1970년 경부터이다(松原正毅 1971, 中口裕 1975). 그러나 당시의 가설검증실험에는 조건설정이나 데이터의 제시, 결과에 대한 평가 면에서 반드시 과학적 · 논리적이지 못한 부분이 있었으며, 오히려 실험적 연구나 민족지를 중시하는 佐原眞 등에 의해 크게 비판을 받았다(佐原眞 1972). 오늘날의 실험고고학에 대한 대부분의 마이너스 이미지는 이 시점에 형성된 것으로 생각한다.

4. 考古資料 · 民族誌에 기초한 野外燒成 實驗 (1970~1990年頃)

이 시기는 고고학자가 발굴유구나 민족지를 참고로 각지에서 야외소성 실험을 실시하게 된 시기로, 야요이토기(土師器)를 대상으로 한 실험 사례가 증가한 것이 특징이다. 이 단계의 소성실험은 흑반이 형성된 요인이 하나의 주제가 되었다. 그 계기가 된 것이 佐

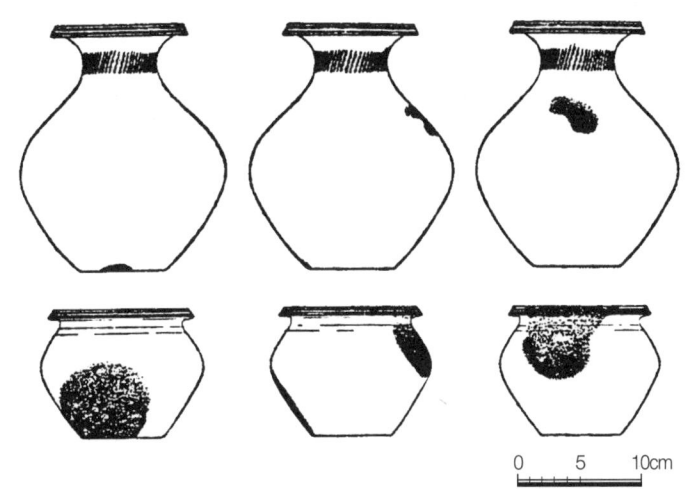

도 4 _ 佐原眞이 지적한 2개1쌍의 黑斑패턴(佐原眞 1964)

原眞의 黑斑形成論(佐原眞 1964)이다. 佐原眞은 야요이시대 중기의 토기를 관찰하는 가운데 壺 동체부에 上部(肩)−下部(가끔 底部에 걸치나 전면을 덮지는 않는다), 中部−中部라는 2개1쌍의 정형적인 흑반패턴(도 4)이 존재하는 점을 지적하고 흑반의 단면 관찰을 통해 뜨거운 토기를 나무막대기와 같은 유기질의 도구로 꺼낼 때 그 접점이 탄화되면서 붙은 것이라는 가설을 제시하였다. 또한 西日本의 야요이토기가 중기 중엽부터 밝은 색조로 변화하는 점을 지적하며 소성기술의 변화(볏짚 이용 등)를 예상하였다. 佐原眞은 탁월한 관찰력으로 동체 하부 흑반과 상부 흑반의 밝기 정도 차이나 흑반의 색조 차이 등에 대해서도 언급하였다.

1) 開放型 野外燒成에 의한 彌生土器 燒成實驗

1970~71年 藤原學 · 森岡秀人 등은 大阪府 大師山遺蹟에서 확인된 야요이시대 후기의 燒土坑의 성격을 해명하기 위해 하나의 가설이었던 토기소성유구를 상정한 실험을 실시하였다(藤原學 · 森岡秀人 1977). 토광은 직경 약 1m, 깊이 0.25m의 부정형 원형으

로 미리 불을 지핀 곳에 토기를 배치하고 장작을 수시로 투입하는 개방된 방식의 야외소성이었다. 첫 번째 실험에 의해 유구의 피열상태가 '재현' 되었고 이어서 2차 실험에서는 '일반적으로 발견되는 야요이식 토기와 흡사한 것을 굽는 것을 목표' 로 하여 조건의 일부가 변경되었다. 토광은 평지의 원형 '平窯' 와 경사면의 방형 '傾斜窯' 를 만들었고 모두 1차 실험의 실패를 교훈으로 연소를 촉진하기 위해 숯의 배출구를 마련하였다. 3기의 가마에는 각각 약 150~250kg의 장작이 사용되어 상당히 고가의 소성이 이루어졌다. 2차 실험에서는 숯 배출구의 존재로 인해 후벽 쪽의 토기가 잘 소성되는 점, 경사면에 만들어진 '傾斜窯' 가 밑에서 올라오는 흡인력에 의해 전체적으로 연소효율이 좋은 점 등이 지적되었다. 이는 고대 土師器 소성유구와 유사한 것으로 그 피열상황과 대비되나, 이 단계에서는 아직 그러한 인식은 없었다.

거기서는 실험경과와 결과의 관찰·기록이라는 면에서 상세한 보고가 이루어졌는데, 특히 복수 지점에서 온도를 측정하고 토광이나 토기의 피열상황·소성상황을 추정한 점, 토기 표면에 생기는 흑반의 다양성에 주목한 점 등에서 평가할 수 있다. 소성 불량에 의해 흑색 재(숯)가 잔존한 부분에 흑반이 형성되는 점을 확인하였고 동체부에 남는 2개1쌍형 흑반에 대해서는 佐原眞의 추정(佐原眞 1964)과 달리 토기 중첩으로 인한 것으로 추정하였다. 또한 흑반이 古墳時代 전기의 布留式 단계에 급속히 감소하는 양상을 지적하면서 이 때 소성방법의 획기가 있었음을 지적하였다. 이 실험에서는 사전 연소 실시나 숯의 배출구 설치 등 토기를 성공적으로 굽기 위한 경험적인 장치가 마련되었는데, 무엇보다 야외소성 기술을 복원하기 위해서는 소토갱이나 흑반 등 고고자료에 대한 관찰이 중요하다는 점을 인식시켰다. 실험에서는 어느 정도 유사한 유구·유물이 재현되었으나, 모든 소토갱을 토기가마로 판단할 수는 없다고 하며 예전과 같이 再現 = 實證이라는 극단적인 결론은 도출되지 않았다.

大阪府 東奈良遺蹟의 보고서에서는 야외소성 실험에 의해 흑반의 형성 요인이 고찰되었다(前田千津子 1979). 실험은 장작 연료에 의한 개방된 상황의 야외소성으로 평지에 토기를 배치하고 주변에서 서서히 구운 다음에 본격적인 소성으로 진행되었다(도 5). 실험에 의해 흑반은 소성 중에는 땅이나 장작(숯)과의 접촉 부분에 나타나거나, 소성 직후에는 뜨거운 토기를 나무 막대기 등으로 집어서 꺼낼 때 내지 그 후 나무 위에 올려놓았을 경우에도 나타나는 등 복수의 생성 요인이 있음이 확인되었다. 또한 실험 전에는 토기와 토기가 닿는 접점에 흑반이 생길 것으로 가정되었으나, 실제로는 나타나지 않는다는 사실이 확인되었다. 이들 가운데 소성 직후에 나무 막대기로 집어서 꺼내는 것은 어려운 작업이라는 이유로 佐原說에는 부정적이며, 2개1쌍형 흑반패턴은 토기의 접지면과 위에

도5_前田千津子 등에 의한 彌生土器 野外燒成 實驗(前田千津子 1979)

올려진 장작에 의해 생긴다는 점이 밝혀졌다. 이 연구에 의해 흑반 형성 요인에 대한 이해가 높아지고, 그 위치에 대한 검토로 토기의 설치 방법을 어느 정도 복원할 수 있게 되었다. 설치상태는 야요이시대 중기의 호·옹이 橫置인데 비해 고분시대 전기에는 비스듬하게 세워졌고 고배는 모두 눕혀졌던 것으로 복원되었다. 고고자료의 흑반이 분류·도식화됨에 따라 그것을 보는 시각(위치, 색깔, 모양)이 크게 발전하였다[3]. 다만, 東奈良

---

3 그 후 萩原裕房은 安國寺遺蹟의 옹관에 보이는 흑반을 처음으로 체계적으로 관찰·도식화하여 그 규칙성으로 기종마다 설치방법의 차이를 밝혔다(萩原裕房 1983).

遺蹟의 야요이토기·古式土師器의 흑반은 대부분이 원형 내지 타원형인데 비해 대부분의 실험토기의 흑반이 작은 부정형으로 나타난 요인에 대한 규명은 추구되지 않았다. 이것이 장작을 주체로 한 개방형 야외소성에 기인한다는 사실은 이 시점에서는 밝혀지지 않았다.

이 외에 尼崎市 田能遺蹟資料館의 야외소성(藤原學·森岡秀人 1977) 역시 장작에 의한 개방 상태로 이루어진 것으로 토광과 평지라는 두 가지 방법으로 실험이 실시되었다. 近畿圈에서 거의 같은 시기에 이루어진 이들 실험 사례를 보는 한, 당시의 야요이토기 소성에 대한 이미지는 장작 연료를 주체로 한 개방형 야외소성이었음을 알 수 있다.

2) 民族誌를 參考로 한 덮개형 野外燒成 實驗의 登場

이 단계에 민족지를 참고로 한 실험이 등장한 배경으로는 1970년대부터 외국 문헌(佐原眞 1970~74)이나 일본어로 된 토기제작 민족지의 소개가 급증한 것을 들 수 있다. 그 중에서도 중국 雲南省(傣族制陶工芸聯合考察小組 1977)이나 태국 북부(高田一夫 1975)의 토기제작은 이후 실험연구에 큰 영향을 주었다.

1979·80년에 高槻市敎育委員會는 문화재 보급 활동의 일환에서 처음으로 민족지를 모델로 한 야외소성 실험을 실시하였다(高槻市敎育委員會 1981). 이것은 중국 雲南省 傣族의 예를 참고로 한 것으로, 평지에 다량의 장작을 배열하고 그 위에 토기를 설치하며 상부를 짚이나 이엉으로 덮은 다음에 被覆材로서 진흙을 바른 것이다(도 6). 실험에서는 이 '덮개형 소성'과 장작을 주체로 한 보다 개방적인 상황의 야외소성을 대비시키는 점이 중요하다. 양자의 소성온도·소성상황의 차이, 덮개형 소성에서 진흙과 토기의 접촉부에 보이는 '덮개接觸黑斑'이 주목되었다. 여기서의 실험 조건은 고고자료에서 귀납적으로 제시된 것은 아니었으나, 민족지에 보이는 두 타입의 야외소성을 실제로 체험하고 對照實驗과 같이 기법과 흔적의 관계를 알아내려고 한 점에서 평가된다. 즉, 보다 개방적인 '야외소성'에서는 연료(장작) 코스트가 높다는 점, 소성온도와 소성상황이 불안정하고 熱칼로리가 낮다는 점, 2개1쌍과 같은 정형적인 흑반이 형성되지 않는 점, 바닥 피열이 약한 점 등 몇 가지 특징들이 지적되었다.

야요이토기의 소성기술에 대해서는 被覆材의 잔재인 燒粘土塊가 출토되지 않는 점으로 미루어 雲南의 예와 같이 덮개 소성의 존재에는 부정적인 견해가 많으며, 최종적으로는 대만 야미족의 예를 참고로 한 장작 연료 주체의 야외소성 방법임이 유추되었다. 고고자료의 흑반패턴에 주목했다면 야외소성 실험과의 대비에 의해 해석이 달라졌을 가능성도 있었을 것이다.

① 장작 위에 예열한 토기를 배치한다, ② 짚으로 덮고 점토를 바른다

도6 _ 雲南方式에 의한 彌生土器 野外燒成 實驗(高槻市敎育委員會 1981)

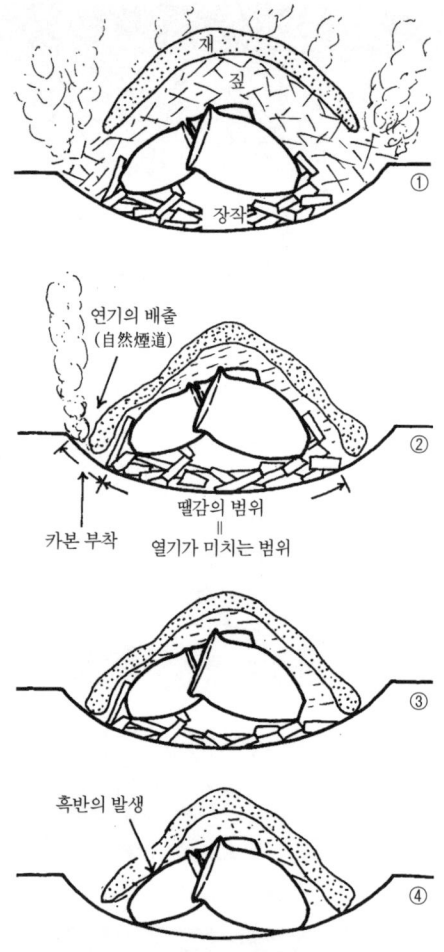

실험에는 민족적 사례에는 없는 예열 과정 등 경험적인 지식이 담겨져 있었는데, 이는 사업의 성격상 파손을 피하는 의식이 있었기 때문일 것이다. 덮개형 소성을 야외소성과 가마소성의 중간적인 형태로 보고 새가마, 짚가마 등으로 부르는 것은 양자의 개념 규정이 애매했기 때문으로 생각된다(大師山에서도 토광을 가마라고 부르고 있다).

久保田正壽는 1984~88년에 고대 土師器를 대상으로 한 야외소성 실험을 실시하였다(久保田正壽 1989). 久保田正壽는 우선 穴澤義功의 연구성과(穴澤義功 1978)를 받아 당시 야외소성유구로 인지되기 시작한 燒土坑을 전국적으로 집성하고 형태와 피열범위에 주목하여 분류하였다. 실험에는 확인 예가 많은 원형 토광을 채택하고 연료는 유구에서 짚재가 나오는 사례(穴澤義功 1978)와 고대 문헌사료(『正倉院文書』 天平勝宝2年「淨淸所解」)를 참고로 장작과 짚을 사용하였다. 연료와 토기의 설치

도7 _ '덮개형 야외소성'의 燒成 過程(久保田正壽 1989)

는 짚을 사용하는 두 가지 민족 예(中國雲南省傣族과 태국 H촌)를 참조해서 결정되었다. 토광 바닥에 깐 장작 위에 토기를 배치하고 전체적으로 짚으로 덮으며 상부에 피복재로서 재를 덮었다(도 7). 여기서는 각 실험에서 바닥에 까는 장작의 질, 덮개로 사용한 짚의 밀도, 피복하는 재의 범위 등을 바꾸면서 실시하였으나, 기본적인 소성패턴은 변하지 않았다.

久保田正壽는 수많이 이루어진 소성실험으로부터 온도를 측정한 16번의 데이터를 제시하면서 그 객관화에 노력하였다. 안정된 연소과정과 보온성을 특징으로 하는 덮개형 소성의 특성을 밝히고 실험유구에 대한 관찰을 감안하여 연료재의 배치 등으로 발굴유구의 피열 상황을 설명하였다. 이로써 고대 소토갱이 '토기소성유구'일 가능성이 높다는 점이 인지되었고 도자기 기술사에서의 덮개형 소성의 이해를 크게 촉진시켰다. 그

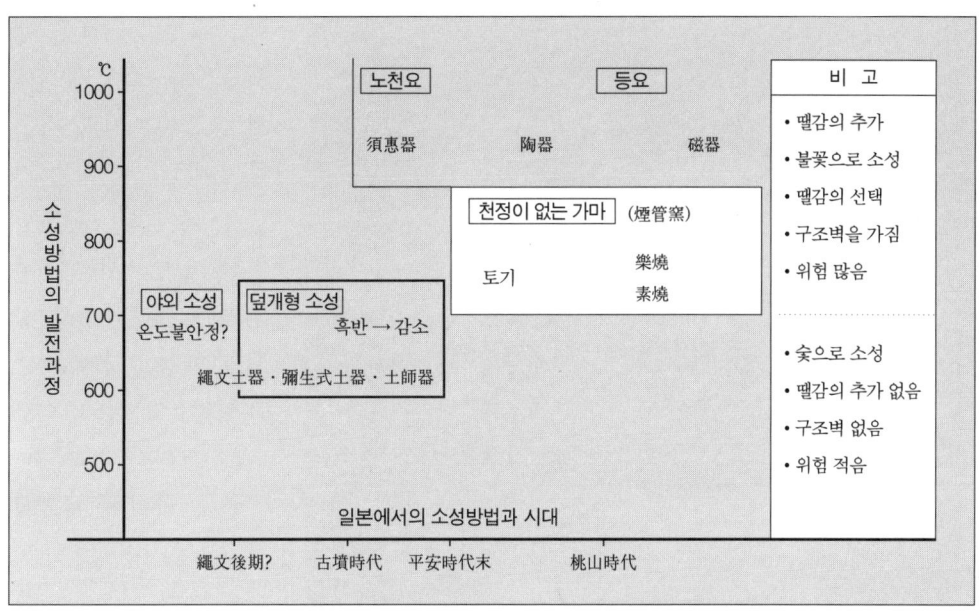

<table>
<tr><td></td><td>노천요</td><td>등요</td><td>비 고</td></tr>
</table>

℃	노천요		등요	비 고
1000				• 땔감의 추가
900	須惠器	陶器	磁器	• 불꽃으로 소성
				• 땔감의 선택
800		천정이 없는 가마 (煙管窯)		• 구조벽을 가짐
	야외 소성	덮개형 소성	樂燒	• 위험 많음
700	온도불안정?	흑반 → 감소 토기	素燒	• 숯으로 소성
600	繩文土器·彌生式土器·土師器			• 땔감의 추가 없음
500				• 구조벽 없음
				• 위험 적음

소성방법의 발전과정

일본에서의 소성방법과 시대

繩文後期?   古墳時代   平安時代末   桃山時代

도 8 _ 久保田正壽에 의한 土器燒成 方法의 發展모델(久保田正壽 1989)

리고 덮개형 소성은 고대의 土師器 뿐만 아니라 야요이토기에도 사용되었음을 확인하고, 그 원류가 죠몽시대 후·만기까지 올라갈 것임을 예상하였다[4](도 8). 풍부한 토기제작 경험에 뒷받침된 久保田正壽의 연구는 당시까지 실험연구의 도달점이라고 할 수 있으나, 동시에 기술복원으로의 접근으로서는 한계성도 내포하고 있었다. 그것은 오늘날의 시각에서 보면 실험시의 흔적과 조건 사이의 상관관계를 파악하려고 하는 시각이다. 東奈良遺蹟의 실험 사례(前田千津子 1979)나 高槻市의 사례(高槻市教育委員會 1981)에서 생겨가고 있었던 토기의 흑반패턴에 대한 분석이나 복수의 대조실험에 대한 시도가 조금 더 필요했던 듯하다.

　　岡安雅彦은 야요이토기·하지키에서 확인되는 (죠몽토기에는 보이지 않는) 2개1쌍의 규칙적인 흑반에 주목하여 같은 대형 흑반이 생긴 민족 사례를 참고로 소성실험을 실시하였다(도 9, 岡安雅彦 1994). 중국 雲南省 傣族의 예에서는 덮개로 사용된 진흙이 닿은 부분에, 태국 H村의 예에서는 덮개 재와 접촉한 부분에 흑반이 나타났으며, 이들을

---

4 죠몽시대 후·만기 토기의 기면에 나타난 흑반은 뜨거운 토기를 꺼낼 때 생긴 탄소의 흡착이 아니라 소성 중에 부착한 탄소의 잔존물(殘存黑斑)로 보고, 그들의 소성 상황을 참고로 덮개형 소성의 원뮤가 그 단계까지 올라갈 것으로 보았다.

도9 _ 진흙을 被覆材로 사용한 덮개형 野外燒成 實驗(岡安雅彦 1999)

참고로 岡安雅彦은 전체를 덮는 소성 방식에서 야요이토기와 비슷한 흑반이 생긴다는 가설을 세웠다. '덮개형 소성' 실험에서는 민족 사례나 선행연구를 참고로 재료가 선택되었다. 토기 전체를 짚으로 덮는 방식은 공통되며, 다만 설치면의 연료와 덮개용 짚 상부의 피복재의 조건이 다음과 같이 4종류로 설정되었다. 즉, 볏짚 - 질겨, 장작 - 풀, 장작 - 진흙, 장작 - 재이다. 이들 실험을 통하여 모두 덮개와 토기의 접촉부에 흑반이 생기는 사실을 밝혔으며, 흑반의 선명함과 크기는 질겨(지나치게 큼) - 진흙(선명함) - 풀 - 재라는 순서로 작아짐을 확인하였다.

여기서는 당초부터 냉확한 방침을 가지고 실험조건을 달리하는 대조실험을 실시하고 덮개 소재의 특성들(밀폐도 · 지속시간 · 최고 온도·상승속도)을 고찰한 점이 중요하다. 그러나 설치면의 연료와 흑반 사이의 관계에 대한 관찰 및 대조실험은 충분하지 않았다. 최종적으로는 대형 흑반 등에 대한 해석으로 야요이토기의 야외소성은 '久保田正壽가 제창한 바와 같이 재를 사용한 덮개형 소성처럼 완전히 덮은 것이 아니라, 보다 불완전하게 덮었을 가능성이 높다'고 했을 뿐, 그에 대한 검증은 유보되었다.

岡安雅彥의 방법은 고고자료 속에서 특징적인 패턴을 추출하고 그 요인을 구명하기 위해 실험을 실시하는 것이었다. 따라서 이는 다양한 흑반을 가지는 야요이토기 전체의 야외소성 방법을 설명한 것이 아니었다. 고고자료의 도식화나 흑반 패턴의 定量的 分析이 이루어지지 않았다는 점에서 과제가 남겨졌다.

도 10 _ 繩文土器의 野外燒成 實驗(岡安雅彥 1999)

표 1 _ 東日本 各地의 덮개형 野外燒成 採擇段階(岡安雅彦 1999)

		畿內	尾張	北陸	越後	三河	西遠江	東遠江	駿河	南信	北信	群馬	武藏	武藏	相模	房總	栃木	茨城	茨城	福島
前期	I期		西志賀	柴山出村		樫王水神平														
中期	II期		朝日	八木ジワリ		岩滑	丸子	丸子	丸子	寺所		岩櫃山								
	III期		貝田町	小松	下谷	瓜鄉	梶子	嶺田	仁田仲道	阿島	伊勢宮		池上小敷田		中里	須和田				
	IV期		高藏	戶水B	小丸山	古井長床	角江	白岩	有東	北原恒川	栗林	龍見町	龍見町	宮ノ台	宮ノ台	宮ノ台	御新田			
後期	V期		山中	法佛		山中	伊場	菊川	登呂	座光寺原	吉田箱清水	樽	吉谷	弥生町	弥生町	久ヶ原	二軒屋	長岡	東中根	天王山
	VI期		廻間I 廻間II	月影		欠山	欠山	菊川	飯田	中島	箱清水	樽	吉谷	弥生町	弥生町	久ヶ原	二軒屋	十王台	上稲吉	天王山
古墳	VII期		廻間III	白江		元屋敷			大廓		御屋敷	古墳I	古墳I		古墳I	古墳I	古墳I	古古I		塩釜

　　그 후 岡安雅彦은 東海地方 以東의 야요이토기·古式 土師器를 관찰하면서 2개1쌍
형 흑반 패턴을 실마리로 東日本에 덮개형 소성이 단계적으로 파급되어 가는 과정을 밝
혔다(표 1, 岡安雅彦 1999). 거기서는 덮개형 소성을 수용했는지 여부만이 문제시되었기
때문에 구체적인 소성방법과 그 다양성에 대한 이해는 심화되지 않았으나, 토기의 야외소
성 기술을 야요이문화 전파론의 검토 대상으로 부각시킨 점에서 큰 의미를 가지고 있다.

또한 岡安雅彦은 죠몽토기 야외소성 방법에 대해서도 실험을 시도하였다(岡安雅彦 1996). 거기서는 토기 표면의 반점상 장작 접촉 흑반과 그와 한쌍을 이루는 내면의 숯 접촉 흑반에 주목하여 토기의 橫置 설치를 상정하였다. 또 죠몽토기는 태토에 사립이 많이 포함되어 있어 급격한 온도 상승에 대한 내구성도 있기 때문에 예열을 실시하지 않았을 가능성을 지적하고 그 때까지 실험으로 일반화되어 있었던 의도적인 예열 단계를 배제하였다. 그것은 岡安雅彦이 '원시적인' 야외소성 단계로 판단하여 집성한 세계 각지의 민족적 사례[5]와 공통되는 점이라고 한다.

실험에서는 우선 지면에 장작을 깔고 그 위에 토기를 횡치하며, 그 주위를 장작으로 합장형으로 쌓아 작은 나뭇가지·낙엽으로 전체를 덮은 다음에 점화하였다(도 10). 이 야외소성에서는 낙엽에 점화한 다음에 나뭇가지에서 장작으로 引火하기까지가 예열 단계에 해당되며, 연소 중에는 전체가 밀집한 장작으로 덮이기 때문에 일정한 蓄熱效果도 갖추어져 있다.

실험토기의 흑반패턴은 상정한 고고자료에 가깝게 나타난 듯하나, 岡安雅彦 자신이 말하는 것처럼 모델로 삼은 흑반의 존재양태가 보편적인지에 대한 검토가 이루어지지 않은 점에 과제가 남았다. 이는 야요이토기의 경우와 마찬가지로 특징적인 흑반패턴을 추출하여 거기서 전체를 추정하려고 하는 방법론상의 문제라고 할 수 있을 것이다. 토기 설치방법에 대해서는 저부 외면이나 동체부 하반 내면의 흑반에 주목했더라면 조금 다른 가설을 세울 수 있었을 가능성이 있다.

岡安雅彦은 죠몽시대 후·만기의 精製黑色土器에 대해 흑반에 대한 해석으로 久保田正壽의 견해를 인정하고 '원시적인 덮개형 소성'을 상정하였다. 검증 실험이 실시되지 않았기 때문에 어떤 조건을 추정한지에 대해서는 불분명하다[6]. 양자에 공통되는 야외소성 기술의 변화를 도자기술사 속에서 위치를 정하려고 하는 자세는 평가할 수 있으나, 원시적인 단계부터 더욱 진보한 가마 소성으로 이행한다고 보는 일련의 흐름에 대한 해석에 發展史觀이 보이는 점은 후술할 생태적 시각을 중시하는 입장과는 구별된다.

여기까지의 실험연구에서는 당초의 복제품 제작 단계에서 탈피하여 고고자료에 대한 관찰을 통해 일정한 가설을 세우고 대조실험도 채택하면서 서서히 검증이 가능한 기

---

5 여기서는 각각의 토기제작의 내용(기종이나 태토 등) 및 자연환경, 문화적 맥락 등이 고려되지 않았다는 점에서 문제가 있다.

6 다만, 粗製土器는 야외소성일 가능성이 있다고 하며 분별 소성에 대한 문제를 제기하였으나, 岡安雅彦 1999에서는 '덮개형 소성'이 죠몽시대 만기에 北部九州에서 출현하였다고 보는 小林正史 外 1997의 견해를 인용하고 있다.

록을 정비해 왔다고 할 수 있다. 공통된 검토 과제로 남은 것은 고고자료에 보이는 흑반 패턴의 정량적인 분석과 자료 제시(실측도)인데, 그것은 실험토기에 대해서도 마찬가지 였다. 또한 고고자료로부터 귀납적으로 해석하기 어려운 조건에 대해서는 종전의 경험 적 영역에서부터 민족지의 참조로 이행했으나, 맥락을 고려하지 않는 안이한 원용도 있 었다. 민족지는 그 자체로서도 야외소성 기술의 관찰 시각에 많은 시사를 줄 수 있으나, 우선 흔적과 행위 사이의 대응 모델을 구축하는 중범위 연구의 재료로서 검토되어야 될 것이다.

5. 實驗痕跡硏究로서의 野外燒成 實驗과 民族考古學的 硏究(1990年代~現在)

1) 民族誌로의 關心 深化

세계의 토기제작 민족지에 대한 보고는 1970년대부터 서서히 축적되었다. 이와 함께 다음과 같은 두 사례는 민족지로의 관심을 더욱 높이는 계기가 되었다. 1991년 淡神文化 財協會의 초청으로 태국 치앙마이縣 H村과 람빵縣 M村의 여성이 일본을 방문하여 토 기제작을 실연하였다(ソンシマトラン 外 1991). 1996년에 佐賀縣에서 개최된 '世界焱博 覽會'에서는 베트남國 빈투안省 P村(楢崎彰一 外 2000), 중국 雲南省 M村, 태국 치앙마 이縣H村(도 11), 람빵縣 M村(도 12)의 여성들에 의한 토기제작이 실연되어 각각 개성적 인 야외소성이 주목되었다. 전술한 바와 같이 '雲南方式'과 '태국방식'은 모두 짚으로 덮는 방법이 특징적이며 전자는 장작을 다용하고 짚을 덮는 재료로 진흙을 사용하며, 후 자는 장작 연료를 절약해서 재를 사용한다. '베트남방식'은 장작과 토기를 쌓아올려 바 람을 이용해서 한쪽에서 차례로 굽는다.

成富武次 · 石橋新次 등으로 구성된 鳥栖土燒會는 1994년부터 토기 소성실험을 시 작하여 '世界焱博覽會' 실행위원회가 취재 · 작성한 비디오를 참고로 세 방식(雲南方式 18번, 베트남방식 3번, 태국방식 2번)으로 야외소성 실험을 반복하였다(石橋新次 1996). 소성에 실패한 태국방식을 제외하고 진흙 넓개를 득징으로 하는 운남빙식과 개방 상횡 의 베트남방식의 소성 상황이나 토기 파손율, 색조, 흑반을 비교하여 전자와 九州 야요이 토기 사이의 공통성을 지적하였다. 石橋新次와 宮田浩之 등은 토기소성유구를 확인하기 위해서는 덮개형 소성에 기인하는 燒粘土塊와 토기 파손품(宮田浩之 1996, 宇垣匡雅 1997)에 주목할 필요가 있다고 하며 그 후 田崎博之는 소성실패품이나 소성잔재의 유형

도 11 _ 태국 북부 H村의 野外燒成(2004年)

도 12 _ 태국 북부 M村의 野外燒成(2004年)

도 13 _ 진흙을 被覆한 甕棺 野外燒成 實驗(小郡市, 2000年)

화를 진행하면서 토기생산 취락을 확인하고 技術論을 分業論이나 社會構造論으로 발전시켰다(田崎博之 2000・2002・2004).

여기서의 실험은 조건 설정이 민족지의 원용이라는 점에서 高槻市敎育委員會 사례의 연장선상에 있다. 石橋新次는 운남방식을 '泥窯燒成', 태국방식을 '덮개형 소성', 베트남방식을 '야외소성'이라고 불렀다(石橋新次 1997). 소토갱과 소점토괴, 파열박편이 확인된 九州 북・중부의 사례를 운남방식과 대비한 것은 잘못이 아니지만, 야요이토기 야외소성 기술 복원을 위해서 각종 조건을 바꿔가면서 실시하는 대조실험의 지향성과

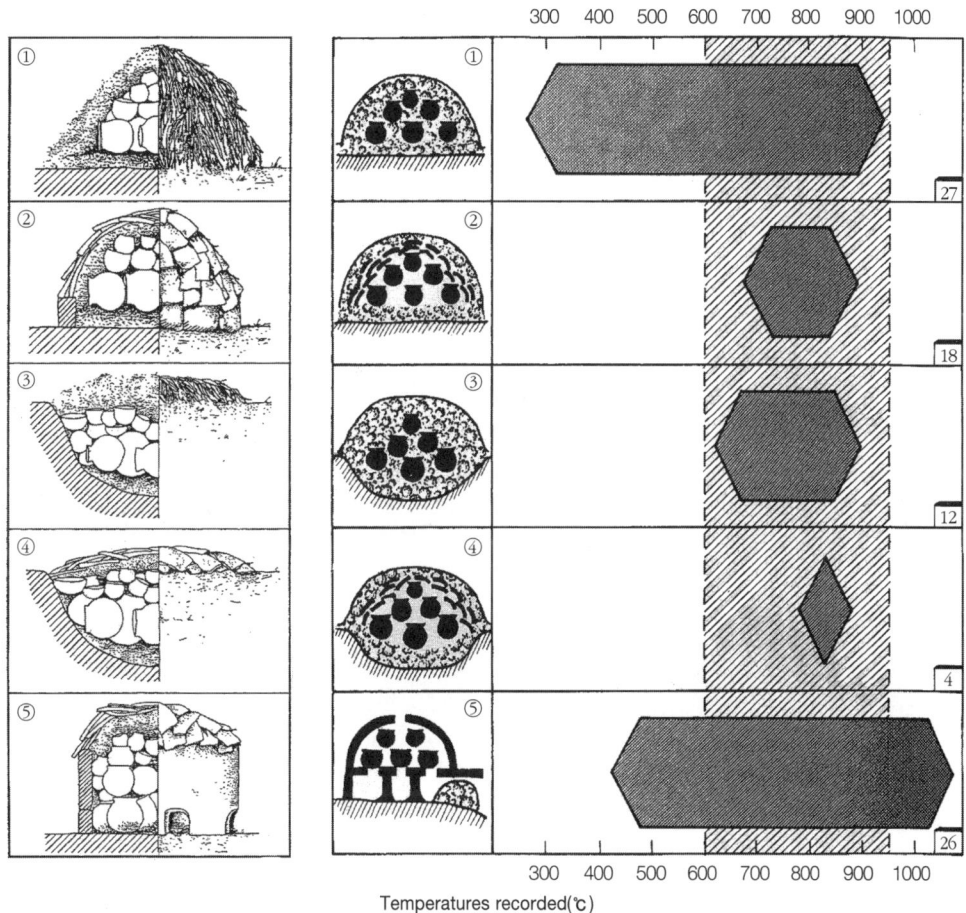

Figure 1. Temperature ranges for the five kinds of firing, based on the ethnothermometric data given in Table 1. (1) Open firing, (2) open firing with sherds covering the pots, (3) pit firing, (4) pit firing with sherds covering the pots, (5) updraft kiln firing. The shaded area comprises more than two thirds of the data, regardless of the kind of firing. Numbers in the lower part relate to the number of cases.

도 14 _ 野外燒成 民族誌의 土器 燒成溫度(Gosselain 1992, 左圖는 David and Kramer 2001)

고고자료에 대한 관찰이 부족한 점은 부정할 수 없다. 九州에서는 운남방식 야외소성 실험이 小郡市(宮田浩之 1997)나 吉野ヶ里遺蹟 등에서 실시되고 있다(도 13).

민족지는 종전에 문화적 맥락을 무시한 자의적인 인용이 비판을 받았으나, 小林正史는 그 사용법에 대해 ① 通文化比較을 바탕으로 배경 조건에 맞는 일련의 모델을 구축하는 것, ② 토기의 특징과 인간의 행동 사이의 '인과관계'와 그 배경 조건을 명확히 제시하는 것, ③ 모델은 상대적인 것이기 때문에 고고자료로 적용하는데 있어서는 복수의 자료 안에 보이는 차이·패턴을 설명하는 절차가 유효하다는 것을 지적하였다(小林正史 2005). 小林正史는 稻作文化圈의 전통적 토기제작 기술을 비교하여 그들이 생업이나 식문화와 관계가 깊다는 점, 素地 - 成形 - 燒成이라는 각 공정 속에 보이는 기술 요소들이 서로 유기적으로 연결된다는 점을 밝히며 일본열도 야요이시대 토기제작 기술 복원에 많은 시사를 주었다(小林正史 1993·1998·2003a·2004).

(도 14)는 Gosselain에 의한 덮개형 야외소성, 昇炎窯의 민족지 온도 데이터이다(Gosselain 1992). 각각의 타입은 폭을 가지면서도 덮개 밀폐도와 구멍 有無가 소성온도에 영향을 주고 있음을 알 수 있다.

2) 考古資料의 觀察과 野外燒成 實驗에 의한 痕跡-行爲 모델의 提示

阿部芳郎은 죠몽토기 단면의 黑化層(샌드위치構造)의 형성과정을 복원하고 그 기능성을 추구하기 위해 고고자료에 대한 정량적 분석과 토기 야외소성·사용 실험을 실시하였다(阿部芳郎 1995). 야외소성은 1989~1991년에 加會利貝塚博物館 방식으로 실시되며 장작 투입 후 약 10분만에 표면이 赤化된 직후에 꺼낸 시료와 각각 20분, 40분 동안 소성한 것을 비교하였다. 여기서는 시료가 일정하다면(표면조정, 태토의 조밀·유기물 함량 등), 시간의 경과(熱量)와 함께 표면의 赤化層이 발달된다는 상관관계가 제시되었다[7]. 실험 계획의 상세한 내용은 불분명하지만 고고자료의 흔적과 행위 사이의 대응관계를 찾고자 하는 시각이 명확한 것이었다.

이 외에 bengala(역주 : 酸化第二鐵 / 붉은색 안료)의 비율, 소성온도·상황을 조절하고(전기가마 사용) 그들과 赤彩의 발색·정착 정도 사이의 관계, 적채 부분 흑반과의 관계를 찾은 실험(도 15, 小林正史 外 1999a)이나 bengala 비율에 의한 발색도와 정착도

---

7 야외소성에서는 소성 상황을 조절하는 것이 어렵다. 시간(열량)만을 문제시하는 것이라면 전기가마에 의한 실험이 유효하다.

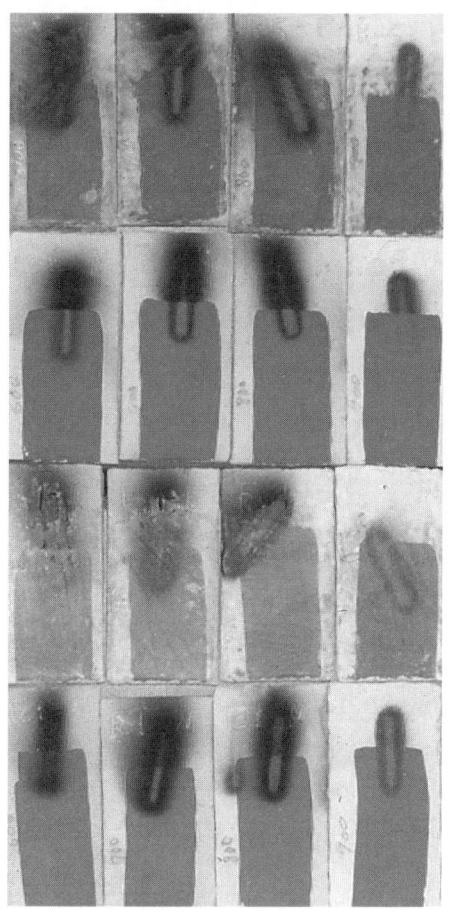

도 15 _ 電氣窯를 이용한 赤彩와 黑斑 附着에 대한
實驗(1999年)

도 16 _ 久世建二 등에 의한 덮개형 野外燒成
實驗(1993~97年)

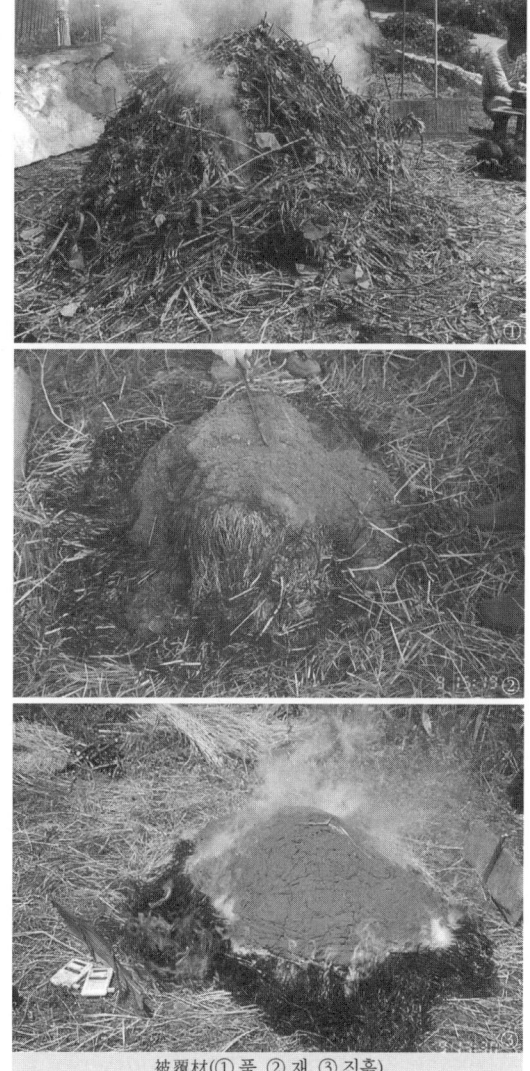

被覆材(① 풀, ② 재, ③ 진흙)

에 대한 실험(德永哲秀 2000) 또한 이러한 관점에서 이루어진 것이다. 거기서는 赤彩의
발색은 다른 조건이 일정하면 벵갈라 비율이 높을수록 붉은색이 강해지고 낮을수록 주
황색 내지 갈색을 띠게 되며, 또 벵갈라 비율이 낮으면(점토 성분이 많으면) 슬립 속 점토
성분의 영향이 강해진다는 점이 지적되었다. 덮개형 야외소성과 전기가마 소성의 비교
실험을 통해 선명한 붉은색의 발색을 얻기 위해서는 안정된 산화 상태를 유지하는 것이
바람직하다는 점도 확인되었다.

久世建二, 小林正史, 小島俊彰과 필자들은 1992년부터 야외소성 기술의 실증적인 복

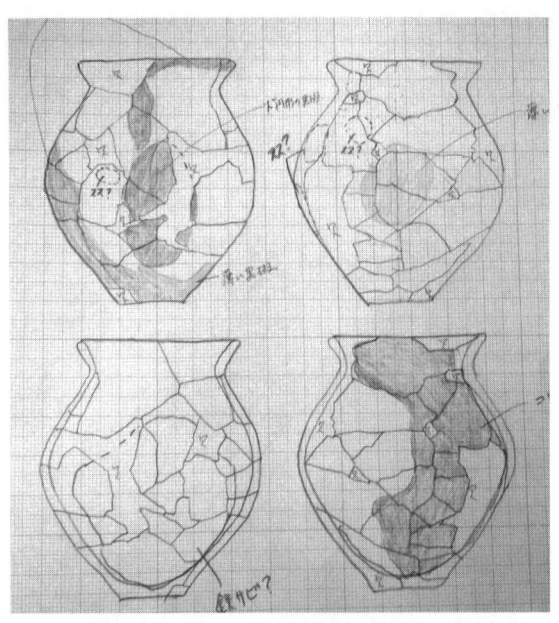

도 17 _ 黑斑과 그을음 · 탄착흔 實測圖(上 : 외면, 下 : 내면)

원을 목표로 실험연구를 시작하였다(도 16). 연구사에서 검토 과제가 되어 있었던 고고자료의 흑반에 대한 체계적 분석과 다양한 흑반의 형성 요인을 밝히기 위해 대조실험을 반복하였다. 당초에는 민족지를 참고로 한 시행적인 실험을 했으나, 고고자료의 흑반패턴에 대한 분석을 시작한 뒤로는 모델 구축을 위한 실험으로 이행하였다. 이는 소성유구의 확인 예가 적은 죠몽 · 야요이토기의 경우 연료 배치나 토기 설치 상태 등을 해명하는 데 중요하다고 할 수 있다. 또한 종전의 자료 제시 방법(前田千津子 1979, 萩原裕房 1983)으로는 불충분했고, 특히 내면의 흑반이 설치상황을 밝히는데 있어 중요하다고 인식되기 때문에(久世建二 外 1994) 토기 설치면으로 추정되는 主黑斑을 기준으로 네 면의 전개도를 그리는 방법을 채택하였다(도 17).

토기에 부착되는 다양한 흑반에서 일정한 패턴을 인식하여 실험을 반복하면서 그 형성과정을 해석해 나가는 과정에서는 고고자료와 실험토기 모두에 대한 정량적인 분석이 불가결하다. 한 번의 야외소성에서도 개별 토기마다 다양한 흑반이 나타나기도 하고 일본열도의 야외소성 방법이 시간적 · 공간적으로 결코 일정하지 않았다고 생각되기 때문이다. 이들을 고려하지 않고 특징적인 흑반패턴만을 추출 · 분석하는 방법으로는 야외소성 기술의 전체 모습에 접근하기는 어렵다.

종전에는 죠몽토기와 야요이토기의 소성방법을 '야외소성'과 '덮개형 소성'이라는 단어로 나누어서 사용하는 경우가 많았다(高槻市教育委員會 1981, 久保田正壽 1989, 岡安雅彦 1994). 또한 토광을 수반하는 야외소성유구를 '土器窯', 또는 진흙을 덮는 중국 운남의 예를 '泥窯'라고 부르는 경우가 있었다. 필자들은 '가마 소성'과 대비되는 의미로 위의 양자를 일괄적으로 '야외소성'으로 하고 그것을 다시 '개방형'과 '덮개형'으로 구분해서 사용하기로 하였다(小林正史 外 1997). 가마는 내구성이 있고 반복적인 사용이 가능한 상부구조(燃燒部 · 燒成部 · 排煙部)를 가지며 연료와 토기가 닿지 않는 경우가 대부분이다(北野博司 1997b). 흑반이 없는 埴輪이 가마 소성을 방증한 것처럼(西口壽生

표2 _ 개방형(繩文土器)과 덮개형(關東·北陸 以西의 彌生土器)의 비교

	개방형 야외소성	덮개형 야외소성
정의	볏짚 풀연료에 의한 덮개 없음. 장작 연료 주체.	볏짚 풀연료의 덮개 있음.
장작 연료의 양	열이 방출되기 때문에 장작 다용형.	가마 모양 덮개에 의한 장작 절약형. 볏짚 풀연료 덮개에 구멍이 나는 것을 방지하기 위해 진흙, 재, 풀 등 피복재를 덮는다.
토기 설치 방식	처음에는 직립시키고 후반 단계에 저부를 가열하기 위해 횡치하는 경우가 많다. 직립하기 어려운 토기는 처음부터 끝까지 횡치.	볏짚 풀연료로 구연부가 막기는 것을 방지하기 위해 직립시키지 않는다. 토기 형태, 구조에 따라 설치 각도를 조절.
소성 상태	편중이 많다.	골고루 소성된다.
昇溫速度	토기와 연료의 상황을 볼 수 있기 때문에 토기를 이동시키는 작업(횡치, 회전)이나 연료의 이동, 추가를 할 수 있다. 따라서 장작 연료의 양과 설치 방식에 따라 승온속도와 연소시간을 조정한다.	볏짚 풀연료의 덮개로 인해 토기와 연료가 보이지 않는다. 소성 중에 토기와 연료를 이동할 수 없다. 주요 熱源의 양과 피복재의 밀폐도에 따라 승온속도와 소성시간을 자유롭게 조정할 수 있다.
연료 설치 방식	토기 주변의 지면에 장작을 둔다. 토기에 장작을 기대어 세운다.	볏짚 풀연료를 간 위에 토기를 두고 토기 주변의 지면에 장작을 둔다. 단, 토기들 사이에는 장작을 두지 않는다. 토기에 장작을 기대는 경우는 드물다.
토기 내면의 연료	외면에 둔 장작의 연은 토기 내면까지 닿기 어렵기 때문에 내면에 장작을 넣을 필요성이 높다.	불필요. 가마 모양 구조이기 때문에 토기 내면까지 열이 닿는다.
火色	없음(볏짚 풀연료를 사용하지 않는다).	있음(볏짚 풀연료, 산소가 약간 많은 상태).
장작 접촉 흑반	흑색이 강하다. 봉상흑반의 빈도가 높다.	봉상흑반은 적다. 봉상흑반이 있는 경우 흑색이 연하다.
흑반 위치의 규칙성	덮개형에 비해 규칙성이 낮다.	규칙적(모두 3개소, 下向 접지면 내외면과 그 대칭 위치의 上向 부분)
적합한 토기 조건	①두껍고 예비 가열이 필요한 토기, ②흑반 처리	①소성전 赤彩, ②얇고 급격한 온도 상승을 견딜 수 있는 토기, ③자비용기가 아닌 고온소성이 적합한 토기.

1972) 야외소성에서는 연료와의 접점에 흑반 등이 생긴다.

개방형과 덮개형 야외소성 각각의 특징이나 흑반의 차이(小林正史 外 1997, 小林正史 外 2000, 小林正史 2002)는 (표 2)에 정리한 바와 같다. 야외소성을 할 때 대부분의 경우 토기는 비스듬하게 설치되었으며, 그 설치상태를 표현하기 위해 下向과 上向의 면을 각각 A面-B面(久世建二 外 1994), 또는 下向(接地面·地面)側-上向側(小林正史 外 2003)이라는 호칭을 사용하였다.

3) 開放型 野外燒成 實驗

죠몽토기 야외소성 방법의 복원에서는 토기가 직립으로부터 횡치로 이행한다고 보는 後藤和民의 가설(後藤和民 1980)과 처음부터 조작 없이 횡치한 것으로 보는 岡安雅彦의 가설(岡安雅彦 1996)이 있다. 필자들은 우선 양자의 흔적에 나타난 차이를 찾기 위해

토기를 눕혔는지(①직립인지, ②-1 처음부터 횡치했는지, ②-2 처음에는 직립이고 도중에서 횡치했는지), 내면에 장작을 넣었는지에 대한 대조실험을 실시하였다(久世建二 外 1996a 당일 배포자료, 小林正史 外 1999b). 이는 일반적인 죠몽토기에 대해 선택적인 판단을 요구하는 것이 아니라 각 土器群에 보이는 흔적에 근거하여 어느 쪽일 가능성이 높은가를 알아내기 위한 것이다. 岡安雅彦도 지적한 바와 같이 죠몽토기에는 내면 흑반의 위치로 보아 최종단계에는 횡치되었다(岡安雅彦 1966)고 볼 수 있는 것이 많다. 그러나 흔적으로 보아 그렇게 판단할 수 없는 것도 있다. 내면의 숯 집적 흑반은 A면의 위치를 나타내는데, 몇몇 조건 밑에서 실시한 ②의 대조실험에서는 ②-2는 내면 바닥이나 內A面 하부에 숯 집적 흑반이 생기기 쉬우며, 외면 바닥에 흑반이 남는 것이 있다. 內B面 상부에 장작 접촉 흑반이 있는 경우는 ②-2일 가능성이 높고 外B面에 대형 숯 집적 흑반이 생기는 경우는 ②-1일 가능성이 높다 등의 점들이 지적되었다(小林正史 外 1999b).

고고자료를 검토한 결과 죠몽시대 중기의 岐阜縣 堂の前遺蹟, 만기의 岩手縣 九年橋 遺蹟에서는 대부분의 深鉢이 처음에는 직립되었다가 최종단계에 횡치하였으며, 내면에는 장작을 넣었다고 보는 것이 합리적인 해석일 것으로 판단되었다(久世建二 外 1996a 당일 배포자료). 그러나 靑森縣 三內丸山遺蹟의 전기(圓筒下層b式) 대형 토기 중에서는 처음부터 횡치한 것으로 해석할 수 있는 것이 확인되었다.

흑반은 실험토기에 대한 관찰을 통해 '장작接觸黑斑', '숯接觸黑斑', '殘存黑斑'으로 분류할 수 있으며, 그들은 각각 부착 부위나 색조에 일정한 특징이 있다. 그러나 개별 고고자료를 볼 때 내면의 '숯 집적 흑반'과 같이 명확한 것도 있으나, 판단하기 어려운 것이 적지 않다.

4) 덮개型 野外燒成 實驗

조건을 조절하기가 어려운 개방형 야외소성과 달리 덮개형 야외소성은 실험 사례가 많다.

小林正史들은 주로 西日本 각 지역 고고자료의 흑반패턴을 분석하여 모델 작성을 위해 일련의 실험을 실시하였다(小林正史 外 1997, 小林正史 外 2003). 거기서 검토된 것은 흑반이나 火色 등 소성흔적의 형성과정 및 ① 지표 쪽 연료의 설치 방법과 설치면 흑반 사이의 관계, ② 설치 각도와 설치면 흑반·덮개 접촉 흑반의 위치 관계, ③ 토기 배열방법(구연부가 동심원상으로 안쪽을 향하느냐 바깥쪽을 향하느냐, 竝列로 같은 방향으로 돌리느냐 등)과 덮개 접촉 흑반 사이의 관계, ④ 중첩 여부와 덮개 접촉 흑반 사이의 관계, ⑤ 被覆材에 의한 덮개의 밀폐도, ⑥ 소성 중에 토기의 각도가 변화한 경우 생기는 흑반 등이다(小林正史 外 2003).

각각의 모델을 통해 西日本의 야요이토기 흑반패턴은 볏짚과 같은 풀 연료를 상하면에 사용하는 점, 주 열원인 장작을 지표 전체에는 깔지 않고 토기 주변에만 배치하는 점, 토기 내면에 장작을 넣지 않는 점, 야요이시대 중·후기에는 측면·상면·설치면 부근에 장작을 두지 않는 점 등이 특징으로 해석되었다. 이러한 장작연료 절약형의 야외소성과는 달리 야요이시대 조기·전기 토기와 한국의 무문토기는 상대적으로 장작 연료를 많이 사용한다.

위의 토기들은 지표 쪽의 소성을 효율적으로 하기 위해 횡치했을 때의 접지 면적이 큰 기형일수록 약간 세워서 설치하는 배려가 보인다. 그에 비해 동체부가 둥글고 접지면이 작아 소성이 잘 되는 토기나 臺附土器, 측면·상면·설치면 부근에 비교적 많은 장작 연료를 두는 야요이시대 조기·전기 토기 등은 횡치 내지 약간 세워서 설치하는 경향이 있다.

小林正史들의 연구에서는 2개1쌍과 같은 특징적인 흑반에만 주목하는 것이 아니라 흑반패턴을 정량적으로 취급함으로써 기형이나 크기에 따른 소성 방법의 차이나 야외소성 방법의 시간적·공간적 변이를 밝힌 데 의의가 있다. 北部九州의 야요이시대 조기 토기와 한반도 중기 무문토기의 비교를 통해 야요이토기 야외소성 기술이 한반도 무문토기에서 영향을 받은 점(小林正史 外 1997, 小林正史 外 2000, 長友朋子 外 2004), 北部九州 및 北陸의 야요이토기 설치 각도나 덮개 밀폐도의 시간적 변화(小林正史 外 2000, 小林正史 2003b), 長野縣, 東北地方 등 야외소성 방법의 지역적 특색(小林正史 2000, 北野博司 外 2005, 庄田愼矢 外 2005) 등을 밝힌 것은 그 성과이다. 또한 각각의 기술 변용이나 지역적 특색이 생긴 배경을 기술간 관계나 생업·조리 등 생태적 시각에서 해석하고 있다.

일련의 실험에서 만들어진 모델은 어디까지나 규정된 조건이 있으므로 향후 검증과 대조실험이 계속될 필요가 있다. 예를 들어 지표 쪽과 덮개의 연료는 설치면 흑반과 火色의 출현 등을 근거로 볏짚과 같은 풀 연료였을 것으로 상정하였으나(小林正史 外 1997), 현재까지 이루어진 실험에서는 대부분 입수하기 쉬운 볏짚을 사용하였다. 야요이시대~고대의 일본열도에서는 볏짚 외에 갈대, 참억새, 띠 등도 후보로 들 수 있다. 福岡縣 西島 遺蹟에서는 볏짚 외에 상당히 굵은 초본류를 묶어서 사용한 흔적(宮田浩之 1996)이, 東京都 落合遺蹟에서는 벼 외의 풀(德澤啓一 1997)이 사용되었다. 볏짚은 가늘고 조밀한데 비해 갈대·참억새류는 상대적으로 굵고 길며 거칠다. 이들의 선택은 식생의 규제도 받지만 덮개의 밀폐도나 加重强度와도 관련되기 때문에 진흙이나 재, 풀 등 被覆材의 종류

도 18 _ 彌生時代 中期 甕棺(支柱痕)의 野外燒成 實驗(1998年)

도 19 _ 內黑赤彩土器의 野外燒成 實驗(1995年)

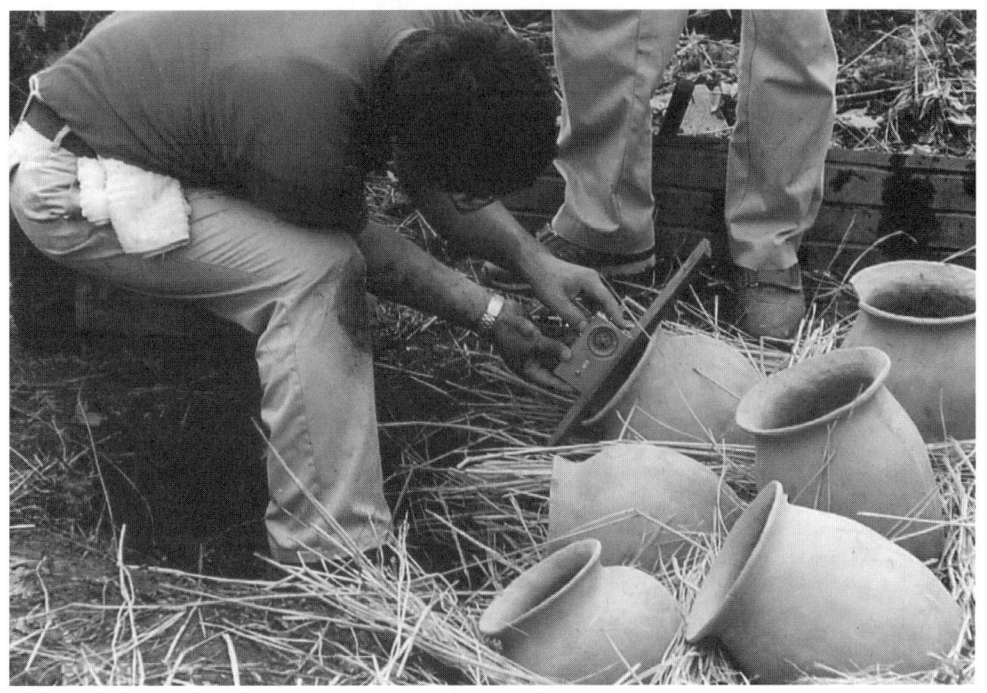

도 20 _ 土師器 長胴甕의 野外燒成 實驗(1997年)

도 21 _ 圓筒埴輪의 野外燒成 實驗(2003年)

와 연관되면서 흑반 형성에 영향을 주었던 것으로 추측된다. 덮개형 야외소성은 소성시간이나 소성 상황을 조절하기 쉽기 때문에 야외소성 전략에 따라 선택된 것으로 보인다.

덮개형 야외소성 실험으로는 이 외에 야요이시대 중기의 옹관(도 18, 久世建二 外 1998), 고대의 內面黑色土器(도 19, 久世建二 外 1996b), 土師器 長胴甕(도 20, 北野博司 外 1997), 圓筒埴輪(도 21, 北野博司 2005) 등을 대상으로 한 것이 있다. 三重縣埋藏文化財센타에서는 伊勢齋宮 주변에서 많이 확인되는 이등변삼각형을 띤 소성토광의 특성을 밝히기 위해 원형토광과의 대조실험을 실시하였다(森川常厚 外 1998). 이등변삼각형 유구는 선단부를 이용함으로써 연소를 조절하기 쉬운 구조를 지니고 있다고 한다(武田憲治 1998).

6. 맺음말

이상에서 본 토기 야외소성 실험들은 일본 실험고고학 자체의 발자취이기도 하다. 실증적인 연구가 모색된 여명기에 방법론으로서 '실험'이나 '민족지'의 유효성이 이미 인식되었고, '과학적 분석'이 도입된 것은 기술 변화의 해석과 더불어 생태적인 역사관이 존재했음을 나타내고 있어 주목된다. 2차대전 후 고고학 연구가 세분화되고 전문화되면서 그 기반을 마련하기 위한 편년론에 경도되어 가는 가운데 기술 복원과 관련된 세 가지 접근은 정통적으로 계승되지 않았다. 그 후 1960년대 제1차 죠몽붐이 일어나는 무렵에 토기제작 기술의 실험적 연구가 재출발하였다. 물론 그 동안의 연구가 결코 무의미했던 것은 아니다. 편년연구의 활성화는 토기에 대한 상세한 관찰에 의한 성형·소성흔적 파악과 그 기법 복원으로의 문제의식을 높였기 때문이다. 그러나 이 무렵의 실천은 토기복제에 주안을 두었던 것처럼 보이며, 기술 복원의 해석에 경험적·주관적인 면이 보였기 때문에 실험적 연구에는 회의적인 시선이 돌려졌다. 그 후 소토갱이나 야요이토기의 흑반 형성과정 해명을 목적으로 한 야외소성 실험들이 이루어지고 민족지로의 관심과 더불어 이를 원용한 실험이 증가하였다. 그 과정에서 개방형과 덮개형이라는 유형 및 특성이 인식되어 죠몽토기와 야요이토기·하지키의 대비가 진전되었다. 또한 고고자료로 도출된 일정한 가설 아래 대조실험을 도입하면서 서서히 검증이 가능한 기록을 정비하였다. 그리고 1990년대 마침내 고고자료의 정량적 분석이나 '흔적-행위' 모델의 구축 등 기술 복원을 위한 실험연구방법이 확립되었다.

현재는 각지에서 다양한 토기를 염두에 둔 실험이 실시되고 있으며, 박물관이나 매

도 22 _ 워크샵 형식의 토기 관찰 및 기록

도 23 _ 高麗大學校에서의 野外燒成 實驗

장문화재센타 등의 체험학습에서도 토기 야외소성이 정착되었다. 고고학자들이 토기 야외소성을 경험하는 기회도 증가하며 토기제작 기술로의 관심과 이해는 심화되고 있다. 본고에서는 야외소성 실험이 고고자료에 대한 관찰·분석을 바탕으로 명확한 가설을 세우고 흔적과 행위의 관계를 파악하기 위한 대조실험을 반복하는 것이 유효하다는 점에 대해 반복적으로 언급하였다. 이러한 연구의 성격상 막대한 고고학 데이터, 실험, 민족지, 과학적 분석을 취급하는 것이 요구되는데, 그것은 개인의 능력을 벗어난 일이다. 실험 운영에는 연료나 온도계, 실험토기 제작 등에 비용이 들고 다량의 기록 작업을 필요로 한다. 小林正史와 필자들은 프로젝트型 공동연구, 또는 워크샵 형식의 관찰회(도 22)가 실험연구의 성과를 높일 것으로 생각하여 실천해 왔다(小林正史 外 2000, 小林正史 2006). 토기 야외소성은 고고학연구에 도움이 될 뿐만 아니라 고고학자 자신이 불이나 흙, 물, 식물 등 자연의 성질을 이해하는데 있어 좋은 체험이다. 야외소성 실험은 어쩌면 이러한 발견에 대한 감동만으로 끝나기 쉽지만, 의미 없이 실험만을 반복하는 것은 자원의 낭비이기 때문에 명확한 계획성을 가지고 임하는 것이 바람직하다. 이는 필자 자신의 반성이기도 하다. 작은 실험이나 계획이 불충분한 실험이라고 할지라도 관찰·기록을 잘 시행하면 그 성과는 축적된다. 일반적인 과학 실험과 같이 검증이 가능한 형태로 기록하고 실험을 공개, 발표하는 것이 중요하다(岡內三眞 2001). 전술한 흔적에 대한 해석 모델 역시 再現性이라는 면에서는 충분하지 않은 것이 많다. 실험연구의 유효성과 한계를 감안하면서 흔적에 대한 해석에 한 걸음씩 접근할 필요가 있다.

최근에는 일본에서의 연구와 연동되어 한국에서도 야외소성 실험이 실시되고 있다(庄田愼矢 2006). 자료 제시에서는 토기의 흑반 실측도와 사진을 함께 게재하는 등 새로운 시도가 이루어지고 있다(韓志仙 2006). 일본열도의 선사·고대 토기제작이 한반도와의 교류 속에서 발전한 것은 주지하는 바와 같다. 양 지역의 야외소성 기술을 해명하는데 실험연구가 담당하는 역할은 크다고 생각되기 때문에 앞으로도 정보를 공유하면서 공동연구(도 23)의 진전이 필요할 것이다.

| 국문 |

韓志仙, 2006, 「무문토기에 보이는 소성흔ㆍ조리흔의 검토」 『華城 泉川里 靑銅器時代 聚落』 한신大
　　　　學校博物館.

| 일문 |

甲野勇, 1964, 「先史時代の生活と藝術」 『日本原始美術』 2, 講談社.

＿＿＿＿, 1976, 『繩文土器の話』 學生社.

岡內三眞, 2001, 「實驗考古學と遺跡, 遺構, 遺物」 『考古學ジャーナル』 №479, ニュー・サイエンス社.

＿＿＿＿＿, 2002, 「實驗考古學の方法と展望」 『季刊考古學』 第81號　雄山閣.

岡本太郎, 1952, 「繩文土器論」 『みづゑ』, 558號.

岡安雅彦, 1994, 「黑斑にみる彌生土器燒成方法の可能性」 『三河考古』 第7號, 三河考古刊行會.

＿＿＿＿＿, 1996, 「繩文土器燒成方法復元への實驗的試み」 『古代學研究』 133, 古代學研究會.

岡安雅彦, 1999, 「野燒きから覆い燒きへ その技術と東日本への波及」 『彌生の技術革新』 安城市歷
　　　　史博物館.

窯跡研究會, 1997, 『古代の土師器生產と燒成遺構』 眞陽社.

江藤盛治, 1963, 「繩文土器の燒成溫度の推定」 『人類學雜誌』 第71卷 第1號, 日本人類學會.

薬科哲男, 1981, 「ESRによる土器の燒成溫度の推定」 『月間地球』 通卷 3號, 海洋出版.

高槻市教育委員會, 1981, 「彌生式土器の製作實驗」 『昭和53・54・55年度高槻市文化財年報』.

高田一夫, 1975, 「土器を燒く村 タイ北部バン・ハンケオ所見」 『えとのす』 第4號, 新日本教育圖書.

關口廣次, 1983, 「「天井のない窯」の話」 『佐久間重男敎授退休記念 中國史・陶磁史論集』 同編集委
　　　　員會編　燎原.

久保田正壽, 1989, 『土器の燒成1 -土師器の燒成實驗-』 クオリ.

久世建二・北野博司・金昌郁・藤井一範・姜興錫・南部次郎・小林正史, 1994, 「繩文土器から彌生
　　　　土器への野燒き技術の變化」 『日本考古學協會 第60回總會發表要旨』 日本考古學協會.

久世建二・北野博司・小島俊彰・小林正史, 1996a, 「繩文土器の野燒き方法」 『日本考古學協會 第
　　　　62回總會發表要旨』 日本考古學協會.

久世建二・小島俊彰・北野博司・小林正史・柏原孝俊・石橋新次, 1998, 「黑斑からみた甕棺の野

　　　　　　燒き方法」『日本考古學協會 第64回總會發表要旨』日本考古學協會.

久世建二·小林正史·橋場和彦·北野博司, 1996b, 「內面黑色土器の燒成技法」『日本考古學協會
　　　　　　第62回總會發表要旨』日本考古學協會.

宮路淳子, 1999, 「實驗考古學の理念と實踐」『動物考古學』第12號, 動物考古學會.

宮田浩之, 1996, 「彌生土器の燒成遺構について」『三國地區遺跡群』6, -西島遺跡1·2區の調查(遺物
　　　　　　編)-(小郡市文化財調查報告書 第109集)　小郡市敎育委員會.

宮田浩之, 1997, 「北九州における彌生土器の燒成坑について」『古代の土師器生產と燒成遺構』(窯
　　　　　　跡研究會 編)　眞陽社.

近藤淸治·河島千尋·棚橋專一, 1935, 「繩紋土器に就て(第1報) -化學成分と物理性」『大日本窯業
　　　　　　協會雜誌』第43集, 第512號.

　　　　　　　　　　　　　　, 1935, 「繩紋土器に就て(第2報) -再加熱に因るアルミナ及酸化鐵の
　　　　　　鹽(塩)酸溶解度の變化」『大日本窯業協會雜誌』第43集, 第513號.

大山柏, 1921, 「考古學基礎的研究·土器形態の研究」『人類學雜誌』第36卷 第8~12號.

　　　, 1922, 『琉球伊波貝塚發掘報告』(1982『琉球伊波貝塚發掘報告』復刻日本考古學文獻集成
　　　　　　第一書房).

　　　, 1923, 『土器製作基礎研究』明治聖德記念學會(1985『土器製作基礎研究』復刻日本考古學文
　　　　　　獻集成Ⅱ期5, 第一書房).

大澤眞澄·二宮修治, 1994, 「胎土の組成と燒成溫度」『繩文文化の研究』5(繩文土器Ⅲ), 雄山閣出版.

都出比呂志, 1974, 「研究報告をめぐる討議」『考古學研究』81, 考古學研究.

德永哲秀, 2000, 「松原遺跡の赤彩土器製作技法」『松原遺跡 彌生·總論3(彌生中期土器·本文)』(上
　　　　　　信越自動車道埋藏文化財發掘調查報告書5) 長野縣埋藏文化財センター發掘調查報告書
　　　　　　36.

德澤啓一, 1997, 「土師器燒成と燒成粘土塊」『落合遺跡展』新宿區立新宿歷史博物館.

藤原學·森岡秀人, 1977, 「彌生遺跡に伴う燒土壙」『河內長野大師山』關西大學.

梅田甲子郎, 1976, 「ノルム計算法の土器への應用」『考古學と自然科學』第9號.

武田憲治, 1998, 「土師器燒成坑による燒成實驗を終えて」『研究紀要』第7號　三重縣埋藏文化財セ
　　　　　　ンター.

瀨川芳則, 1983, 「土器づくり」『古代日本の知惠と技術』大阪書籍.

富永健, 1981, 「遺物の製作技法をさぐる -メスバウワー分光法」『考古學のための化學10章』東京
　　　　　　大學出版會.

北野博司, 1997a, 「土器作りの歷史」『月刊文化財』409號, 第一法規.

　　　　, 1997b, 「古代の土師器の燒成技術」『古代の土師器生產と燒成遺構』窯跡研究會編　眞陽社.

北野博司·久世建二·小林正史·德澤啓一·山田美和, 1997, 「古代の土師器長胴甕の野燒き方法」
　　　　　　『日本考古學協會 第63回總會研究發表要旨』日本考古學協會.

北野博司・小林正史・島原弘征・西澤正晴・福島正和・村田淳, 2005, 「古代の土師器の野燒き方法 -岩手縣二戶市上田面遺跡-」『日本考古學協會 第71回總會研究發表要旨』日本考古學協會.

北野博司, 2005a, 「円筒埴輪の野燒き方法復元に關する予備實驗」『歴史遺産研究』3, 東北藝術工科大學歴史遺産學科.

_____, 2005b, 「東北地方における覆い型野燒きの受容」『土器研究の新視点~彌生時代を中心とした土器生産・燒成と食・調理~』發表要旨, 大手前大學史學研究所.

山內清男, 1932・33, 「日本遠古之文化」『ドルメン』第1卷 4號~第2卷 2號.

_____, 1937, 「繩紋土器型式の細別と大別」『先史考古學』第1卷 第1號.

山田しょう, 1991, 「'90年リエージュ「使用痕」會議に参加して」『舊石器考古學』43, 舊石器文化談話會.

森本六爾・小林行雄 編, 1939, 『彌生式土器集成圖録』東京考古學會.

杉山壽榮男, 1928, 『日本原始工芸概說』.

森川常厚・上村安生・西村美幸・武田憲次・三辻利一, 1998, 『研究紀要』第7號(土師器燒成坑と古代土器の生産と流通) 三重縣埋藏文化財センター.

西口壽生, 1972, 「埴輪」『平城宮發掘調査報告書』VI, 奈良國立文化財研究所.

石橋新次, 1996, 「土器の製作と燒成について」『栖』鳥栖鄕土研究會.

_____, 1997, 「土器燒成に關する二・三の予察(前編)」『みずほ』第23號, 大和彌生文化の會.

_____, 1998, 「土器燒成に關する二・三の予察(後編)」『みずほ』第24號, 大和彌生文化の會.

小林正史, 1993, 「稲作文化圈の傳統的土器作り技術」『古代文化』第45卷 第11號, 古代學協會.

_____, 1998, 「野燒き方法の變化を生み出す要因」『民族考古學序說』民族考古學會 編 同成社.

小林正史・北野博司・久世建二 1997 「黑斑からみた彌生土器の野燒き技術」『日本考古學』第4號, 日本考古學協會.

小林正史・北野博司・小島俊彰・久世建二, 1999a, 「彌生時代の赤彩土器の野燒き方法」『日本考古學協會 第65回總會發表要旨』日本考古學協會.

小林正史・北野博司・久世建二・小島俊彰, 1999b, 「黑斑からみた繩文土器の野燒き方法」『日本考古學』第8號, 日本考古學協會.

小林正史, 2000, 「黑斑からみた長野地域の彌生土器の野燒き方法」『松原遺跡 彌生・總論7(彌生時代・考察 檢索)』(上信越自動車道埋藏文化財發掘調査報告書5) 長野縣埋藏文化財センター發掘調査報告書36.

小林正史・北野博司・久世建二・小島俊彰, 2000, 「北部九州における繩文・彌生土器の野燒き方法の變化」『靑丘學術論集』第17集, 財團法人韓國文化研究振興財團.

小林正史・北野博司・久世建二, 2001, 「東北地方の初期彌生土器の野燒き方法」『日本考古學協會 第67回總會發表要旨』日本考古學協會.

小林正史, 2002,「素燒き土器 -野燒き方法を例として-」『季刊考古學』第81號　雄山閣

小林正史・久世建二・北野博司, 2003,「黑斑からみた彌生土器の覆い型野燒きの特徵」『日本考古學』第16號, 日本考古學協會.

小林正史, 2003a,「東南アジアの土器作り民族誌における工程間の結びつき」『立命館大學考古學論集』III.

_____, 2003b,「黑斑からみた加賀の彌生土器の覆い型野燒きの方法」『北陸の古代と土器』(『北陸古代土器研究』第10號)　北陸古代土器研究會.

_____, 2004,「稻作農耕民の傳統的土器作りにおける覆い型野燒きの特徵」『北陸學院短期大學紀要』第36號.

_____, 2005,「稻作農耕民の土器作り民族誌の分析からみた彌生土鍋の作り分け」『考古學ジャーナル』№529, ニュー・サイエンス社.

_____, 2006,『黑斑からみた繩文・彌生土器・土師器の野燒き方法』平成16・17年度科學研究費補助金〈基盤研究(C)〉研究成果報告書.

小林行雄, 1935,「彌生式土器の樣式構造」『考古學評論』第2輯.

_____, 1938,「彌生式文化」『日本文化史大系』第1卷(原始文化)　誠文堂新光社.

_____, 1971,「コメント」『季刊人類學』2-2, 京都大學人類學研究會.

松原正毅, 1971,「彌生式文化の系譜についての實驗考古學的試論 -抉入片刃石斧をめぐって-」『季刊人類學』2-2, 京都大學人類學研究會.

新井司郎, 1973,『繩文土器の技術』中央公論美術出版.

阿子島香, 1983,「ミドルレンジセオリー」『考古學論叢』芹澤長介先生還曆記念論文集刊行會 編.

_____, 1999,「實驗使用痕分析」『用語解說 現代考古學の方法と理論』I, 同成社.

阿部芳郎, 1995,「土器燒きの火・料理の火 -繩文土器にみられる使用痕跡と器體の劣化構造-」『考古學研究』167, 考古學研究會.

_____, 1999,「遺物研究 道具としての繩文土器 -型式・技術・機能のトライアングル-」『繩文時代』10, 繩文時代文化研究會.

_____, 2004,『失われた史前學』岩波書店.

塩野半十郎, 1970,『多摩を掘る』武藏書房.

御堂島正, 2001,「トラセオロジーとしての實驗考古學」『考古學ジャーナル』№479, ニュー・サイエンス社.

五十嵐彰, 2001,「實驗痕跡研究の枠組み」『考古學研究』188, 考古學研究會.

宇垣匡雅, 1997,「彌生土器の燒成坑 -百間川原尾島遺跡檢出例について-」『古代の土師器生產と燒成遺構』窯跡研究會 編, 眞陽社.

楢崎彰一・H.Leedom Lefferts Jr.・Louise Allison Cort, 2000,「東南アジアにおける現代の土器および燒締陶の生產に關する地域調査」『研究紀要』第8輯　財團法人瀬戸市埋藏文化

財センター.

原田實・久世建二・小島俊彰, 1989, 「繩文土器制作技法の一, 二 -眞脇遺跡出土土器の中から-」『金澤美術工芸大學紀要』第33號.

二宮修治・近藤久美子・田中順一・大澤眞澄・後藤和民・庄司克, 1979, 「繩文土器製作の基礎研究」『東京學芸大學紀要』第4部門(數學・自然科學 第31集) 東京學芸大學.

長友朋子・庄田愼矢・所一男・久世建二・小林正史・松本奈緒子・中村大介・鐘ヶ江賢二・渡邊誠, 2004,「彌生時代における覆い型野燒きの受容と展開」『日本考古學協會 第70回總會發表要旨』日本考古學協會.

庄田愼矢・塚本浩司・根岸洋, 2005, 「北海道オホーツク海沿岸先・原史土器の燒成痕」『貝塚』60, 物質文化研究會.

庄田愼矢, 2006, 「靑銅器時代 土器燒成技法의 實證的 研究」『湖南考古學報』23號, 湖南考古學會.

田崎博之, 2000, 「遺跡出土の燒成粘土塊・燒成剝離土器片からみた彌生土器の生産・供給形態」平成9~11年度科學研究費補助金〈基盤研究(C)(2)〉研究成果報告書.

_____, 2002, 「燒成失敗品からみた彌生土器の生産と供給」『環瀬戸內の考古學』(平井勝氏追悼論文集) 古代吉備研究會.

_____, 2004, 「土器燒成・石器製作殘滓からみた彌生時代の分業と集團間交流システムの實證的研究」平成13~15年度科學研究費補助金〈基盤研究(C)(2)〉研究成果報告書.

前田千津子, 1979, 「土器燒成實驗から觀た黑斑」『東奈良發掘調査概』I, 東奈良遺跡調査會.

前田豊・酒井宏・小野山節・吉田惠二・薰科哲男・東村武信・相馬純吉, 1980, 「土器燒成技術の研究」『考古學・美術史の自然科學的研究』(古文化財編集委員會 編) 日本學術振興會.

井上章夫, 1977, 「繩文土器の製作」『考古學ノート』第6號, 武藏野文化協會考古學部會.

堤隆, 2000, 「實驗考古學」『用語解說 現代考古學の方法と理論』II, 同成社.

佐原眞, 1964, 「彌生式土器の製作技術」『紫雲出』詫間町文化財保護委員會.

_____, 1972, 「1971年の動向 彌生時代(下)」『考古學ジャーナル』No.74, ニュー・サイエンス社.

竹山尙賢, 1972・73, 「熱分析によるやきものの始源1~5」『新郷土』25-10,11,12・26-1, 2.

中口裕, 1975, 『實驗考古學』雄山閣出版.

直良(村本)信夫, 1924, 「石器時代土器の二三の事實について」『考古學雜誌』第14卷 第14號, 日本考古學會.

直良信夫, 1926, 『播磨國明石郡垂水村山田大藏山遺跡の研究』(春成秀爾 編 1987『大藏山遺跡の研究』眞陽社).

_____, 1926・27, 「近畿地方における繩文土器の研究」『考古學雜誌』第16卷 第6號, 第16卷 第12號, 第17卷 第4號 考古學會(春成秀爾 編 1987『大藏山遺跡の研究』眞陽社).

淸水芳裕, 1982, 「繩文土器の自然科學的研究法」『繩文土器大成』1, 講談社.

萩原裕房, 1983, 「安國寺遺跡の甕棺について」『東部土地區畫整理事業關係埋藏文化財調査報告書』

2(久留米市文化財調査報告書36).

傣族制陶工芸聯合考察小組, 1977, 「記雲南景洪傣族慢輪制陶工芸」『考古』1977年4期.

澤田正昭, 1973, 「遺跡・遺物の保存科學(2)」『考古學研究』75, 考古學研究會.

平賀章三, 1978, 「素地作製の技法解析」『奈良敎育大學紀要』第27卷 第2號　奈良敎育大學.

穴澤義功, 1978, 「土師器窯跡の調査と研究」『駒形遺跡』千葉縣文化財保護協會.

後藤和民, 1980, 『繩文土器をつくる』(中公新書582) 中央公論社.

コールズ.J.著, 鈴木公雄 譯, 1977, 『實驗考古學』學生社.

ソンシマトラン・阿部嗣治・村尾政人・戶村桂子・東靖子・三笹直美, 1991, 『タイの土器作り』淡
　　神文化財協會.

| 영문 |

David,N. and Kramer,C. 2001, *Ethnoarchaeology in action*, Cambridge Univ. Press.

Gosselain,O.P. 1992, Bonfire of the enquiries. Pottery firing temperatures in archaeology :
　　what for? *Journal of Archaeological Science* 19.

3 土器燒成과 黑斑形成에 관한 硏究史

長友朋子 / 庄田愼矢 _ 譯

1. 土器生産과 燒成方法

　　잘 알려진 바와 같이 토기 제작은 점토를 채취하여 토기를 성형하고 형태를 만든 다음 건조시켜 소성하여야 완료된다. 일반적으로 토기제작 공정 가운데 실패할 가능성이 가장 높은 단계가 소성이기 때문에, 건조 단계까지 많은 노력을 투자해 온 토기를 가능한 한 파손시키지 않도록 최대한의 주의가 요구된다. 무사히 완성된 경우에도 소성 정도가 충분하지 않으면 사용할 때에 파손되거나 저수 기능을 다하지 못하게 된다. 따라서 소성 기술의 숙련 및 발달의 의의는 토기제작에 있어서 결코 작지 않은 부분이라 할 수 있다.

　　과거에는 일본열도의 죠몬(繩文)토기나 야요이(彌生)토기 모두 개방적인 야외소성(開放型 野外燒成)으로 소성되었다고 생각되어 왔다. 하지만 1980년대에 이들 토기와 유사한 색조 및 바탕흙으로 제작된 고대 하지키(土師器) 소성유구의 확인 사례가 증가하면서 자세한 검토가 이루어져, 하지키의 소성방법이 덮개구조를 갖는 방식이었음이 밝혀졌다(久保田正壽 1989). 야요이시대에 있어서도 토기소성유구가 인정되거나 草木類의 壓痕이 있는 소토가 취락에서 빈번하게 출토되었다. 또한, 중국 雲南省 등에서 보이는 덮개구조를 구비한 현대 야외소성방법이 알려지기도 하였다.

　　이러한 사실들을 근거로 야요이시대에서도 덮개가

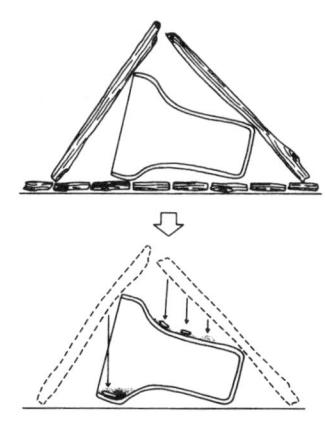

도1 _ 개방형 야외소성(岡安雅彦 1999)

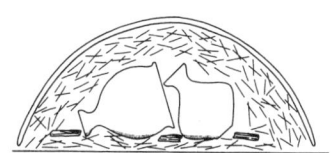

도2 _ 덮개형 야외소성(岡安雅彦 1999)

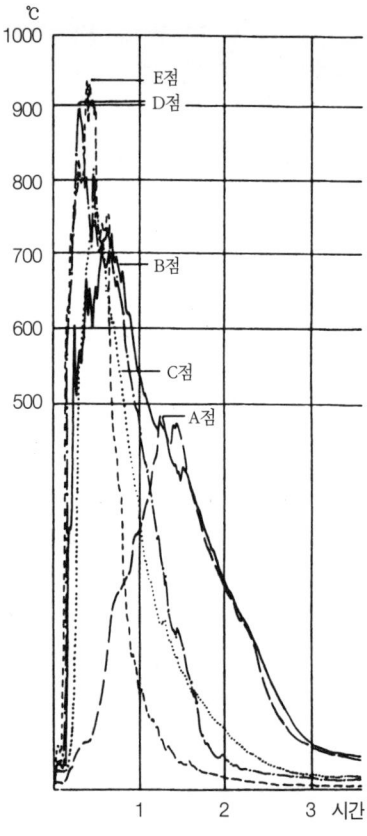

도 3 _ 개방형 야외소성에서 온도변화
온도변화가 급격하기 때문에 태토가 거칠지
않으면 파열되어 버린다(岡安雅彦 1999).

있는 토기소성(덮개형 야외소성)이 상정되었다(久世建二 外 1994; 岡安雅彦 1994; 石橋新次 1997; 1998; 도 1 · 2). 개방형 야외소성과 덮개형 야외소성의 차이는, 관찰되는 모습이 다를 뿐만 아니라 온도 상승 및 하강 양상에서도 결정적인 차이를 보인다(도 3, 4). 따라서 어떠한 소성방식을 채택하는지가 바탕흙의 준비를 비롯한 토기제작 방법의 여러 가지 요소들을 규정하는 중요한 요인이 될 수 있다.

그런데 구체적인 고고자료를 통하여 소성방법이나 소성장을 복원하려면, 고대 이전 시기에 해당하는 토기소성유구가 확인된 사례가 제작된 토기의 양에 비해서 너무나 적기 때문에 어려움이 있다. 또한, 확인된 소성유구의 평면형태는 거의 대부분이 방형으로, 깊이 수 10cm 정도를 판 수혈유구에 지나지 않기 때문에 뚜렷하게 잔존될 수 있는 소성시설이었다고도 생각할 수 없다. 따라서 소성유구에 기초를 두고 체계적으로 소성방법 및 소성장을 검토하는 것은 현재 상황에서 곤란하다고 할 수밖에 없다.

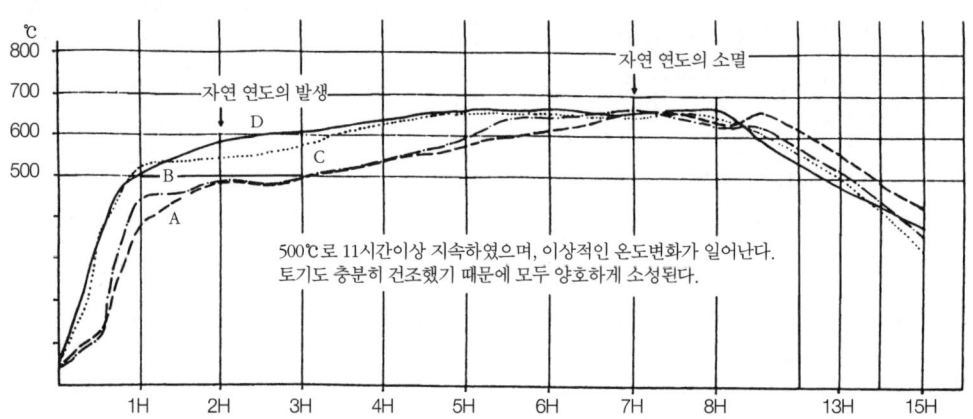

도 4 _ 덮개형 야외소성에서 온도변화(久保田正壽 1989)
개방형과 비교하여 온도 상승이 완만하며, 온도가 불규칙하게 변동되지 않다는 구조가마와의 중간적인 특징을 가진다(岡安雅彦 1999).

한편, 흑반은 토기 자체에 남겨진 흔적으로, 토기소성에 관한 정보를 풍부하게 제공해주는 유용한 자료이다. 이 글에서는 고대 이전 시기의 토기에서 관찰되는 흑반에 대한 연구사를 중심으로 간략하게 정리해 보고자 한다.

2. 黑斑을 통해 본 現在까지의 土器燒成硏究

1) 黑斑의 着眼과 形成過程의 追究

일찍이 佐原眞(1964)이 흑반에 대해서 언급한 바 있다. 그는 흑반에 대하여 소성 후 토기를 꺼낼 때 부착된 것으로 해석하였으며, 토기의 양면에 2개 한 쌍으로 부착되는 경향이 있는 점을 지적하였다. 토기를 꺼낼 때 부착되었다는 견해는 이후 부정되지만, 흑반 2개가 한 쌍을 이루는 사실을 간파한 점이 중요하다.

藤原學·森岡秀人(1977)은 실험을 통하여 흑반의 형성요인을 규명하려고 시도하였는데, 땔나무에 유래한 재가 토기 가운데로 떨어지기 때문에 흑반이 형성되는 점을 지적하였다. 또한, 인접한 토기가 밀착된 부분에서도 흑반이 생기는 점도 언급하였다. 하지만 실험을 계속한 결과 토기와 토기의 접촉 부분에 흑반이 생성되는 경우는 적고, 오히려 토기 사이의 틈에 끼인 연료가 그 원인이었던 것이 알려지게 된다.

덮개를 사용하는 야외소성의 존재가 인식된 이후, 久保田正壽(1989)는 토기 소성과정에서 탄소를 흡착한 토기가 黑色化되다가 덜 산화된 부분이 흑반으로 잔존한다는 점을 지적하여 잔존 흑반의 형성과정을 설명하였다. 그리고 이러한 흑반이 덮개와 접했던 부분에서 관찰된다고 하였다. 한편, 그가 확실한 견해를 제시하지 못한 저부 부근의 흑반에 대해서는 토기 하부에 설치된 연료가 긴 시간 동안 높은 열량을 유지하지 않는 경우에 형성되는 것으로 岡安雅彦(1994)이 설명한 바 있다.

이와 같이 佐原眞이 지적한 2개 한 쌍의 규칙적 흑반의 형성과정에 대해서는 지면에 깐 연료와 토기의 접촉 혹은 토기와 덮개로 사용된 유기물의 접촉 때문에 유기질이 부착되어 형성되는 것으로 밝혀졌다. 또한, 연료가 토기 내부에 떨어지는 경우에도 흑반이 형성되는 점이 지적되었다. 아울러 흑반 가운데에는 유기질과 직접 접촉하는 경우 이외에 한 번 흡착된 탄소가 완전히 산화되지 않았기 때문에 잔존된 것도 있다는 사실이 증명되었다. 이들 견해를 종합하면, 흑반은 소성이 양호하게 이루어지기 않았기 때문에 잔존된 것과 연료 등의 유기질과 접촉함으로써 토기 표면에 탄소가 부착되어 형성된 것의 두 가지가 존재하는 것이 지적된 셈이다.

2) 黑斑을 통해 본 燒成技法의 體系的 研究

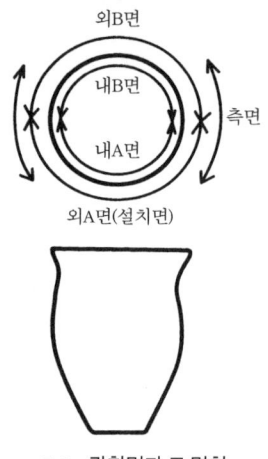

도5 _ 관찰면과 그 명칭

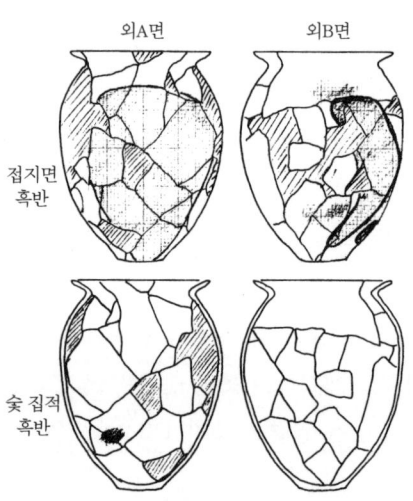

도6 _ 소성흔 및 사용흔의 실측도

이상과 같이 흑반의 형성과정이 규명되어 갔지만, 관찰 대상 자료가 한 유적만이거나 한 유적 안에서도 극히 적은 자료만을 대상으로 삼는 경우가 많아, 망라적으로 자료를 검토하여 분석한 연구는 거의 진행되지 않았다. 하지만 1990년대가 되면서 토기소성기법을 중심으로 한 체계적 연구가 시작되었다(久世建二 外 1994; 1996a; b; 小林正史 外 2003). 이들 연구에서는 소성실험과 민족지 및 고고자료에 대한 관찰을 종합하여 더욱 구체적인 흑반의 형성과정에 대하여 인식하였으며, 이를 기초로 소성방법을 밝히고 그 변화를 고찰하는 시도를 시작하였다.

이러한 방법을 계승하여 현재 이루어지고 있는 연구는 넓은 지역 및 시기를 대상으로 삼아 자료를 집성하여 소성방법의 변천과정에 접근하려고 하는 데에 특징이 있다(한국: 庄田愼矢 2005, 北部九州: 小林正史 外 2000, 西日本: 長友朋子 外 2004, 加賀: 久世建二 外 1997; 小林正史 2003b, 北信濃: 小林正史 2000, 東海: 小林正史 1998, 東北: 北野博司 2005). 특히 흑반의 색조, 형태, 위치관계 등을 관찰하기 위해 토기를 내면과 외면 각각 두 면씩 圖面化한다는 획기적인 방법을 고안한 의의는 적지 않다(도 5 · 6). 이 도면 작업을 통하여 한 개체의 토기 가운데 내면 및 외면에 있는 흑반 위치의 대응관계나 외면 흑반의 위치관계를 더욱 명확히 파악할 수 있게 되었다. 예를 들면, 토기 내면에 땔나무 연료가 떨어져 접촉한 부분에 있는 흑반의 반대쪽 외면에는 토기가 接地하여 연료와 접했기 때문에 생성된 흑반이 있는 경우가 많은 점이 밝혀졌다. 또한, 이 외면의 흑반과 바로 반대쪽 외면에 흑반이 나타나는 경우가 많은데, 이는 덮개와 접촉하였기 때문에 형성된 것을 알 수 있게 되었다. 이러한 내면과 외면의 흑반 대응관계에서 보이는 규칙성을 밝힘으로써 그때까지 개별적으로 설명되어 왔던 여러 가지 흑반이 한 개체의 토기 안에서 집약적으로 나타난 必然性을 합리적으로 설명할 수 있게 되었다. 그리고 이러한 덮개형 야외소성에 의해 형성된 흑반에서 보이는 규칙성에 대한 이해를 통해서 소성 시의 접지각도를 추정할 수 있게 되었다. 또, 흑반의 형태적인 특징을 통하여 땔나무의 접촉각도 등을 판단할 수 있다는 사실도 밝혀졌다. 이와 함께 소성실험을 반복하여 토기를 관찰하면서 조리 등 2차적 가열에 의해 흑반이 소실되는 현상이 확인된 것도 주목된다.

한편, 이러한 덮개를 사용한 야외소성에서 형성되는 흑반의 특징을 덮개를 사용하지 않는 야외소성에서 나타난 흑반의 특징과 비교하여 일본열도에서 토기소성방법이 개방형 야외소성에서 덮개형 야외소성으로 변화하는 실태를 살펴볼 수 있다. 개방형 야외소성에서는 토기 밑에 땔나무 등의 입체적인 연료를 끼우거나 토기를 높이기 위해 연료를 설치하는 등 공기의 순환을 원활화시키면서 온도를 상승시키는 구조를 마련할 필요가 있다. 개방형 야외소성으로 소성되면 토기 표면이 땔나무 연료와 직접 접한 부분에 탄소가 부착되어 흑반이 생성된다. 이와 동시에 주변에 있는 땔나무에서 나온 그을음이 공기의 흐름에 따라 흔들거린 듯하고 불규칙하게 토기 표면에 부착되어 흐린 흑반이 나타나는 경우가 많다. 덮개형 야외소성에서는 벼과 식물의 짚으로 만든 덮개에 의해 가열된 공기를 가둬 온도를 높이는 구조를 갖기 때문에 토기 밑에 공기의 통로를 만들 필요가 없다. 이 때문에 벼과 초본 연료인 짚 등을 깔고 토기를 평탄하게 놓는 방법이 민족지에서도 자주 관찰된다. 덮개형 야외소성에서는 착화했을 때부터 소성 후에 토기를 꺼낼 때까지 토기를 이동시키지 않기 때문에 토기 밑에 간 연료와 덮개의 탄소가 토기에 부착되어 흑반이 규칙적인 위치관계로 형성되는 것은 앞에서 언급하였다. 또한, 흑반은 토기가 연료와 접하는 부분에 형성되지만, 공기의 유통이 활발하지 않기 때문에 경계가 명료한 흑반이 형성되는 경향이 있다.

이러한 특징의 차이를 흑반에서 파악할 수 있다면 흑반의 부착 양상으로부터 그 소성방법이 개방형인지 덮개형인지를 구별할 수 있다. 현재 죠몬시대에서 야요이시대로의 소성방법의 변화가 밝혀지고 있으며(久世建二 外 1994; 小林正史 外 2000; 小林正史 2005), 한반도에서의 소성방법에 대해서도 그 변화 양상이 해명되고 있다(庄田愼矢 2005). 향후 연구의 진전이 기대된다.

3) 앞으로의 黑斑研究

위에서 살펴 본 바와 같이 고고자료인 토기의 관찰과 실험에 의한 검증, 그리고 민족사례에 대한 검토의 세 가지 방법을 이용한 반복적인 연구를 통하여 흑반 형성과정의 해명은 많이 진전되고 소성방법의 복원은 확실성을 갖게 되고 있다. 뿐만 아니라 이를 기초로 보다 많은 자료의 축적과 비교검토를 통하여 토기제작기법이라는 측면에 한정되지 않는 각 시대 및 지역에서 소성방법 실태가 규명되고 있다. 향후 이러한 연구를 발전시키는 과정에서 다양한 토기소성기술의 실제를 해명할 수 있을 것이라 기대된다. 이러한 의미에서도 흑반으로부터 무엇을 알아낼 수 있는지를 추구할 필요가 있으며, 또한 토기에 남겨진 흔적과 소성기법과의 틈바구니에서 貪慾한 연구가 이루어져야 할 것이다.

3. 黑斑의 解釋方法

앞 장에서는 흑반에 대한 연구를 중심으로 토기소성방법의 연구사를 정리하였다. 이러한 연구 동향을 염두에 두면서, 현재까지 소성방법이 어떻게 복원되어 왔는지를 구체적으로 확인하기 위해 흑반 형성과정에 대한 이해의 변화 과정을 추적해보고자 한다. 흑반에 대한 분석은 수많은 논문에서 다루어졌는데, 특히 복수 유적을 비교·분석하여 체계적인 분류를 제시한 세 편의 논문을 중심으로 살펴보고자 한다.

덮개형 야외소성의 경우, 단순화하면 외면의 지면 쪽과 덮개 쪽 및 내면의 총 3개소에 흑반이 부착되는 것이 예상된다. 따라서 이들 각각에 대해서 어떠한 분류 및 인식이 이루어졌는지를 우선 검토한다. 다음으로 소성 시에 접지각도를 규명하기 위해 흑반의 위치가 주목되었다는 점을 지적한다. 또한, 개방형 야외소성도 포함하면 땔나무 연료에 의한 흑반 형성과정의 해석이 중요한 의미를 가지기 때문에, 마지막으로는 땔나무에 의한 흑반 형성을 어떻게 이해해 왔는지에 대해서 살펴보도록 한다.

1) 덮개형 野外燒成에서 內面의 黑斑 形成過程

우선 내면 흑반의 형성과정에 대한 복원 연구를 살펴본다. 약간 길어지지만 오해가 없도록 필요한 부분은 표현을 그대로 인용하였다.(小林正史·北野博司·久世建二·小島俊彰, 2000,「北部九州における繩文·彌生土器の野燒き方法の變化」『青丘學術論集』 17, 韓國文化研究振興財團 도 7)

①야외소성의 초기단계에 그을음이 밖에서 들어오고 내면 전체에 탄소가 흡착된다.

②덮개 내부의 온도가 높아지면서 토기 내면에 부착되었던 탄소(그을음)가 산화된다. 이때 산화·소실하지 않은 부분은 잔존 흑반이 된다. 덮개형 야외소성에서 생성되는 흑반에서 '불의 순환이 불량하여 형성된 잔존 흑반'은 내면의 접지면 쪽(내A면)에 나타나는 경우가 많고, 또한 출현빈도는 낮지만(개방형 야외소성과 비슷하게) 내B면 구연부에도 부착된다. 내A면에 부착된 잔존 흑반의 바로 뒷면(지면에 간 연료에 묻혀 접지한 부분)에 붙는 것이 특징이다. 한편, 내B면에서 나타나는 잔존 흑반은 개방형 야외소성의 경우와 같이 윤곽이 애매하면서 외B면까지

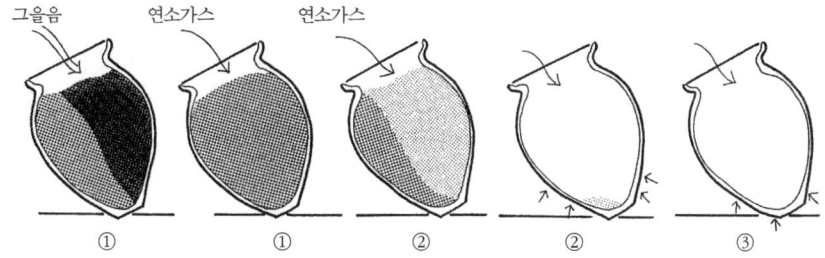

도 7 _ 덮개형 야외소성에서 내면 흑반 형성과정(小林正史 外 2000)

이어지는 경우도 있다.

③ 온도가 더욱 높아지면 내A면에 남아 있었던 불의 순환이 불량하여 형성된 잔존 흑반도 산화·소실된다. 다음과 같은 사실을 근거로 초기 단계에 내면에 부착된 탄소(그을음)가 산화·소실되는 것은 구연부에서 유입된 소성가스와 더불어 '바깥쪽에 있는 땔나무에서 기벽을 관통하여 내면으로 전달된 열'에 의한 것이라 할 수 있다. 그 이유는 ⓐ 내A면 잔존 흑반은 외면에서 열을 받기 어려운 부분에서만 관찰되며, ⓑ 야요이토기에서는 내A면 잔존 흑반의 출현빈도가 경부의 넓이(구연부에서 연소가스가 유입하기 쉬운지 아닌지와 관련됨)와 상관관계를 나타내지 않는다는 점을 들 수 있다. 후자에 대한 예로는 경부에서 挟入이 심한 호형토기보다 구연부가 넓은 옹형토기의 내A면에서 잔존 흑반이 출현하는 빈도가 높은 경우도 많다는 점을 지적할 수 있다.

다만, 토기를 수직에 가까운 각도로 설치하여 벼과초본 연료로 만든 덮개가 토기 구연부를 막아버리면 내면 동체부 전체가 잔존 흑반으로 덮어지는 경우가 있기 때문에, 구연부에서 유입된 연소가스의 유무도 중요하다.

④ 덮개형 야외소성에서는 토기 내부에 땔나무를 넣는 경우가 많지 않기 때문에 내면에 땔나무 접촉 흑반이나 숯 집적 흑반이 부착된 사례가 없다. 벼과 초본 연료로 만든 덮개는 형태가 무너지기 쉬우므로 흩어진 상태로 토기 가운데로 떨어지기 때문에 명료한 흑반의 생성을 상정하기 어렵다. 다만, 내면에 떨어진 재나 被覆材가 남아 숯 집적 흑반이 생성된 사례가 옹관 등 대형토기에서 가끔 관찰된다. 또한, 箱淸水式의 옹형토기에서는 횡치한 토기 구연부에 기대어 세운 땔나무가 내면으로 떨어진 결과 내A면 구연부에 땔나무 접촉 흑반이 부착된 사례가 있다.

이상과 같이 내A면에서 관찰되는 흑반의 종류로는 ⓐ 지면 측에서의 가열이 충분하지 않기 때문에 초기단계에서 생성된 흑반이 잔존한 잔존 흑반, ⓑ 내면에 잔불이나 재가 쌓인 부분에서 그을음이 흡착 혹은 잔존된 재·숯 집적 흑반, ⓒ 토기 내부에 넣거나 구연부에서 떨어진 땔나무에 의한 땔나무 접촉 흑반의 세 가지가 있는데, 이 가운데 ⓐ가 대부분을 차지한다.(이상 인용)

(도 7)은 소성시간의 경과에 따라 흑반이 형성되다 소실되는 과정을 설명한 것이다.

②에서 소성이 완료되었을 경우 잔존 흑반이 남겨진다. 한편, 내면에 재나 숯이 있었거나 땔나무가 떨어졌을 경우가 별도 항목으로 제시되어 있는데, 땔나무가 연소되면 봉상의 형태가 부서지는 것이 예상되어, 현재 재ㆍ숯 집적 흑반으로 판단된 흑반 중에 땔나무에 유래한 것도 포함되어 있는 점이 상정된다.

위와 같은 사항이 고려되지만 내면의 흑반에 대한 해석은 현재에도 큰 변경이 보이지 않는다.

2) 덮개형 野外燒成에서 外A面의 殘存黑斑 形成過程

외A면의 흑반은 연료를 간 지면에 토기를 놓는 경우 반드시 생기는 흑반이며, 내면과 외면에서 관찰된 모든 흑반 가운데 가장 확실히 부착되는 것이다. 따라서 흑반에 대한 연구의 시작부터 외A면에서 형성된 흑반에 대한 분류가 이루어졌다. 이 글에서는 다음 세 편의 논문에서 그 분류의 변천을 추적하고자 한다.(小林正史ㆍ北野博司ㆍ久世建二ㆍ小島俊彰, 2000,「北部九州における繩文ㆍ彌生土器の野燒き方法の變化」『靑丘學術論集』17, 韓國文化硏究振興財團 도 8)

① 초본 연료(혹은 그 재) 위에 토기를 놓고 그 주변에 땔나무를 횡치했을 경우, 야요이토기에 특징적인 타원형흑반이 외A면에 생성되는 경향이 관찰된다(岡安雅彦 1999).
② 땔나무 연료 위에 초본 연료를 깔고 그 위에 토기를 올릴 경우, 타원형에 가까운 흑반이 생성되지만, ①에 비해서 흑반이(정연한 모양이 아니라) 불규칙한 형태가 된다. 이는 초본 연료 밑에 있는 땔나무에 의해 흑반의 일부가 산화되기 때문이다. 이 경우 내A면에 잔존 흑반이 남겨질 가능성은 낮다.
③ 땔나무 위에 직접 토기를 올리면 외A면에 봉상 땔나무 접촉 흑반이 부착되거나 혹은 땔나무에서의 강한 가열 때문에 명확한 흑반이 남겨지지 않는다. 이 경우에는 내A면에 잔존 흑반이 남

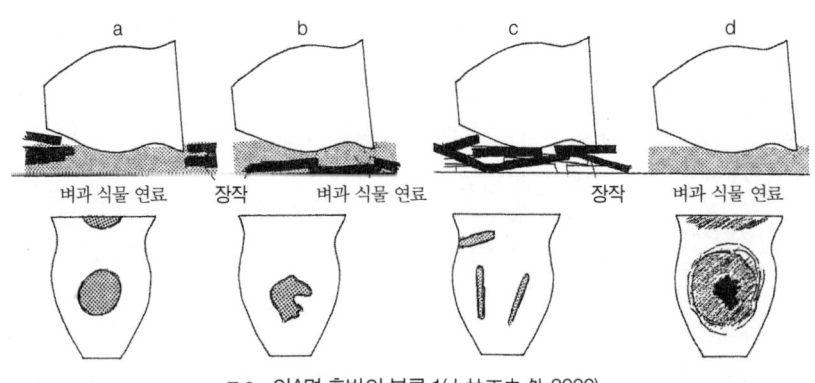

도 8 _ 외A면 흑반의 분류 1(小林正史 外 2000)

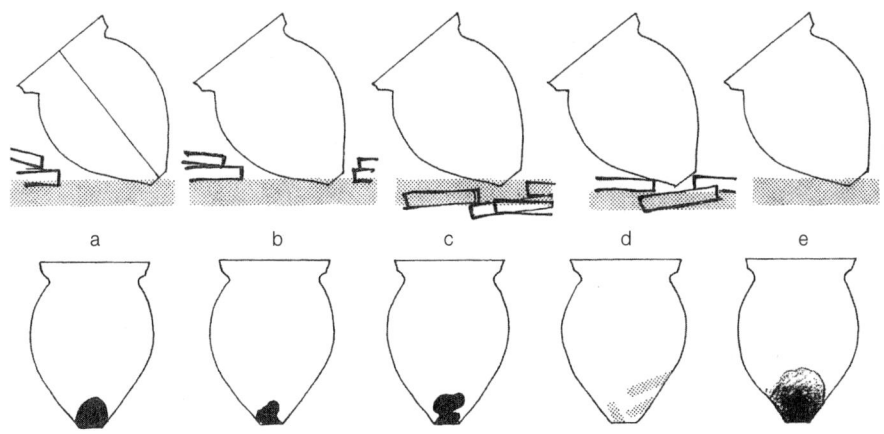

도 9 _ 외A면 흑반의 분류 2(小林正史 外 2003)

겨지기 어렵다.

④ 토기 밑이나 주변에 충분한 양의 땔나무가 배치되지 않고 초본 연료를 주로 사용했을 경우, 화력이 약하기 때문에 흑반의 윤곽이 애매하여 외A면에서 넓은 범위가 어두운 색조를 띤다.

⑤ 돌 등을 이용한 받침 위에 토기를 설치하여 받침과 토기 사이에 연료를 놓았을 경우(예 : 필리핀 카링가족)에는 윤곽이 애매한 옅은 흑반이 많아진다(小林正史 1993).   (이상 인용)

(小林正史·久世建二·北野博司, 2003,「黑斑からみた彌生土器の覆い型野燒きの特徵」『日本考古學』16, 日本考古學協會 도 9)

① 짚 위에 토기를 설치하고 주변에 땔나무를 배치했을 경우(토기 접지면 옆에는 놓지 않는다), 외면 접지면에는 정연한 타원형흑반이 생성된다(대부분의 야요이토기에서 관찰되는 것과 동일).

② 짚 위에 토기를 설치하고 토기 접지면 바로 옆에 땔나무를 놓으면 외면 접지면에 타원형흑반이 나타나면서도 주변 부분은 산화에 의해 약간 불규칙한 형태를 보인다.

③ 땔나무를 배열한 위에 짚을 깔고 그 위에 토기를 설치하면(토기와 짚은 접하지 않는다), 외면 접지면에 불규칙한 흑반이 생성되지만 내면에는 흑반이 부착되지 않는다.

④ 땔나무를 배열한 위에 토기를 설치하면, 외면 접지면에 땔나무와의 접촉에 의한 봉상흑반이 부착되지만, 내면에는 흑반이 보이지 않는다.

⑤ 짚을 깐 위에 토기를 놓으면(지면 측에 땔나무를 배치하지 않음), 외면 접지면에 윤곽이 애매한 회색 흑반이 부착된다. 내면에 뚜렷한 흑반이 보이지 않는다.

(長友朋子·庄田愼矢·所一男·久世建二·小林正史·松尾奈緒子·中村大介·鐘ヶ江賢二·渡邊誠, 2004,「彌生時代における覆い型野燒きの受容と展開」『日本考古學協會第70回總會發表要旨』日本考古學協會(長友朋子 2006에 도면 게재) 도 10)

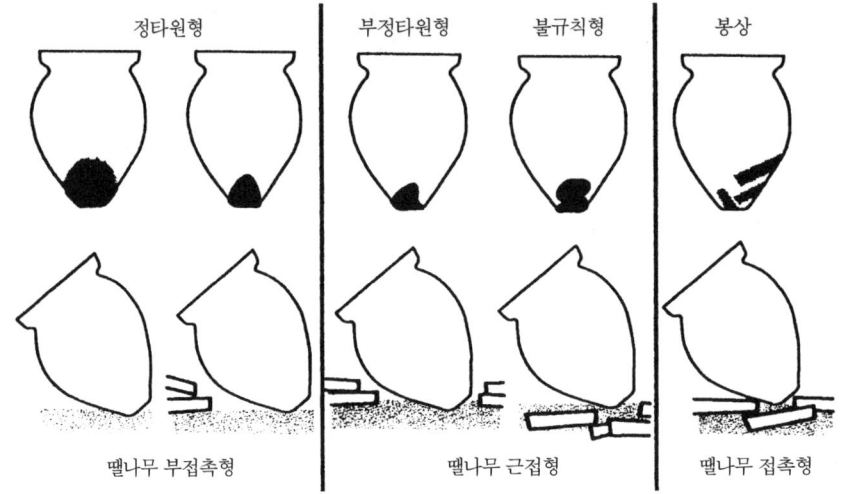

정타원형 　부정타원형　불규칙형　봉상

땔나무 부접촉형　　땔나무 근접형　　땔나무 접촉형

도 10 _ 외A면 흑반의 분류 3(長友朋子 2006)

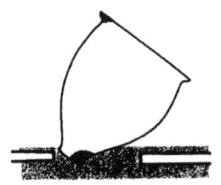

도 11 _ 설치각도와 흑반 위치의 분류(長友朋子 2006)

① 整楕圓形(윤곽이 애매한 것과 윤곽이 명료한 것) : 땔나무 부접촉형
② 不整楕圓形 : 땔나무 근접형
·③ 不規則形 : 땔나무 근접형
④ 棒狀 : 땔나무 접촉형

　우선 연료에 대해서는 초본 연료(小林正史 外 2000), 볏짚(小林正史 外 2003), 벼과초본 연료(長友朋子 外 2004)로의 표현 변화가 확인된다.

　2000년 복원안에서는 필리핀의 사례가 인용되었으며, 민족 사례를 참조하여 흑반 분류를 작성한 것을 알 수 있다. 또한 ⑤의 '돌 등을 이용한 받침 위에 토기를 설치하여 받침과 토기 사이에 연료를 놓는' 소성방법은 공기가 밑에서 위로 흐르는 것을 기대한 방법이며, 밀폐도가 낮은(개방형에 가까운) 소성방법도 여기서 고려된 것이라 생각된다. 그런데 2003년이 되면 지면 측에 땔나무를 놓지 않고 짚을 깐 위에 토기를 놓는 패턴으로 변경되어 토기와 지면 사이에 연료를 놓는 구조에서 변화되었다.

　한편, '불규칙한 형태'의 흑반(小林正史 外 2000)이 '약간 불규칙한 형태'와 '불규칙한 형태'로 세분되었다(小林正史 外 2003). 이때, 불규칙한 형태는 땔나무 위에 초본 연료를 깔고 그 위에 토기를 올린다는, 연료를 2개 층으로 쌓는 복원임에 반하여, '약간 불규칙'은 토기 접지면 바로 옆에 땔나무를 설치한 경우로 설정되었으며 땔나무 위치는 초본 연료 위에 토기와 나란히 배치된 것으로 복원되었다. 또한, 2005년에는 땔나무 연료와의 관계를 기준으로 정리가 이루어졌으며, 흑반 형태가 땔나무 연료와의 접촉상황에 따라 변화하는 점이 제시되었다.

최근에는 야요이시대 후기부터 코훈(古墳)시대 초의 토기에 대한 조사결과가 축적되었다. 이 결과를 기초로 겹쳐 쌓기의 유무나 외A면에 흑반이 부착되지 않는 사례의 존재, 원래 경계가 명료한 타원형흑반이 봉상이나 弧狀으로 구분되는 형태를 가지는 흑반 등이 기록·관찰되었다. 이러한 성과를 통하여 토기와 토기의 접촉이나 땔나무 연료 설치방법이 시기에 따라 더 다양하게 복원될 수 있는 가능성이 제기되었다. 흑반이 없거나 타원형 및 봉상흑반이 관찰되는 현상에 대한 해석이 어느 정도 확고해지고 있다. 향후 불규칙한 타원형흑반의 형성과정과 소성방법과의 관계가 규명되기를 기대한다.

3) 덮개 接觸黑斑

구연부와 동체부의 경계가 잘

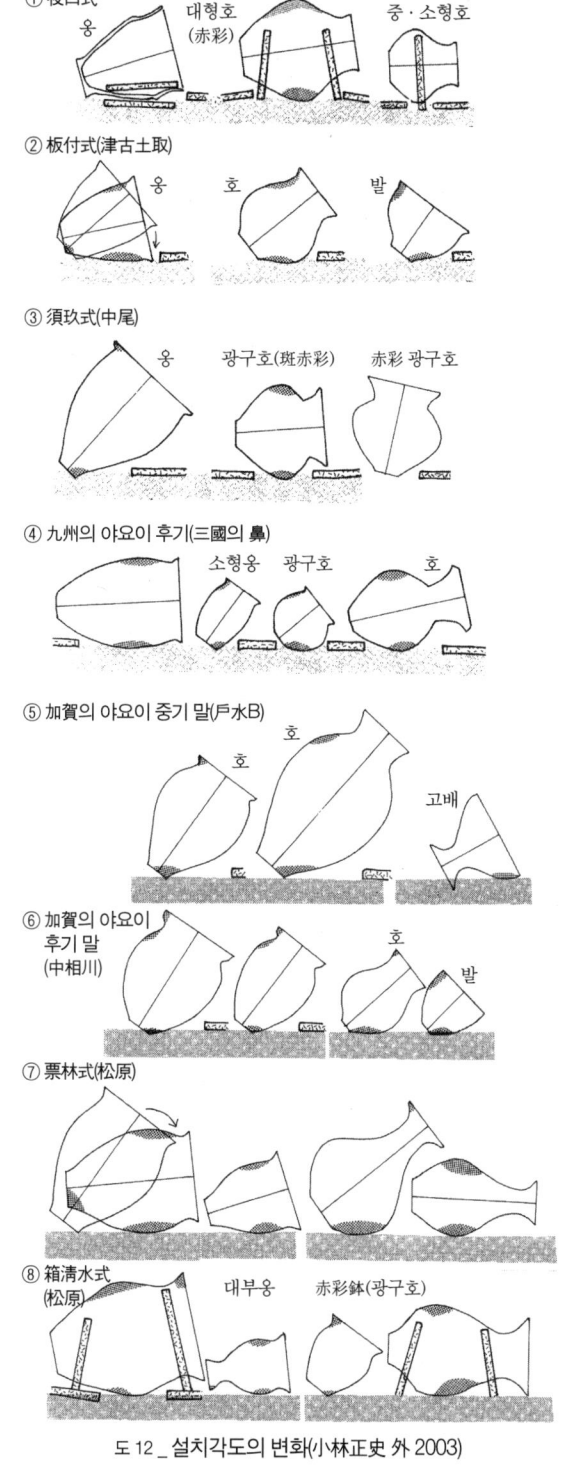

① 夜臼式
웅　대형호(赤彩)　중·소형호

② 板付式(津古土取)
웅　호　발

③ 須玖式(中尾)
웅　광구호(斑赤彩)　赤彩 광구호

④ 九州의 야요이 후기(三國의 鼻)
소형웅　광구호　호

⑤ 加賀의 야요이 중기 말(戶水B)
호　호　고배

⑥ 加賀의 야요이 후기 말(中相川)
호　호　발

⑦ 票林式(松原)

⑧ 箱淸水式(松原)
대부웅　赤彩鉢(광구호)

도 12 _ 설치각도의 변화(小林正史 外 2003)

록해진 기형의 토기에서는 덮개와 접촉함으로 생긴 흑반이 구연부와 肩部로 나눠지기 때문에 형태의 규칙성을 파악하기가 어렵다. 따라서 덮개 접촉흑반에 대해서는 아직까지 구체적인 도면을 제시한 명확한 분류가 이루어지지 않았다. 토기가 덮개와 접하는 밀착도가 높을수록 흑반의 흑색이 진하게 되고 범위가 넓어지는 점을 덮개의 밀폐도와 관련시키는 견해가 최근에 제시되었다(小林正史 2006). 이 점이 명확해졌다면 덮개형 야외소성 가운데에서도 밀폐도가 낮은 것으로부터 높은 것까지 세밀한 구분이 가능하게 된다. 따라서 이러한 관점에 대해서도 향후 실험과 민족사례에 의한 검증이 반복될 것이라 생각된다.

4) 土器의 設置角度

토기 내면 및 외면에서 확인된 흑반의 위치를 통하여 소성 시에 토기가 설치된 각도를 알 수 있다. 急斜置한 상태로 소성되면 내면에 숯 집적 흑반이 있는 경우 저부 부근에 부착되며, 이에 대응하는 외면 저부 부근과 그 對角의 외면에 부착된다. 따라서 원칙은 외면 두 면과 내면에서 나타난 흑반 모두의 위치관계를 근거로 설치각도를 판단한다. 그 중에서도 가장 뚜렷하게 흑반이 부착되면서 형성과정에 대한 복원이 진전되고 있는 외A면의 흑반 위치를 대표로 하여 분류안을 제시한 연구가 지금까지 이루어졌다.

이 외A면에서 보이는 흑반에 대한 분류는 2006년까지(長友朋子 2006) 저부를 포함한 동체부 하위를 중심으로 흑반이 부착된 것을 '急斜置', 저부까지 이루어지지 않고 동체부 하위를 중심으로 흑반이 부착된 것을 '緩斜置'로 하여, 흑반의 부착 위치에 따라 구분해 왔다(도 14). 하지만 최근에는 받침이 필요한 것을 急斜置, 필요 없는 것을 緩斜置로 한다. 바꿔 말하면 설치각도에 대한 용어가 토기의 밸런스를 기준으로 구분되게 변화된 것이다(小林正史 編 2006).

그런데 토기 관찰 결과가 많이 축적되면서 같은 면에서 흑반이 하위와 중위 두 개소로 나눠 부착된 패턴의 존재가 지적되었다. 이 패턴 흑반의 형성과정에 대해서 2003년의 논문(小林正史 外 2003, 도면 13)에서는 急斜置된 토기가 소성 중에 쓰러져 동체부 중위에 흑반이 부착된다는 복원이 제시되었다. 2003년 논문 이전의 논고에서 제시된 설치각도의 도면과 비교하면 이 복원에 대한 인식이 이해된다(도 13). 그러나 그 후에 흑반이 조리 시의 2차 소성에 의해 소실되는 점이 확인되어, 2004년에는 이러한 흑반이 원래 하부에서 동체부 중위까지 있던 것이 조리 등에 의해 소멸되면서 두 개소로 분단된 것으로 복원되었다(長友朋子 外 2004). 전자(小林正史 外 2000, 도 9)에서는 모두 횡치로 표현되어 있는 것에 반하여, 후자(小林正史 外 2003; 長友朋子 外 2004; 도 10 · 11)에서는 토기가 急斜置된 것으로 표시되어 있다. 이는 이 흑반 패턴에 대한 해석이 원래 소성 중에 토기가 쓰러져 최종 횡치된 것으로 확인한 것이었는데, 急斜置된 상태로 구워진 토기의 흑반 일부가 소실된 것으로 변경되었기 때문이다.

5) 땔나무에 의한 黑斑 形成過程의 理解

땔나무에 의한 흑반의 형성 과정은 小林正史 등(2000)에 의해 자세히 분류되었다. (小林正史·北野博司·久世建二·小島俊彰 2000「北部九州における繩文·彌生土器の野燒き方法の變化」『青丘學術論集』17, 韓國文化研究振興財團 도 14)

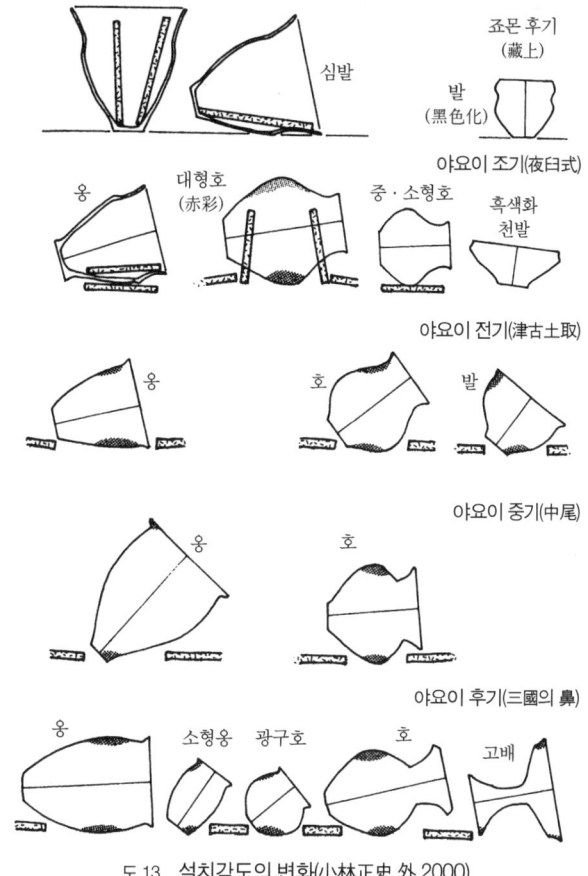

도 13 _ 설치각도의 변화(小林正史 外 2000)

① '逆U字形 땔나무 접촉 흑반'은
땔나무 상단부와 양쪽에 넓게 부착된 그을음에 의한 흑반이다. 땔나무가 접한 중앙부에 산화부가 보이는 경우가 많다.
② '二個一對의 땔나무 접촉 흑반'은 토기 기벽 온도가 어느 정도 낮아지며, 땔나무에서 나온 탄소가 산화·소실되지 않은 상태에서 땔나무 양쪽으로 나온 그을음이 부착된 것이다. 땔나무가 접한 부분에서 생긴 산화부(흑색이 약함)를 사이에 두고 두 개 한 쌍의 타원형흑반이 부착되는데, 땔나무와 기벽의 위치관계에 따라 두 개의 크기가 달라질 수도 있다. 예를 들면, 땔나무가 횡치된 토기에 접했을(또한 근접했을) 경우, 불꽃이 크게 나오는 땔나무의 위쪽이 아래쪽보다 더 큰 흑반이 된다.
③ '부정형·기타의 땔나무 접촉 흑반'은 타원형이나 부정형을 보이며, 전형적인 땔나무 접촉 흑반의 특징을 일부 구비하지 않는다. 그 이유로는 'ⓐ 흑반 형성시의 기벽 온도가 높았거나, 흑반 형성 후에 강한 가열을 받았기 때문에 흑반의 일부가 산화 및 변형되었다. ⓑ 땔나무가 기벽과 떨어져 있기 때문에 땔나무에서 나온 그을음이 더 넓은 범위로 부착되었다.'의 두 가지를 들 수 있다. ⓐ의 경우는 흑반 주위의 산화과정에 대응하며, ⓑ의 경우는 흑반 형태가 다양하게 변화한다.

④ '棒狀 땔나무 접촉 흑반'은 기벽 온도가 어느 정도까지 낮아진 단계에 땔나무 접촉부와 그 주변에서만 그을음이 부착되는 경우에 나타난다. 땔나무가 직접 접한 부분에 생성되는 경우와 땔나무 선단부에서 나오는 그을음에 의해 생기는 경우가 있는데, 실제 형성과정은 양자가 복합되는 것으로 생각된다. (이상 인용)

각 종류 흑반의 형성과정을 살펴보면, '逆U字形', '二個一對', '不定形'은 땔나무에서 나온 그을음이 부착되어 생성되는 흑반인 반면, '棒狀'은 땔나무 자체의 탄소가 부착되어 형성된 흑반이다. 이러한 기준으로 흑반은 크게 두 가지로 구별 가능하다.

또한, 이들 흑반은 땔나무에서 나온 불꽃 크기에 따라 세분된다(小林正史 外 2003). 땔나무에서 나오는 불꽃이 큰 순서로 '逆U字形' → '二個一對' → '不定形' → '棒狀'의 흑반이 형성되는 것으로 생각된다. 땔나무에서 나오는 불꽃이 커질수록 땔나무 자체의 온도도 높은 것으로 상정되며, 동시에 토기의 온도도 높아지기 때문에 땔나무 자체의 탄소흡착에 의한 흑반이 형성되지 않고 불에 의한 그을음이 오히려 넓게 부착된다고 이해된다.

하지만 토기 자체의 온도는 결국 마지막에는 낮아지기 때문에 소성종료까지 형태가 잔존된 상태로 땔나무가 토기와 접촉하고 있으면 필연적으로 봉상흑반이 형성되는 것이라 생각된다. 따라서 땔나무 자체의 탄소가 부착되지 않는 '逆U字形', '二個一對', '不定形(땔나무에서 나온 그을음이 부착된 흑반)'은 땔나무에서 나오는 불의 강약뿐만 아니라 ① 토기가 땔나무와 근접해서 설치되었을 경우, ② 토기의 온도가 높은 단계에서 땔나무가 연소하여 그 형태가 남지 않았을 경우, 혹은 ③ 개방형 야외소성에서 온도가 떨어지기 전에 연료가 토기에서 분리되었을 경우에 형성되었다고 이해하여야 한다.

6) 黑斑 以外의 觀察 포인트

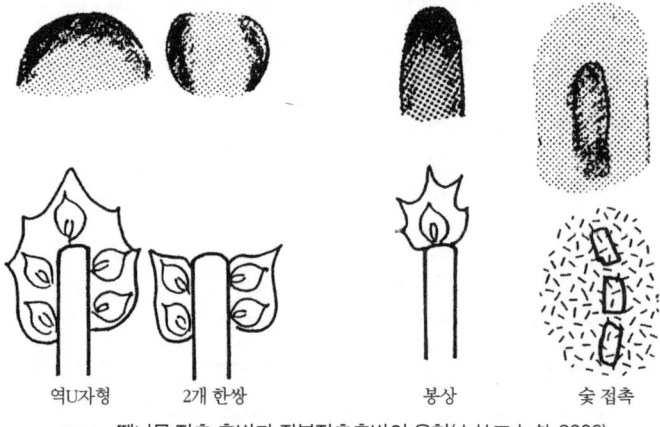

위에서 언급한 관찰 포인트 이외에도 화색이나 토기 단면의 색조 등, 토기소성과 관련된 흔적들이 존재한다. 구체적인 예를 들면, 벼과 초본 연료가 보유한 규산 때문에 덮개는 완전히 연소되지 않고 뼈

도 14 _ 땔나무 접촉 흑반과 잔불접촉흑반의 유형(小林正史 外 2000)

역U자형   2개 한쌍   봉상   숯 접촉

대만 남게 되는데, 이 규산분과 토기 표면이 접촉하여 토기소성흔적으로 나타난 것이 줄 모양의 화색이다. 줄 모양 이외에도 화색이 면을 이루고 남는 경우가 있는데, 이는 일시적으로 산소가 유입되어 토기 기면이 산화되었기 때문이라 해석되고 있다.

이 글에서 살펴본 바와 같이 토기소성방법의 복원을 위한 연구는 일정한 성과를 내고 있지만, 보다 많은 시대 및 지역 자료를 망라하여 검토가 이루어졌다면 앞으로 밝힐 수 있는 사실은 적지 않을 것이다. 지금까지의 토기연구 성과에 새로이 소성방법 연구를 추가함으로써 토기 제작기법에 대한 체계적인 연구가 진행될 것으로 생각되며, 나아가 역사적 연구의 일조가 될 것이라 기대된다.

참고문헌

岡安雅彦, 1994, 「黑斑にみる彌生土器燒成方法の可能性」『三河考古』7, 三河考古刊行會.

岡安雅彦, 1999, 『彌生の技術革新 -野燒きから覆い燒きへ-』安城市歷史博物館.

久保田正壽, 1989, 『土器の燒成』I (私家版).

久世建二・北野博司・金昌郁・藤井一範・姜興錫・南部次郎・小林正史, 1994, 「繩文土器から彌生土器への野燒き技術の變化」『日本考古學協會第60回總會研究發表要旨』日本考古學協會.

久世建二・北野博司・小嶋俊彰・小林正史, 1996a, 「繩文土器の野燒き方法」『日本考古學協會第62回總會研究發表要旨』日本考古學協會.

久世建二・小林正史・橋場和彦・北野博司, 1996b, 「內面黑色土器の燒成方法」『日本考古學協會第62回總會研究發表要旨』日本考古學協會.

久世建二・北野博司・小林正史・德澤啓一・山田美和, 1997, 「古代の煮沸き具の燒成方法」『日本考古學協會第63回總會研究發表要旨』日本考古學協會.

德澤啓一, 1997, 「土師器燒成遺構の研究の現狀と展望」『古代の土師器生產と燒成遺構』窯跡研究會編, 眞陽社.

藤原學・森岡秀人, 1977, 「考察Ⅳ 彌生遺蹟に伴う燒土坑について -大師山遺蹟1~4號燒土坑のもつ意義-」『河內長野大師山 關西大學文學部考古學研究5』關西大學考古學研究室.

北野博司, 2005, 「東北地方における覆い型野燒きの受容」『土器研究の新視點~彌生時代を中心とした土器生產・燒成と食・調理』大手前大學史學研究所.

石橋新次, 1997, 「土器燒成に關する二・三の豫察(前篇)」『みずほ』23, 大和彌生文化會.

_____, 1998, 「土器燒成に關する二・三の豫察(後篇)」『みずほ』24, 大和彌生文化會.

小林正史, 1998, 「凹線文土器の取り入れ方の二相:加賀と尾張の比較」『一色青海遺蹟(自然科學・考察編)』愛知縣埋藏文化財センター調查報告書第79輯, 愛知縣埋藏文化財センター.

_____, 2000, 「黑斑からみた長野地域の彌生土器の野燒き方法」『松原遺蹟』長野縣埋藏文化財センター.

_____, 2003, 「黑斑からみた加賀の彌生土器の覆い型野燒きの方法」『北陸古代土器研究』10, 北陸古代土器研究會.

_____, 2005, 「彌生早期(夜臼式)土器の野燒き方法」『土器研究の新視點~彌生時代を中心とした土器生產・燒成と食・調理』大手前大學史學研究所.

_____, 2006, 「形成過程に基づく黒斑の類型化」 『黒斑からみた縄文・彌生土器・土師器の野燒き方法』平成16・17年度科學研究費補助金(基盤研究(c))研究成果報告書.

小林正史・久世建二・北野博司, 2003, 「黒斑からみた彌生土器の覆い型野燒きの特徴」 『日本考古學』16, 日本考古學協會.

小林正史・北野博司・久世建二・小嶋俊彰, 2000, 「北部九州における縄文・彌生土器の野燒き方法の變化」『青丘學術論集』17, 韓國文化研究振興財團.

小林正史・北野博司・久世建二, 2001, 「東北地方の初期彌生土器の野燒き方法」『日本考古學協會第67回總會研究發表要旨』日本考古學協會.

長友朋子・庄田愼矢・所一男・久世建二・小林正史・松尾奈緒子・中村大介・鐘ヶ江賢二・渡邊誠, 2004, 「彌生時代における覆い型野燒きの受容と展開」『日本考古學協會第70回總會研究發表要旨』日本考古學協會.

長友朋子, 2006, 「彌生土器における覆い型野燒きの受容と展開 -西日本を中心に-」『日本考古學』21, 日本考古學協會.

庄田愼矢, 2005, 「韓國無文土器の燒成技法 -黒斑の觀察と燒成遺構の檢討から-」『土器研究の新視點』大手前大學史學研究所.

佐原眞, 1964, 「第1節 彌生式土器の製作技術」『紫雲出』託間町文化財保護委員會.

2部

土器燒成研究의 實踐

4 | 形成 過程에 기초한 黑斑의 類型化

小林正史 / 孫晙鎬 _ 譯

흑반은 형성 과정에 따라 잔존 흑반, 짚 밀착 흑반, 땔나무 접촉 흑반, 숯 집적 흑반, 그을음 부착 흑반의 다섯 가지로 구분할 수 있다(표 1 · 2). 아래에서 각각을 설명하겠다.

표1 _ 흑반의 형성 과정과 유형

1	야외소성의 초기 단계에 내외면 전체가 연료에서 나온 그을음으로 덮임				
2	소성이 진행됨에 따라 그을음이 산화 소실 → 산화되고 남은 부분이 잔존 흑반(불의 순환이 불량)이 됨 짚 등에 묻힌 부분은 마지막까지 그을음이 산화 소실되지 않음(짚 밀착 흑반)				
3	온도가 내려가는 단계에서 밝은 색으로 소성된 기표면에 탄소가 부착되면 흑반이 생김				
				온도 하강 단계에 땔나무 불꽃의 크기	땔나무와 기면의 거리
	땔나무 접촉 흑반		역U자형	큼	접촉
			2개 1쌍형	큼	접촉
			불규칙형	중간	약간 간격이 있음
			봉상	작음	접촉
		숯 집적 흑반		작음~중간	접촉
	그을음 부착 흑반			큼	간격 있음
4	사용 시 흑반의 변화 자비 시 열에 의해 동체 하부의 흑반이 산화(흑색이 얇아짐~소실됨)				

표 2 _ 흑반의 유형

	역U자형·2개 1쌍의 땔나무 접촉 흑반	불규칙형의 땔나무 접촉 흑반	봉상 땔나무 접촉 흑반	숯 집적 흑반	그을음 부착 흑반	잔존 흑반	짚 밀착 흑반	땔나무 접촉 흑반
형성과정	온도 하강 단계에 비교적 큰 불꽃이 나오는 땔나무와 접촉	온도 하강 단계에 비교적 큰 불꽃이 나오는 땔나무와 접촉	온도 하강 단계에 불꽃이 거의 나오지 않는 땔나무와 접촉	온도 하강 단계에 형태가 붕괴된 땔나무로부터 나온 그을음이 흡착	기벽의 온도가 내려간 단계에 간격이 있는 땔나무에서 나온 그을음이 부착	불의 순환이 불량한 부분에서 초기 단계의 탄소가 잔존	볏짚과 밀착한 부분에서 초기 단계의 탄소가 잔존	온도 하강 단계에 땔나무로부터 나온 그을음이 흡착
세분							접지면 흑반과 덮개 접촉 흑반	땔나무의 불꽃 크기 순으로 역U자형, 2개 1쌍형, 봉상, 숯 집적. 땔나무로부터의 거리가 있는 경우나 산화하여 변형된 경우는 불규칙형. 온도 하강 단계에 형태가 붕괴된 숯으로부터 나온 그을음이 흡착된 것이 숯 집적
형태·색의 다양성			땔나무의 끝 부근에서 나온 그을음에 의하여 봉상이 되는 경우, 봉상흑반의 내부(땔나무와의 접점)가 산화되고 있는 경우, 백색 봉상의 경우	내부로 떨어진 땔나무의 크기와 그을음이 나오는 정도(완전 연소의 정도)에 따라 봉상~불규칙 타원형까지 다양	그을음이 부착될 때의 기면 온도에 따라 색조가 갈색으로부터 흑색까지 다양	흑색이 약한 경우가 많지만 개방형에서는 흑색의 경우도 있음	접지면이나 덮개 접촉부 가까이에 땔나무가 있으면 흑반의 형성이 부정형으로 됨	
개방형과 덮개형					개방형 쪽이 생기기 쉬움	양자. 덮개형의 접지면 쪽이 생기기 쉬움	접지면 쪽이 생기기 쉬움	역U자형·2개 1쌍형은 개방형 쪽이 생기기 쉬움. 숯 집적 흑반과 봉상흑반은 양자 모두 생기기 쉬움
부위	내외면의 땔나무와 접촉한 부분	내외면의 땔나무와 접촉한 부분		접지면 안쪽의 내면	규칙성 없음. 내면에 땔나무·숯이 존재하면 내면 위쪽·측면에도 그을음 부착 흑반이 생기기 쉬움	불꽃이 직접 미치기 어려운 부분. 덮개형에서는 내면	짚에 묻힌 것처럼 놓여진 접지면이나 덮개 접촉부	땔나무와 접촉한 내면 지면 쪽, 외면의 측면·위쪽. 땔나무 위에 놓여진 경우의 접지면 부근
색			땔나무가 완전 연소할수록 흑색이 약함(백반)		갈색을 띠는 얇은 그을음 형태이며 청색이 없는 점이 다른 흑반과의 차이. 얇은 그을음 형태의 흑반은 기벽으로의 흡착이 약해 자비 시의 그을음과 구별하기 어려운 경우가 있음	덮개형에서는 흑색이 약하고 회색이 많음. 개방형에서는 흑색의 경우도 있음	접지면의 주변으로부터 열을 받아 흑색이 얇아진 것이 있음	흑반 형성 후에 받은 가열이 강할수록 흑색이 증가. 백색의 땔나무 접촉 흑반(특히 봉상흑반)도 자주 관찰됨
형태	외곽의 윤곽이 명료하고 내측은 애매함				불규칙형에 윤곽이 애매함. 넓은 면적에 부착된 것도 많음	윤곽이 애매한 부정타원형	가까이에 땔나무가 없으면 타원형이지만 땔나무로부터 가열을 받으면 불규칙형이 됨	바깥쪽의 윤곽이 명료하고 안쪽은 애매함. 단 개방형에서는 땔나무의 불꽃으로 산화하여 불규칙형이 된 경우도 많음. 숯 집적 흑반은 흑반 내부의 색 불균일성, 점상 분포 등이 지표
비고						그을음 부착 흑반과 구별하기 어려운 경우가 있음		기벽의 온도와 땔나무 불꽃의 크기에 따라 그을음 부착과 그을음 산하가 발생하기 때문에 다양한 흑반이 형성됨
불꽃 크기	큼	큼	작음	작음	큼			
땔나무와 거리	접촉~근접	가까움~약간 간격 있음	접촉	접촉	간격 있음			
기면 온도	온도 하강 단계	온도 하강 단계	온도 하강 단계	온도 하강 단계	낮음			

1. 불의 循環이 不良하여 形成된 殘存 黑斑

1) 잔존 흑반의 탄소 공급원 두 가지

잔존 흑반은 야외소성의 초기 단계(온도 상승 단계)에 연료에서 나온 그을음(탄소)이 토기 표면에 흡착되어, 그 후에도 산화 소실되지 않고 남은 것이다. 久保田正壽 씨나 岡安雅彦 씨는 덮개형 야외소성 실험 도중에 토기를 꺼내면 토기 전체가 탄소로 덮여 매우 검게 되어 있다는 것을 보고하고 있다(久保田 1989; 岡安 1994). 덮개형 야외소성의 전반 단계에 토기 내외면 전체를 덮은 탄소의 유래로는 ① 연료에서 나온 그을음이 내외면에 흡착하거나, ② 바탕흙에 포함되어 있는 유기물이 탄화된다 라는 두 가지의 과정(양자가 조합되는 경우가 많다.)이 있다. 필자들은 이제까지 전자의 '연료로부터의 그을음'을 중심으로 설명하여 왔다(久世 外 1997; 1999; 小林 外 2000). 즉, 덮개형은 개방형에 비하여 연료에서 나온 그을음이 대기 중으로 사라지지 않고 덮개 내부에 충만하기 때문에, 소성의 초기 단계에 이러한 그을음이 토기의 내외면 전체에 부착된다.

이것에 더하여 후자의 '바탕흙에 포함된 유기물이 연소 · 탄화하여 기벽 내부와 내외 표면에 흡착된다' 는 사실도 중요하다. 죠몬 · 야요이토기의 단면을 관찰하면, 중앙부의 흑색층을 사이에 두고 내외 표면이 밝은 색으로 되는 '샌드위치 구조' 가 자주 보인다. 외면으로부터 그을음이 들어올 수는 없기 때문에, 단면 중앙부의 흑색층은 바탕흙에 포함된 미세한 유기물이 탄화된 결과이다. 야외소성 실험이나 窯 소성 실험을 통하여 유기물을 포함하지 않은 바탕흙의 경우 단면에 뚜렷한 흑색층이 생기지 않는데 반하여, 유기물을 포함한 바탕흙의 단면에는 뚜렷한 흑색층이 형성되는 것이 밝혀진 바 있다. 내면에 그을음이 들어오기 어려운 개방형 야외소성에서도 내면에 잔존 흑반이 생기는 것은, 이와 같이 바탕흙에 포함된 유기물이 탄화된 결과이다. 바탕흙에 포함된 탄소에 의한 흑색층 형성 과정은, 불의 순환 정도와 함께 기벽 내부로의 산소 공급량에도 강하게 영향을 받는다. 즉, 마연조정이나 타날의 치밀한 정도, 모래 함유량이 적은 정도에 따라 기벽 내부로의 산소 공급량이 적어지기 때문에, 기벽 내부의 탄소가 산화 소실하기 어려워져 단면에 흑색층이 발달하기 쉽다.

2) 불의 순환이 불량하여 형성된 잔존 흑반의 특징

형태 · 위치, 색조, 단면으로의 침투 정도에 대해서 아래와 같은 특징이 관찰된다.

| 잔존 흑반의 형태와 위치 |

흑반과 그 주변부의 흑색 대비가 약하기 때문에 윤곽이 애매하다. 잔존 흑반은 탄소가 (부착된 것이 아니라) 산화하고 남은 것으로, 형태는 토기의 부착 부위에 영향을 받는다. 즉, 벼과초본 연료의 窯狀 덮개로 인하여 덮개 내부에서 불의 순환이 양호한 덮개형에서는 외면에 불의 순환이 불량하여 형성된 잔존 흑반이 남기 어렵지만, 토기의 입구가 막히게 되면 내면에 잔존 흑반이 남는다. 단, 내면 동체부 전체에 잔존 흑반이 남은 상태에서 숯이 내면에 떨어지면, 접지면 쪽의 탄소가 숯의 열로 산화하는 경우도 있다.

한편, 덮개형으로 야외소성된 야요이토기·土師器에서는 내면 동체부의 넓은 범위가 잔존 흑반이나 그을음 부착 흑반(내면에 떨어진 숯으로부터의 그을음에서 유래)으로 덮여진 예가 있다. 그을음 부착 흑반은 위쪽 내면(내B면)에 많지만, 이와 반대로 잔존 흑반은 위쪽(내B면)보다 지면 쪽(내A면)에서 강한 흑색을 띠는 것이 특징이다. 그러나 구별이 어려운 경우도 많다.

| 개방형 야외소성의 잔존 흑반 |

窯狀의 덮개가 없는 개방형에서 형성된 잔존 흑반의 특징은 덮개형과 다음과 같은 차이를 보인다. 첫째, 불꽃이 닿기 어려운 외면에도 불의 순환이 불량하여 형성된 잔존 흑반이 남는다. 예를 들어 경부가 꺾인 대형 토기는 내외면 동체 상부에 불꽃이 닿기 어렵기 때문에 잔존 흑반이 남기 쉽다(예 : 토호쿠지방 남부의 再葬墓 토기 棺). 둘째, 토기의 입구가 막히지 않는 개방형의 경우 내면 전면이 잔존 흑반으로 덮인 빈도가 덮개형보다 낮다. 셋째, 내면 잔존 흑반의 위치는 꺾임이 있는 자비용 토기의 경우 내B면 구연부에 띠 형태로 부착된 사례가 많다(青田遺蹟의 대형 자비용 토기를 참조).

| 잔존 흑반의 색조 |

내면에 형성된 잔존 흑반의 색조는 토기 내면에 들어온 연소가스의 강도와 산소 공급량에 영향을 받는다. 토기 내면에 연소가스가 들어오기 어려울수록 잔존 흑반의 흑색이 뚜렷해진다. 단, 열은 기벽을 통하여 외벽에서 내벽으로 옮아가기 때문에, 내면에 충분한 산소가 공급되고 있다면 흑색이 약해진다.

2. 짚 密着 黑斑

토기의 외면에는 벼과초본 연료에 묻힌 접지면이나 벼과초본 연료의 덮개와 접촉한 위쪽에 짚 밀착 흑반이 생긴다. 벼과초본 연료를 깔고 그 위에 토기를 두는 경우 외면 접지면이 짚 연료와 밀착하기 때문에 흑색이 뚜렷한 흑반이 되며, 또 가까이에 땔나무 연료가 없다면 명료한 윤곽의 타원형 흑반이 형성된다.

한편, 짚 연료 덮개와의 접촉부(외B면)에서는 토기와 덮개의 밀착도가 강할수록 흑반의 흑색이 뚜렷해지고 범위가 넓어진다.

아래에서는 '불의 순환이 불량하여 형성된 잔존 흑반'과 '짚 연료 밀착에 의한 잔존 흑반'이라는 명칭의 번잡함을 줄이기 위하여, 전자는 단순히 잔존 흑반, 후자는 짚 밀착 흑반이라 부르겠다.

1) 접지면(외A면)과 위쪽 외면(외B면) 흑반 형태의 분류

접지면의 흑반 형태는 '가까이에 땔나무가 위치하는가'를 추정하는 재료가 된다. 접지면 흑반의 형태는 타원형, 부정타원형, 불규칙형, 棒狀, 형태불명으로 구분된다.

| 타원형 |

직선적인 부분이나 움푹 파인 부분이 없는, 정연한 형태의 접지면 흑반을 가리킨다. 가까이에 땔나무가 없었던 것을 나타내고 있다. 단, 야외소성 실험에서는 접지면 부근에 땔나무가 있어도 토기가 짚 연료에 깊게 묻혀있는 경우 정연한 타원형 흑반이 부착되기도 한다.

| 부정타원형 |

전체는 타원형에 가깝지만, 가장자리 일부에 직선적으로 윤곽이 명료한 부분, 파인 부분, 봉상의 흑반 산화부 등이 관찰되는 접지면 흑반을 가리킨다. 가까이에 땔나무가 위치한 것을 보여준다. 봉상흑반이 접지면 흑반의 옆에 부착된 경우도 있다. 동체 하부에 자비 시의 흑반 산화로 인하여 흑반이 부분적으로 소멸된 경우와 구별할 필요가 있다.

| 불규칙형|

전체가 불규칙한(타원형은 아님) 형태의 흑반으로, 가까이에 땔나무가 위치하였음을 보여준다. 봉상흑반이 접지면 흑반의 옆에 부착된 경우도 있다.

| 봉상 |

땔나무와 접촉하였다고 생각되는 흑반으로, 굵은 것(굵은 땔나무)과 가는 것(가는 땔나무·가지)으로 구분된다. 외A면의 중심선 위에 봉상흑반이 부착된 경우는 땔나무 위에 토기가 놓였음을 나타낸다.

| 형태불명 |

윤곽이 애매한 얇은 흑반이나 그을음 부착·결실·자비 시의 흑반 산화(동체 하부) 등에 의하여 전체 형태를 알 수 없는 흑반을 가리킨다.

외B면의 흑반도 접지면 흑반과 동일한 양상으로 분류되지만, 짚 연료에 묻힌 부분에 부착된 접지면 흑반과 비교하면 외B면의 덮개 접촉 흑반은 형태의 규칙성이 약한 편이다. 따라서 '타원형' 흑반 중에는 구연부에 형성된 반원형~반타원형의 것도 포함된다.

3. 숯 集積 黑斑

1) 형성 과정

내면의 숯 집적 흑반은 구연에 세워 걸친(또는 내면에 들어간) 땔나무가 불타 숯 상태가 된 후, 형태가 붕괴되면서 집적된 부분에 생긴 흑반이다. 한 번 표면이 밝은 색으로 변한 다음, 온도가 내려가는 단계(최고 온도를 지난 후의 단계)에 형성된 점이 잔존 흑반과 다르다. 즉, 기벽의 온도가 높은 시점에는 집적된 숯에서 그을음이 나와도 산화 소실된 흑반으로 남지 않는다.

내면의 숯 집적 흑반은 떨어진 숯 형태의 붕괴 과정이나 연소 정도(그을음의 모양)에 따라 형태, 범위, 색조, 색의 불균일성, 색의 농담 등에서 아래와 같은 차이를 보인다.

기벽면의 온도가 어느 정도까지 저하되는 단계에 숯에서 그을음이 나오는 경우 부정타원형(봉상의 형태가 어느 정도 유지된 숯으로부터 주위에 그을음이 확대되는 경우)이나 불규칙형(봉상의 형태를 유지하지 않고 숯으로부터 주위에 그을음이 확대되는 경우)의 비교적 큰 숯 집적 흑반이 형성되는데 반하여, 그을음이 거의 나오지 않는 경우는 숯의 범위에 따라 봉상(숯의 형태가 유지되고 있는 경우)이나 윤곽의 요철이 뚜렷한 불규칙형(숯이 붕괴된 경우) 흑반이 생긴다.

또, 숯의 온도가 높은 경우 흑반 내부의 숯과 접촉한 부분에 백색의 산화부가 형성되기도 한다. 이러한 것은 덮개형보다 개방형에서 높은 빈도로 관찰된다. 이는 덮개형에서 내면에 떨어진 숯으로부터 나온 그을음이 흑반으로 남게 되는 시점까지(산화 소실뇌시 않음) 숯이 대부분 연소되는 경우가 많기 때문이다.

2) 숯 집적 흑반과 잔존 흑반의 구별 방법

개별 흑반에 대해서는 숯이 집적되는가 잔존(불의 순환이 불량)하는가를 구별할 수 없는 경우도 있지만, 아래의 특징이 관찰되면 전자에 해당한다고 할 수 있다.

| 색의 불균일성 |

흑반 내부에 색의 불균일성이나 산화부(흑색이 얇은 부분)가 있는 경우 숯 집적 흑반으로 인정할 수 있다. 색의 불균일성이 생기는 요인으로 다음의 세 가지가 있다. 첫째, 작게 부서진 숯이 내면에 집적된 경우 숯 파편과 접촉한 부분에서는 흑색이 보다 강하기 때문에 색의 불균일성이 생기기 쉽다. 전체적으로는 숯이 다수 집적된 중앙부에서 흑색이 강한데 반하여, 주연부에는 흑색이 얇은 경우가 많다.

둘째, 내벽면에 요철(경부의 꺾인 부분 등)이 뚜렷한 경우 볼록한 쪽이 오목한 부분보다 숯과의 밀착도가 높기 때문에 흑색이 강하게 된다. 또, 횡치한 토기에서는 경부의 꺾인 곳이 볼록한 부분이 되기 때문에, 이 부분에 흑색이 강한 흑반이 부착된다. 箱淸水式(長野의 야요이 후기)에서는 이러한 경부 내면의 숯 집적 흑반이 다수 관찰된다.

셋째, 숯의 온도가 높을수록 숯 집적 흑반의 내부에 흑색이 얇은 산화부가 형성되기 쉽다.

| 주변과의 흑색 대조 |

숯 집적 흑반은 내면 전체가 일단 밝은 색이 된 후 숯에서 나온 탄소(그을음)에 의하여 형성되기 때문에, 잔존 흑반보다 '주변과의 대조'가 명료하다. 한편, 잔존 흑반은 불의 순환이 불량한 접지면 쪽의 흑색이 강하며, 주연부로 갈수록 흑색이 얇아진다.

| 흑반의 윤곽이 명료함 |

불꽃이 나오는 숯과 접촉한 흑반 일부의 윤곽이 명료하게 되는 경우가 있다. 따라서 윤곽이 명료한 흑반은 잔존 흑반이나 그을음 부착 흑반이 아닌 숯 집적 흑반이나 땔나무 접촉 흑반으로 인정할 수 있다. 한편, 불꽃이 거의 나오지 않고 그을음만 나오는 상태의 숯이 집적된 경우는 윤곽이 애매하고 색의 농담이 뚜렷한 숯 집적 흑반이 되어, 잔존 흑반이나 그을음 부착 흑반으로 구별하기 어려운 것도 많다.

| 형태의 규칙성 |

잔존 흑반은 타원형을 이룬 것이 많지만, 숯 집적 흑반은 숯이 집적하는 쪽에 대응하여 불규칙형이 되거나 點狀으로 분포하는 경우가 있다. 또, 연소되지 않은 숯이 떨어진 경우는 봉상, 작은 숯이 떨어진 경우에는 '점상 흑반'이 된다.

| 위치 |

불의 순환이 가장 나쁜 곳에서 생기는 잔존 흑반은 덮개형 야외소성에서 접지면의 안쪽에 형성되는 경우가 많은데 반하여, 숯 집적 흑반은 접지면까지 숯이 붕괴되지 않는 경우도 많기(특히 토기를 횡치하여 두는 경우) 때문에 접지면보다도 약간 위쪽에 부착된 사례가 많다.

| 기벽으로의 탄소 침투 정도 |

잔존 흑반은 단면 중앙부의 흑색층과 연속하는 경우가 자주 확인되는데 반하여, 숯 집적 흑반에서는 이러한 양상이 거의 관찰되지 않는다.

| 火色이나 땔나무 접촉 흑반과의 조합 |

접지면 내면 흑반의 주변에 화색이 부착된 경우는 볏짚이 숯이나 피복재인 진흙과 함께 내면에 떨어진 것을 나타내기 때문에, 잔존 흑반이 아니라 숯 집적 흑반(또는 피복 재인 진흙과의 접촉에 의한 흑반)이라 할 수 있다. 또한, 구연 내면에 땔나무를 걸쳤음을 보여주는 땔나무 접촉 흑반이 부착된 경우 내면 접지면의 흑반은 숯 집적 흑반일 가능성 이 높아진다.

4. 땔나무 接觸 黑斑

1) 땔나무 접촉 흑반의 기본 특징

땔나무 접촉 흑반은 야외소성의 초기 단계에 기면 전체를 덮은 그을음이 온도 상승 의 정점까지 소실된 후, 기면 또는 기면 가까이에 접한 땔나무로부터 그을음이 부착되어 생긴 것이다. 아래와 같은 특징이 있다.

첫째, 땔나무와 가까이 접한 부분에서는 땔나무로부터의 열 때문에 윤곽이 애매하지 만, 흑반의 주연부(땔나무와 간격이 있는 상태에서 그을음이 부착된 범위의 주연부)는 윤곽이 명확한 경우가 많다. 이와 같이 '주연부 쪽의 윤곽이 중앙부보다 명료하며 흑색 이 강하다'는 점은, 다른 종류의 흑반에는 존재하지 않고 후술할 2개 1쌍, 역U자, 봉상 등 의 땔나무 접촉 흑반에서만 관찰되는 특징이다.

둘째, 색조는 기면 온도와 땔나무로부터 불꽃 크기(그을음 공급량)의 균형에 대응하 여 흑색에서 백색까지 다양하다. 그 중에서도 백색을 띠는 점은 땔나무 접촉 흑반의 독자 적 특징이다. 예를 들어 야요이 조·전기토기나 箱淸水式土器에서 측면이나 상면에 봉 상 白斑이 부착된 경우가 있는데, 자비 시의 그을음이 부착된 토기로는 인정할 수 없다. 또, 赤彩土器나 철분 다량 함유의 바탕흙을 이용한 토기에서는 땔나무와 접촉하여 생긴 봉상 백반이 강한 적색의 바탕에서 관찰되는 경우가 있다.

2) 땔나무 접촉 흑반의 유형

땔나무 접촉 흑반은 땔나무에서 나온 그을음의 범위, 기벽의 온도, 흑반 형성 후의 가열에 의한 변형이라는 세 가지 조건에 따라, 2개 1쌍, 역U자형, 봉상, 부정형으로 나누어진다(小林 外 2000).

2개 1쌍의 땔나무 접촉 흑반은 땔나무에서 나온 탄소가 산화 소실되지 않을 정도로 기벽의 온도가 내려간 단계에, 땔나무의 양측에서 나온 그을음에 의하여 생긴다. 땔나무가 접촉된 부분에 생긴 산화부를 사이에 두고 2개 1쌍의 타원형 흑반이 부착되지만, 땔나무와 기벽의 위치 관계에 따라 2개의 크기가 다른 경우도 있다.

역U자형 땔나무 접촉 흑반은 땔나무의 상단과 양측에 넓게 부착된 그을음에 의한 흑반이다. 산화부는 땔나무가 접촉된 중앙부에서 다수 관찰된다.

부정형 땔나무 접촉 흑반은 타원형이나 부정형을 이루며, 전형적인 땔나무 접촉 흑반의 특징 일부가 관찰되지 않는다. 전형적인 특징이 모두 갖추어지지 않은 이유로는 ① 흑반 형성 시 기벽의 온도가 높았거나 혹은 흑반 형성 후에 강한 가열을 받아 흑반의 일부가 산화·변형되고, ② 땔나무가 기벽과 간격을 이루고 있어 땔나무로부터의 그을음이 보다 넓은 범위에 부착되었기 때문이라는 두 가지를 들 수 있다. 전자의 경우는 흑반 주위의 산화 정도에 따라서, 후자의 경우 땔나무와 토기의 위치 관계에 따라서 흑반의 형태가 다양하게 변화한다.

봉상의 땔나무 접촉 흑반은 기벽의 온도가 어느 정도까지 내려간 단계에서, 땔나무와의 접촉부와 그 주변에만 탄소가 흡착된 경우에 생긴다. 땔나무가 바로 접한 부분에 생긴 경우와 땔나무 끝에서 나온 그을음 부착에 의하여 형성된 경우가 있지만, 실제 형성 과정은 양자가 복합되어 있다고 생각된다.

이상의 각 종류는 부정형의 일부(산화에 의하여 흑반이 형성된 것)를 제외하면, 땔나무에서 나온 그을음 부착 범위(불꽃의 크기)의 차이를 반영하고 있다. 즉, 봉상(땔나무의 끝 부분만) → 2개 1쌍(땔나무의 양쪽 측면) → 역U자형(땔나무의 끝과 양쪽 측면)의 순서로 땔나무에서 나온 그을음 부착 범위가 넓어진다.

한편, 부정형의 땔나무 접촉 흑반은 짚 밀착 흑반과 유사한 경우도 많지만, 아래와 같은 점에서 차이가 있다. 우선, 흑반의 부착 부위에 대해서는 후자가 외면 접지면(지면에 간 짚과의 접촉부)이나 상면(짚 연료 덮개와의 접촉부)이라는 규칙적인 위치에 부착되는 데 반하여, 전자는 측면에 부착된 경우도 많다. 다음 기벽 단면으로의 침투에 대해서 땔나무 접촉 흑반은 기벽이 밝은 색으로 된 후 탄소가 표층에 흡착한 결과이기 때문에, 짚 밀착 흑반과 비교하여 기벽으로의 침투가 적다.

3) 덮개형과 개방형의 땔나무 접촉 흑반 차이

덮개형의 경우 큰 불꽃이 나오는 땔나무와의 접촉을 보여주는 2개 1쌍이나 역U자형이 적고, 불꽃이 나오지 않는 땔나무와의 접촉을 보여주는 봉상흑반이 많다. 이는 열이 외부로 나가기 어려워 서서히 땔나무가 연소하는 덮개형의 경우 온도가 내려가는 단계(탄소가 산화 소실되지 않는 정도까지 기벽의 온도가 내려간 단계)에서 땔나무로부터 많은 불꽃과 그을음이 나오는 사례가 거의 없기 때문이다. 한편, 산소 공급량이 많은 쪽(개방형)에서 2개 1쌍이나 역U자형의 땔나무 접촉 흑반이 형성되기 쉽다. 덮개형 야외소성 실험에 의하면 소성 후반 단계에 벼과초본 연료의 덮개를 천공한 결과, 이 부분만 산소의 다량 공급으로 불꽃이 크게 되어 불꽃에서 나온 그을음이 기면에 부착되면서 순간적으로 땔나무 접촉 흑반이 생겼다.

5. 그을음 付着 黑斑

그을음 부착 흑반은 기면이 일단 밝은 색으로 된 후, 기벽의 온도가 낮아진 단계에 땔나무로부터의 그을음이 부착되어 형성된 흑반이다. 그을음 부착 시 기벽의 온도가 낮기 때문에 ① 기벽 내부에 침투되지 않고 표면에 부착되며, ② 흑색이 약하거나 ③ 윤곽이 애매한 등의 특징이 관찰된다. 그을음 부착 흑반은 자비 시의 그을음 부착과 형성 조건이 유사하기 때문에 구별하기 어려운 경우도 있다. 단, 자비 시의 그을음 부착은 부착 부위에 일정한 규칙성이 있는데(예를 들면 가장 강하게 가열을 받은 동체 하부에서는 그을음이 산화 소실되는데 반하여, 경부의 꺾인 부분 등 불꽃이 미치기 어려운 부분에서는 그을음이 얇아진다. 또, 내면에는 그을음이 부착되지 않는다.), 수평 방향으로 기면을 둘러싸고 있다는 점을 통하여 대부분의 경우 그을음 부착 흑반과 구별할 수 있다.

1) 덮개형 야외소성의 그을음 부착 흑반

덮개형 야외소성에서 그을음 부착 흑반은 내면에 부착되는 경우가 많다. 특히, 숯 집적 흑반이 부착된 내면 지면 쪽의 반대편 내면 위쪽에 윤곽이 애매하고 흑색이 얇은 그을음 부착 흑반이 부착된 경우가 자주 관찰된다. 이는 내면에 떨어진 숯 · 땔나무에서 나온 그을음이 내면 위쪽에 부착된 결과이다.

또, 내면 전체가 그을음 부착 흑반으로 덮인 경우도 있다. 이 경우 잔존 흑반이나 그을음 부착 흑반으로 구분하기 어려운 사례도 많지만, 표층에만 부착된 경우는 그을음 부착 흑반일 가능성이 높다.

2) 개방형 야외소성의 그을음 부착 흑반

냉각 단계에서 내면의 땔나무 연소가 진행되어 불꽃·그을음이 거의 나오지 않는 숯 상태가 되면, 봉상의 형태를 유지하지 않는 숯이 내면의 오목한 부분에 집적되면서 숯에서 나온 탄소가 넓은 범위에 부착된다. 이러한 숯 접촉 흑반은 부정형으로 내부에 산화부가 존재하는 것이 특징이다.

한편, 기벽의 냉각이 진행된 단계에 땔나무·숯으로부터의 그을음을 받으면, 저온이기 때문에 그을음의 탄소가 기벽에 흡착되지 않고 얇은 그을음 형태의 遊離炭素가 부착된다. 이러한 유리탄소는 통상의 흑반과 같이 청색조를 띤 흑색이 아니라 진한 흑색이기 때문에, 자비 시에 부착된 그을음과 구별하기 어렵다. 또, 유리탄소의 대부분은 세정(자비용 토기로서의 사용 이후나 발굴 이후)에 의하여 씻겨버리기 때문에, 기벽에는 선명하지 않은 회색의 흔적을 남기기만 한 경우도 많다.

참고문헌

久保田正壽, 1989, 『土器の燒成』Ⅰ, 私家版.

岡安雅彦, 1994, 「黑斑にみる彌生土器燒成方法の可能性」『三河考古』7, 三河考古刊行會.

久世建二・北野博司・小林正史・德澤啓一・山田美和, 1997, 「古代の煮沸き具の燒成方法」『日本考古學協會第63回總會研究發表要旨』, 日本考古學協會.

久世建二・小嶋俊彰・北野博司・小林正史, 1999, 「黑斑からみた繩文土器の野燒き方法」『日本考古學』8, 日本考古學協會.

小林正史・北野博司・久世建二・小嶋俊彰, 2000, 「北部九州における繩文・彌生土器の野燒き方法の變化」『靑丘學術論集』17, 韓國文化硏究振興財團.

5 土器燒成實驗 成果報告

崔仁建·庄田愼矢

1. 實驗의 目的과 計劃

볏짚을 많이 사용하는 덮개형 야외소성이 수도농경과 밀접한 관련이 있는 점은 앞장에서 이미 언급되었지만, 한반도 청동기시대 토기가 어떠한 방법으로 소성되었는지는 이 시대에서 수도농경 보급 정도를 고려할 때에 하나의 유용한 관점이 될 것이라 생각된다. 고려대학교 고고환경연구소(현 한국고고환경연구소)에서는 이러한 맥락으로 보령 관창리유적 등에서 확인된 토기소성유구를 모델로 삼아 토기 소성실험을 계획하였다.

이번 실험의 가장 큰 목적은 개방형 야외소성과 덮개형 야외소성에서 각각 생성되는 소성흔의 차이를 직접 확인하는 데에 있었다. 이와 동시에 접지각도 및 연료와의 위치관계에 따라 소성흔이 어떠한 차이를 나타내는지 확인하려고 하였다. 실제 당시 토기소성기법은 더 복잡하였던 것으로 상정되지만, 이번 실험은 어디까지나 초보적인 것으로 가능한 한 조건을 단순화시켜 실시하였다. 예를 들면, 민족지 자료에서는 소성시에 토기를 쌓아 놓는 예도 있지만 이번에는 이러한 조건은 설정하지 않았다.

실험 계획에 대해서는 北野博司 선생님의 조언을 받았다. 또한, 실험 당일에는 小林正史 선생님과 東北藝術工科大學 학생들의 많은 도움을 받았다.

2. 事前準備

1) 場所와 施設

토기소성실험은 2005년 11월 10일 고려대학교 서창캠퍼스에서 실시되었는데, 수혈바닥을 건조시키기 위해 11월 8일에 미리 燒成坑을 굴착하였다. 소성장은 캠퍼스 내의

도1_준비된 토기 소성장

학생회관 뒤편 공터에 마련되었는데, 이에 앞서 20×7m(덮개형 소성 두 개 분의 공간), 10×10m(개방형 소성) 정도 넓이에 대하여 제초작업(화재예방)을 한 후, 평탄화 작업을 실시하였다(도 1).

燒成坑는 덮개형 실험을 위해 수혈 2기를 준비하였다. 준비된 소성갱의 평면형태는 원형이며, 단면형태는 역제형이다. 수혈의 크기는 직경 200cm, 깊이 30cm 정도로 제작되었다. 개방형 실험은 특별한 시설이 필요치 않으며, 평탄하게 정지된 일정 넓이의 공간에서 실시하였다.

2) 資材

⑴ 土器

실험에 사용된 토기는 소성실험 약 4개월 전에 도예가가 운영하는 공방에 의뢰하였다. 토기 성형 및 조면 실험도 동시에 진행하려고 하였지만, 세작기술과 시간 관계상 결국 전문 도예가[1]에 의뢰하게 되었다. 처음에는 틀을 사용하여 동일한 형태로의 제작 의뢰를 하였는데, 시간 관계상 전기물레를 사용하여 제작하게 되었다. 따라서 견본으로 보

---

1 R&B 도예공방을 운영하시는 김창섭 선생님께서 토기제작을 맡아 주셨다. 진심으로 감사드린다.

여드린 실제 출토토기(도 2)와 형태상 상당히 차이가 났다. 다만, 이번 실험의 목적인 흑반 부착위치에 대한 분석을 위해서는 큰 문제가 없는 것으로 판단하였다. 토기가 건조나 운반, 그 밖의 상황에서 파손될 가능성을 고려하여 필요한 양의 두 배 정도인 총 60점을 제작하였다. 실험을 하기 전까지 파손된 토기는 2점이며[2], 균열이 생긴 것은 4점이었다.

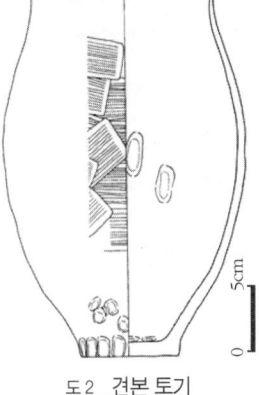

태토는 도예용으로 쓰여지는 점토에 약 5%의 모래를 섞어 사용하였으며, 전기물레를 이용하여 성형하였다. 제작된 토기의 기형은 옹형으로, 크기는 높이 30cm, 구경 20cm, 동최대경 25cm, 저경 10cm 정도이다. 하지만, 상기한 바와 같이 제작방법의 특성 상 각각의 크기에 약간씩 차이가 있다.

실험용 토기의 제작과정은 다음과 같다(도 3).

① 5kg정도의 점토를 띠어낸다. → ② 꼬막[3]을 민다. → ③ 전기물레의 중앙에 점토를 두고 가볍게 두드리면서 물레와 점토를 잘 밀착시킨다. → ④ 중심[4]을 잡는다. → ⑤ 스펀

도 2 _ 견본 토기

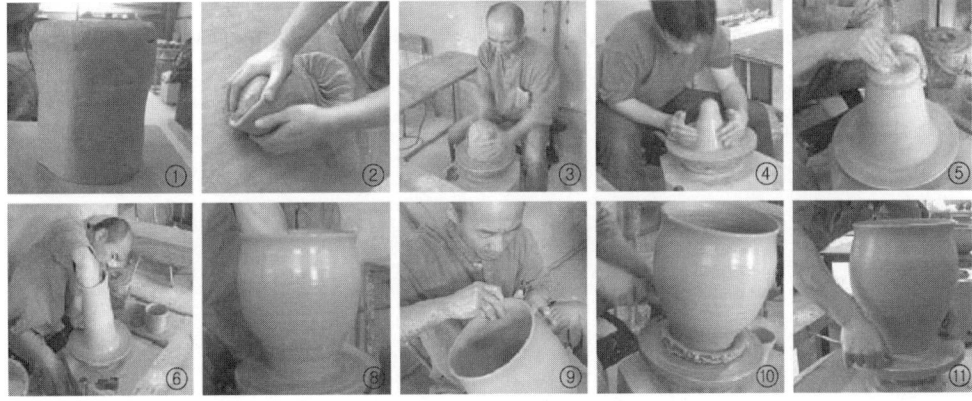

도 3 _ 실험용 토기의 제작공정

---

2 운반시의 부주의 때문에 일어난 것이다.
3 꼬막밀기(Weding) : 점토내의 공기를 완전히 제거하고 성형하기 적합한 상태로 만들기 위하여 반죽하는 것이다.
4 중심잡기(Centering) : 물레에서 점토덩이를 위로 올렸다가 다시 아래로 내리는 행동을 반복하면서 가로로 누워있는 흙의 입자를 성형하기 쉽게 세로로 세우는 과정을 뜻한다. 중심잡기가 잘 된 점토덩이는 한 가운데의 구심점을 중심으로 나선형으로 점토의 결이 형성되어 있어 기물을 성형하기가 좋게 되며, 반대로 점토 내에 공기가 들어 있다든지 수분의 양이 다른 점토가 섞여 있다든지 하면 중심잡기가 잘 되지 않는다.

지로 점토가 마르지 않게 적셔주면서 성형을 시작한다. → ⑥ 만들고자하는 기형의 바닥면까지 눌러주면서 정리한다. → ⑦ 기물의 벽 부분을 밑에서 위로 끌어올려준다. → ⑧ 여러 번에 걸쳐 조금씩 몸통부분에 볼륨을 준다. → ⑨ 형태를 세밀하게 조정한다. → ⑩ 굽부분을 조각칼로 잘라준다.→ ⑪ 약간 말린 후 바닥을 줄로 잘라준다. 토기 한 개체를 만들기 위해 소요한 시간은 10분정도이었다. 이상과 같이 현재 상정되어 있는 무문토기의 제작기법과는 전혀 다른 제작기법을 채용하였지만, 전술한 것처럼 흑반의 부착위치를 알기 위해서는 큰 문제가 없다고 생각된다.

토기는 완전히 건조된 상태에서 두꺼운 종이박스에 한 점씩 넣어 운반하였으며, 실험 당일까지 직사광선이 들지 않는 건조한 곳에서 보관하였다.

⑵ 기타 資材

토기를 제외한 기타 자재로는 다음과 같은 것을 준비하였다.

① 소성시설 관련

토기의 소성시 사용되는 자재로서 이번 실험에서는 장작, 잔가지, 짚단, 점토 및 점성이 있는 흙이 사용되었다. 장작은 시중에 판매되는 참나무 장작을 이용하였는데, 길이 35cm×2묶음, 50cm×5묶음, 80cm×1묶음이 사용되었다. 이들은 그대로 사용하기에는 너무나 굵기 때문에 알맞은 크기로 잘라서 사용하였다. 이 중 35cm와 50cm 길이의 장작은 덮개형 소성에서 사용되었으며, 80cm의 장작은 개방형 소성에서 주로 사용되었다. 잔가지과 짚단은 인근에서 쉽게 구할 수 있는 것으로 건조상태가 양호한 것을 사용하였다. 짚단의 경우 수거 후 다시 한번 건조과정을 거쳤으며, 일부는 6개월 이상 건조시킨 것을 사용하였다[5]. 점토는 덮개형A 실험에서 소성유구를 밀폐시키기 위한 것으로 10kg×3개가 사용되었다. 한편, 수혈을 굴착했을 때 생긴 점성이 있는 흙을 덮개형 B실험에서 이용하였다.

② 측정용 도구

온도계, 철사, 타이머, 저울, 각도기가 이에 해당한다. 온도계는 실험시 토기와 소성유구 내부의 온도변화를 계측하기 위한 것으로 철사를 연결하여 사용하였다. 사용된 개수는 덮개형 소성에서 8개(소성유구 상단과 바닥에 각각 1개, 토기의 구연부와 저부에 각각 1개, 유구 2기×4개), 개방형 소성에서 2개이다. 타이머는 실험의 진행시간과 실험

---

5 國際居合斬道連盟 韓國支部 丁泰龍 선생님께서 제공해주셨다. 마음으로 감사드린다.

과정에서 온도변화나 파열 등이 일어나는 시간, 개방형 소성에서 일정한 시간간격으로 토기의 위치를 변화시키는데 사용하였다. 저울은 소성실험에 사용된 연료의 양을 측정하는데 사용하였으며, 각도기는 토기의 설치각도를 측정하는데 이용되었다.

③ 기록용 도구

야장, 도면용지, 필기구, 카메라, 비디오 레코더 등이 이에 해당한다. 야장은 실험에 참여한 연구자가 개인별로 지참한 것으로, 각자가 담당하고 있는 부분을 기록할 때 사용하였다. 도면용지는 실험 전 소성유구의 실측과 유구 내에 배치된 토기, 연료의 위치, 실험 후의 유구 내 상황 등을 기록하는데 사용하였다. 토기와 소성유구 내부의 온도변화를 기록하기 위한 온도기록용지도 이용되었다. 카메라와 비디오 레코더는 실험과정 전반을 기록하는데 사용하였다.

④ 방화 도구

소성실험은 불을 이용한 실험이기 때문에 화재의 위험이 있다. 이를 대비하기 위해 소화기, 방화사, 방화수 등의 방화도구를 실험장 곳곳에 배치하였다.

⑤ 기타 도구

그 밖에 내열성 장갑, 집게, 안료 등이 사용되었다. 내열성 장갑은 600℃ 이상의 온도를 견딜 수 있는 것으로, 토기소성이 완료된 후 가열된 토기를 수거하는데 사용하였으며, 개방형 소성의 경우에는 일정한 시간간격으로 토기를 회전시키는데 사용하였다. 집게는 개방형 소성에서 연료의 위치 변화와 분포상태를 고르게 하는데 사용하였다. 안료는 실험에 사용된 토기에 일련의 번호를 적기 위한 것으로 파란색이 사용되었으며, 높은 온도에서도 변색되지 않은 것으로 준비하였다.

3. 經過 및 結果

실험 당일의 최고기온은 20.3℃, 최저 4.4℃이며, 평균 12.5℃이었다. 전날에 비가 왔기 때문에 습도는 73.8도로 높은 수치를 나타냈다. 실험은 오전부터 시작하였는데, 진행 중에 약간 비가 내리기도 하였지만 다행히 소성실험에는 아무 영향이 없었다. 또한, 이 날에는 전국 각지에서 70명 내외의 고고학 관계자가 방문하여 實演을 겸한 소성실험을 지켜보았다(도 4).

실험은 개방형 야외소성(이하 개방형소성)과 덮개형 야외소성(이하 덮개형소성) 두 가지를 설정하여 실시하였다. 일본에서의 선행연구에서 밝혀진 개방형소성과 덮개형소

도 4 _ 소성실험 풍경

도 5 _ 점토 도포 완료상태

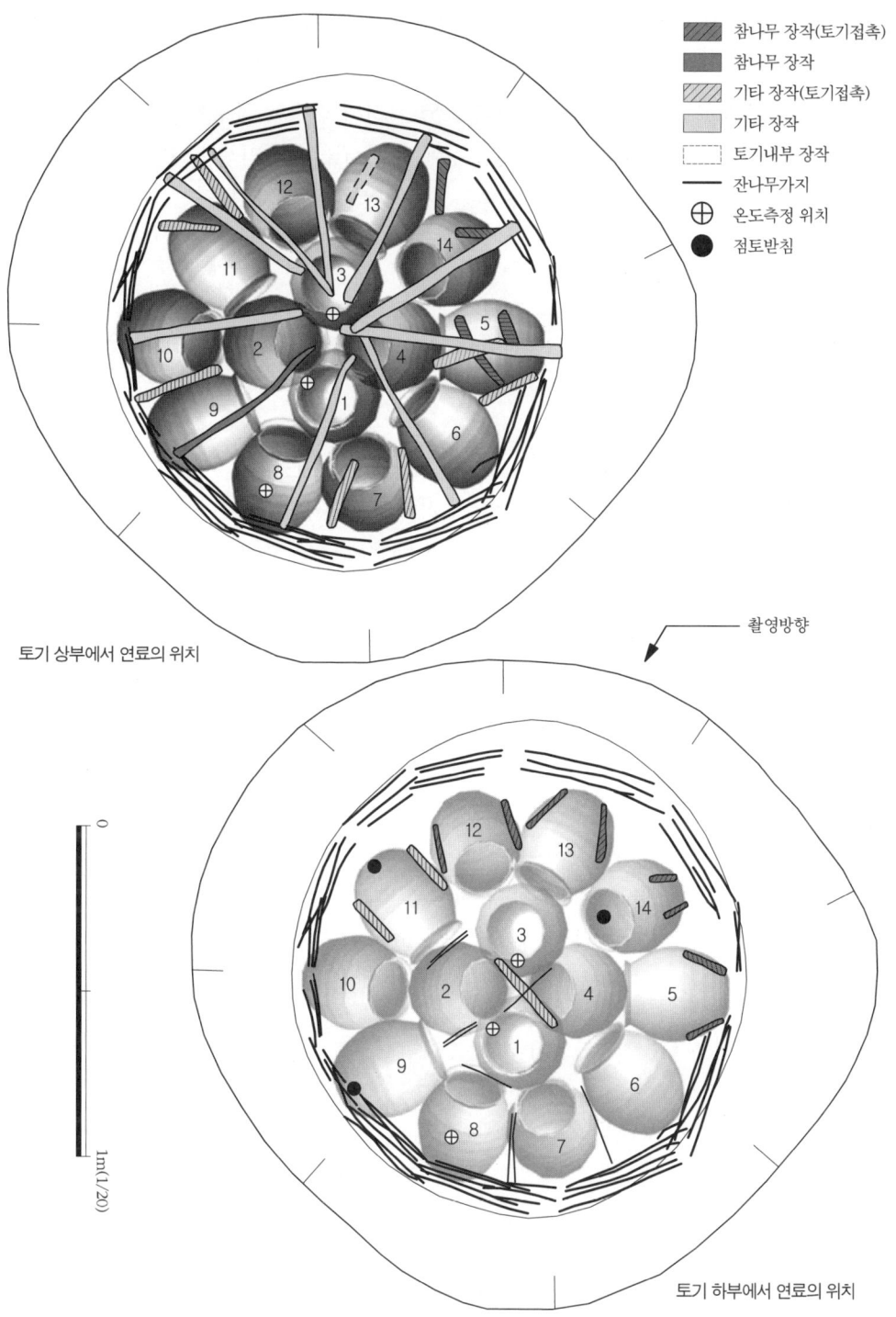

토기 상부에서 연료의 위치

촬영방향

0

1m(1/20)

토기 하부에서 연료의 위치

도 6 _ 덮개형소성A의 토기 및 연료 배치상태

성의 소성혼 차이를 한국 연구자들이 직접 확인하고 이해할 수 있게 하는 것이 큰 목적의 하나였다. 덮개형소성에 관해서는 하나는 밀폐도를 낮추었으며(전체의 70%정도까지 물과 섞인 점토를 도포, 덮개형A), 또 하나는 높였다(거의 전면에 점성이 있는 밝은 생토와 물을 섞인 것을 도포, 덮개형B). 덮개형소성에 관해서는 청동기시대 중기 이후에 많은 '소성유구'가 발견된 것을 감안하여 수혈을 파는 방식을 채택하였다.

1) 덮개형A

전술한 것처럼 점토를 도포하는 범위를 좁게 한(도 5) 밀폐도가 비교적 낮은 덮개형 야외소성방법으로 실시하였다.

(1) 細部 條件設定과 溫度 測定方法

수혈 바닥에 짚을 간 후 (도 6)과 같이 토기와 장작을 배치하였다. 토기 설치 조건으로 크게 a) 설치각도, b) 장작과의 접촉 유무 및 방향을 달리 하여 배치하였다. 각 개체의 설정조건을 정리하면 (표 1)과 같다. 또한, 온도는 소성갱 중앙과 중앙 지면, 가운데에 설치된 토기와 바깥에 설치된 토기의 4개소에서 각각 계측하였다.

토기 및 연료를 설치한 후 이들의 배치상태에 대한 실측과 사진촬영을 한 후 짚으로 토기를 완전히 덮은 다음에 그 위에 점토를 발랐다.

(3) 實驗經過

착화 후 3분 경과한 시점에 점토로 피복되지 않은 부분의 짚이 연소하여 수혈내로 함몰하였으며, 덮개의 몇 개소에 구멍이 생겼다. 다음 순간 큰 파

표 1 _ 덮개형A의 세부조건

토기No.	설치각도	장작 접촉 양상
1	82°(직립)	없음
2	55°(사치)	없음
3	82°(직립)	하부
4	68°(사치)	하부
5	1°(횡치)	상부 및 하부
6	20°(횡치)	없음
7	63°(사치)	상부
8	36°(사치)	없음
9	5°(횡치)	상부
10	42°(사치)	상부
11	10°(횡치)	상부 및 하부
12	55°(사치)	하부
13	25°(횡치)	하부
14	52°(사치)	상부 및 하부

도 7 _ 덮개형A의 온도 변화

도 8 _ 짚을 보충한 상태

열음이 들렸기 때문에 구멍을 짚으로 막았다. 하지만 9분, 17분, 49분, 53분 후에도 각각 소성파열이 계속 일어났다. 온도는 중앙부가 착화된 후 1시간이 지나 713℃에 달했으며, 지면 쪽에서는 온도상승이 약간 늦었지만 1시간 44분 후에는 475℃를 기록하였다. 토기 자체의 온도는 중앙의 것이 612℃, 바깥에 위치한 것이 530℃까지 올라갔다(도 7). 소성 이 진행되면서 점토로 덮지 않았던 부분이 타버려 덮개가 崩落하고 구멍이 생겼기 때문에, 계속적으로 짚을 보충하였다(도 8). 소성은 시작한지 2시간 33분 후 종료되었지만, 덮개를 제거했을 때는 아직 연료가 남아 있었으며, 불꽃이 오르기도 하였다. 소성된 토기 는 중앙 4점 가운데 2점, 바깥쪽 10점 가운데 7점에서 저부를 중심으로 소성파열이 발생 했음을 확인하였다(도 9 - ②). 사용한 땔나무는 37.0kg, 짚은 처음에 설치했을 때에 16.6 kg, 추가한 것이 15.5kg이었다.

⑶ 實驗結果

소성된 토기의 관찰을 통하여 설치각도 및 연료와의 위치관계와 생성된 흑반의 상관 관계를 살펴보자.

No.1 (도 10)은 거의 직치된 토기로, 주변에 장작을 배치하지 않았다. 저부 외면에는

도 9 _ 덮개형A 소성 전(①)과 후(②)의 모습

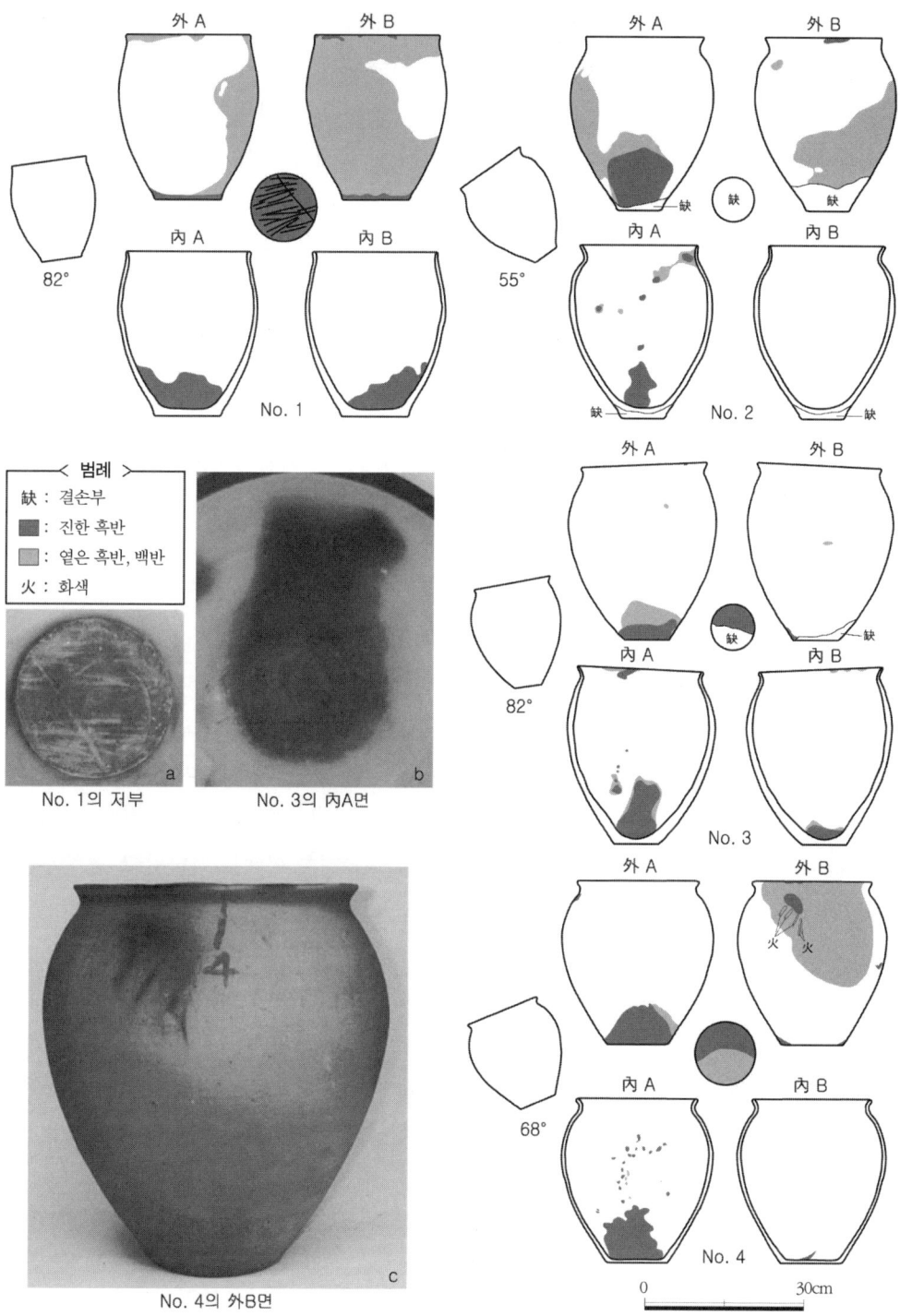

外 A 外 B
82°
内 A 内 B
No. 1

外 A 外 B
缺 缺
55°
内 A 内 B
缺 缺 No. 2

< 범례 >
缺 : 결손부
: 진한 흑반
: 옅은 흑반, 백반
火 : 화색

a
No. 1의 저부

b
No. 3의 内A면

外 A 外 B
缺
82°
内 A 内 B
No. 3

外 A 外 B
火 火
68°
内 A 内 B
No. 4

0 30cm

c
No. 4의 外B면

도 10 _ 덮개형A 실험토기의 소성흔 실측도 1 (S=1/12)

지면 쪽에 깐 짚과 접촉하였기 때문에 진한 흑반이 생성되어 가운데에 짚의 흔적인 줄 모양 흑반이 명확하게 나타났다(도면 10 - a). 내면에는 덮개가 떨어져 소성 종료시까지 남았기 때문에 역시 짙은 흑반이 저부 쪽에 치우쳐 분포된다. 외면은 연료와 접하지 않았기 때문에 명확한 형태를 가진 흑반은 안 보이지만 주변 토기와 근접하였기 때문에 가스 유통이 불량하게 되어 잔존 흑반이 넓게 나타났다.

No.2 (도 10)는 사치된 토기인데, 저부에서 소성파열이 일어나 파손되었다. 외A면에서는 동체 하부를 중심으로 흑반이 생성되었으며, 바로 뒷면인 내A면에는 덮개가 떨어지므로 부착된 숯 접적 흑반이 관찰된다. 주변 토기와 근접하였기 때문에 외면에 잔존 흑반이 확인된다.

No.3 (도 10)은 거의 직립된 상태로 소성된 토기이다. 저부가 일부 소성파열에 의해 파괴되었다. No.1과의 조건 차이는 저부 부근에 장작을 배치한 점이다. 이 장작이 접촉된 위치에 땔나무 접촉 흑반이 생성되었으며(외A면 저부 부근), 저부 내면에는 덮개가 떨어졌기 때문에 숯이 집적되어 넓은 흑반이 나타났다(도 10 - b).

No.4 (도 10)는 사치된 토기로, 외A면에서는 동체부 아래 저부부근에 흑반이 관찰된다. 한편, 외B면 구연부 부근에서는 덮개와 접촉하였기 때문에 연한 덮개 접촉 백반[6]과 줄 모양의 화색이 확인된다(도 10 - c).

No.5 (도 11)는 횡치된 토기이며, 외A면의 거의 전체에 접지면 흑반이 관찰된다. 뿐만 아니라 그 가운데에는 짚과 접촉한 것을 보여주는 줄 모양 흑반도 확인된다. 내면에는 각도상 위에서 덮개가 떨어지지 않았기 때문에 흑반이 관찰되지 않으며, 외B면은 위에 장작을 다수 배치하였기 때문에 덮개 접촉 흑반이 불규칙한 형태로 나타났고 두 줄의 명확한 땔나무 접촉 흑반이 관찰된다(도 11 - a). 또한, 저부에 넓게 보이는 옅은 흑반은 수혈 벽가에 붕괴된 덮개에 의한 것으로 생각된다.

No.6 (도 11)은 거의 횡치된 것으로 역시 넓은 접지면 흑반이 생성되었다(도 11 - b). 설치각도 때문에 위에서 떨어진 연료가 없어 내면에는 흑반이 보이지 않는다. 한편, 외B면에는 진한 덮개 접촉 흑반이 설치각도와 대응하여 관찰되는데, 그 경계는 많은 결입부를 가진다. 이는 5번 및 7번 토기 위에 있던 연료와 관련하여 생성되었음이 짐작된다. 하반부는 소성파열에 의해 심하게 파손되었다(도 11 - c).

No.7 (도 11)은 사치된 상태로 소성되었는데, No.1과 No.8에 근접되어 있었기 때문

---

6 백반(白斑)이란 소성흔의 한 가지로, 접촉했던 연료에서 탄소가 완전히 없어진 상태에서 나타난다.

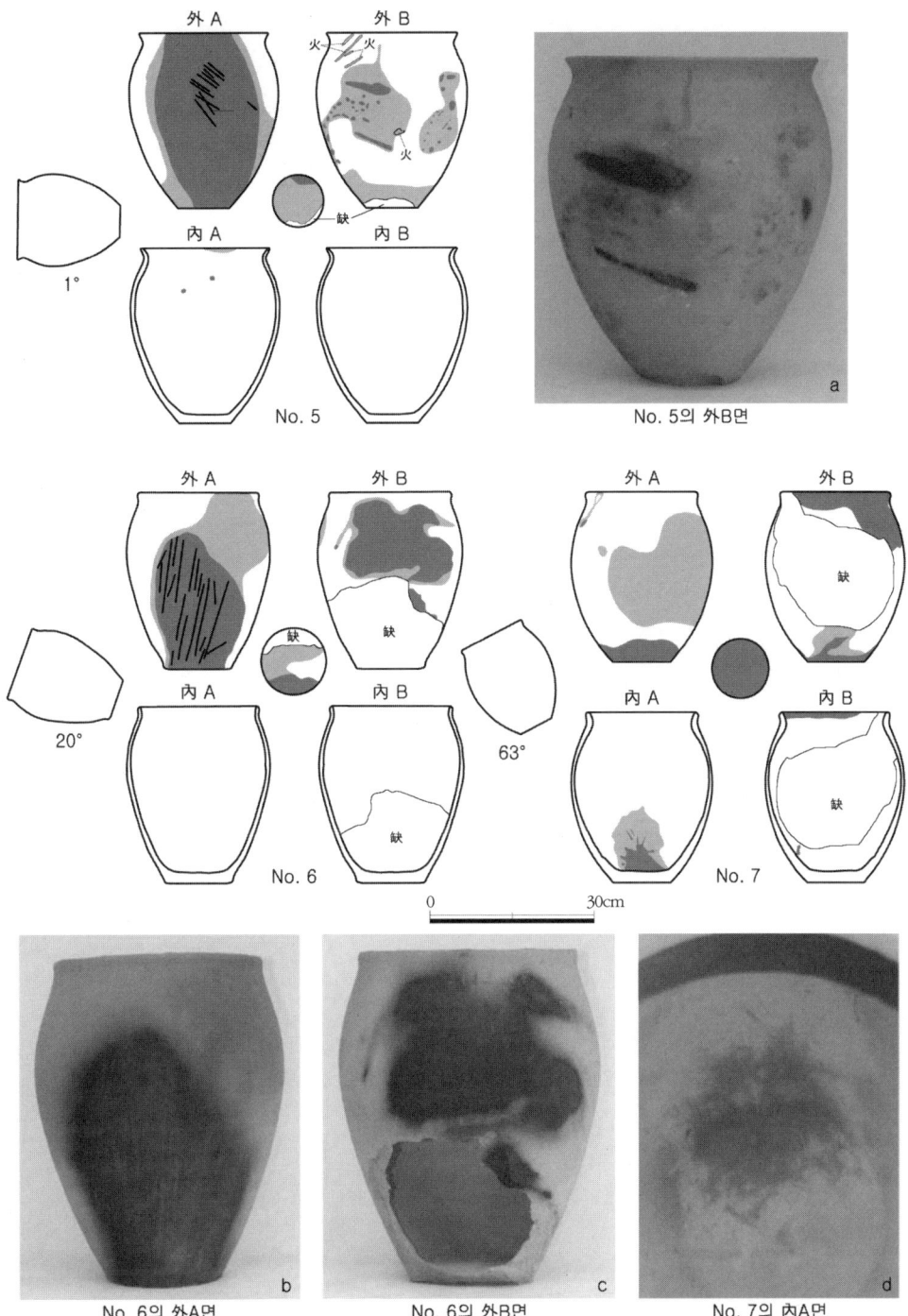

外 A 　　　外 B

火　　火

火

缺

內 A 　　　內 B

1°

No. 5

No. 5의 外B면

a

外 A 　　　外 B

缺

缺

內 A 　　　內 B

缺

20°

缺

No. 6

外 A 　　　外 B

缺

內 A 　　　內 B

缺

63°

缺

No. 7

0　　　　　　30cm

b

No. 6의 外A면

c

No. 6의 外B면

d

No. 7의 內A면

도 11 _ 덮개형A 실험토기의 소성흔 실측도 2 (S=1/12)

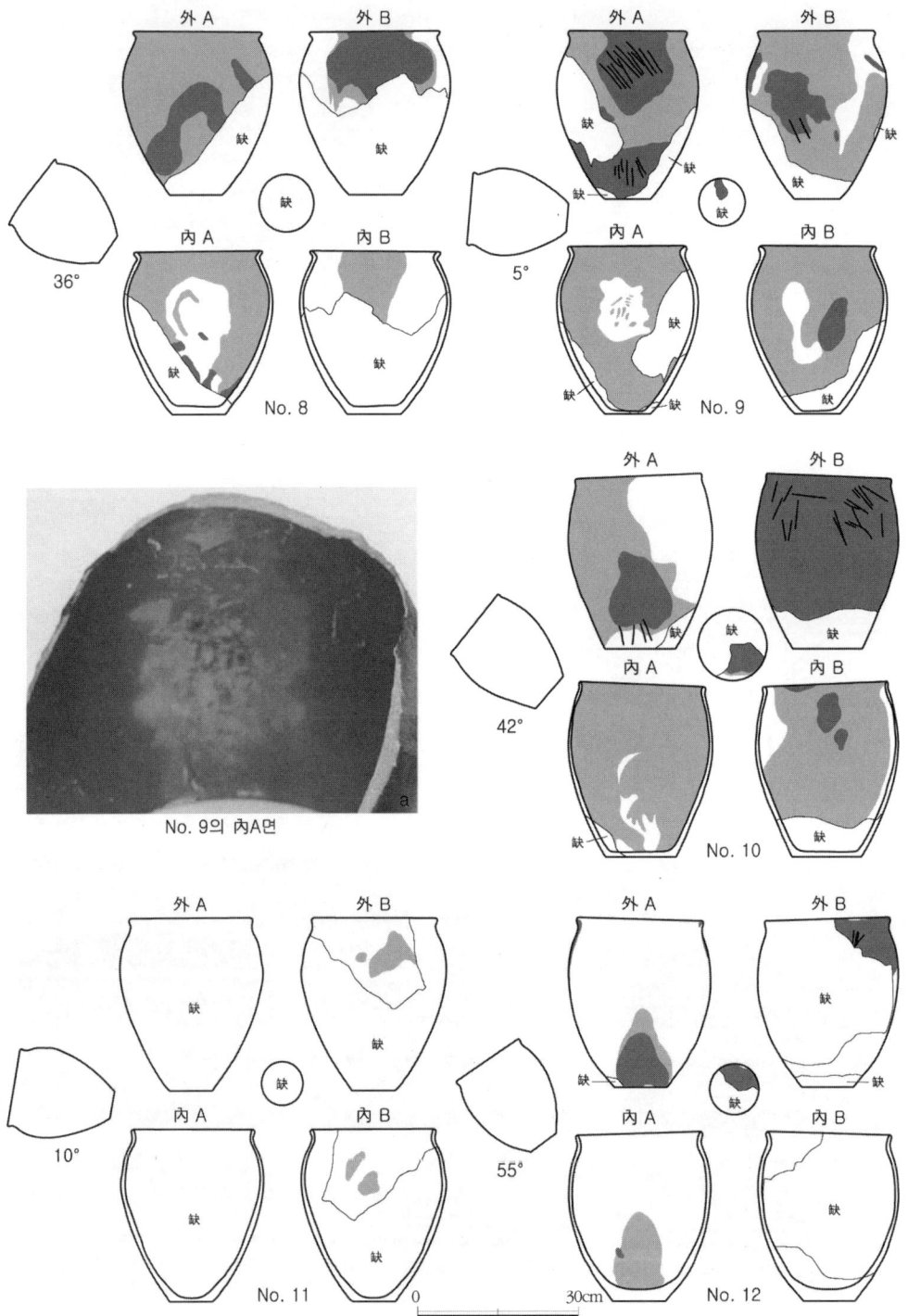

外A 外B 缺 缺 缺 缺

36°

内A 内B 缺 缺

No. 8

外A 外B 缺 缺 缺 缺

5°

内A 内B 缺 缺 缺

No. 9

No. 9의 內A면

외A 외B 缺 缺

42°

内A 内B 缺 缺

No. 10

外A 外B 缺 缺 缺

10°

内A 内B 缺 缺

No. 11

外A 外B 缺 缺 缺

55°

内A 内B 缺 缺

No. 12

0　　　　　　30cm

도 12 _ 덮개형A 실험토기의 소성흔 실측도 3 (S=1/12)

에 외A면에서 넓은 잔존 흑반이 관찰된다. 저부 및 그 부근에는 지면 쪽에 깐 짚 때문에 진한 흑반이 보이며 내면의 잔불흑반은 설치각도와 대응하게 저부 중심보다 내A면 쪽에 치우쳐 있다(도 11 - d). 이 토기도 소성파열에 의해 B면의 대부분이 파손되었다.

No.8 (도 12)은 대부분이 소성파열에 의해 결실되었다. No.8 및 No.9 토기가 설치된 부분에서는 덮개가 점토로 덮히지 않았고 소성시에 구멍이 생긴 부분이었기 때문에 A면에서 보이는 특징은 후술한 개방형소성의 패턴과 공통된다. 다만, 외B면에는 설치각도와 대응하여 타원형의 덮개 접촉 흑반이 생성되었다.

No.9 (도 12)는 역시 덮개에 구멍이 생긴 지점에 위치하였기 때문에 심하게 소성파

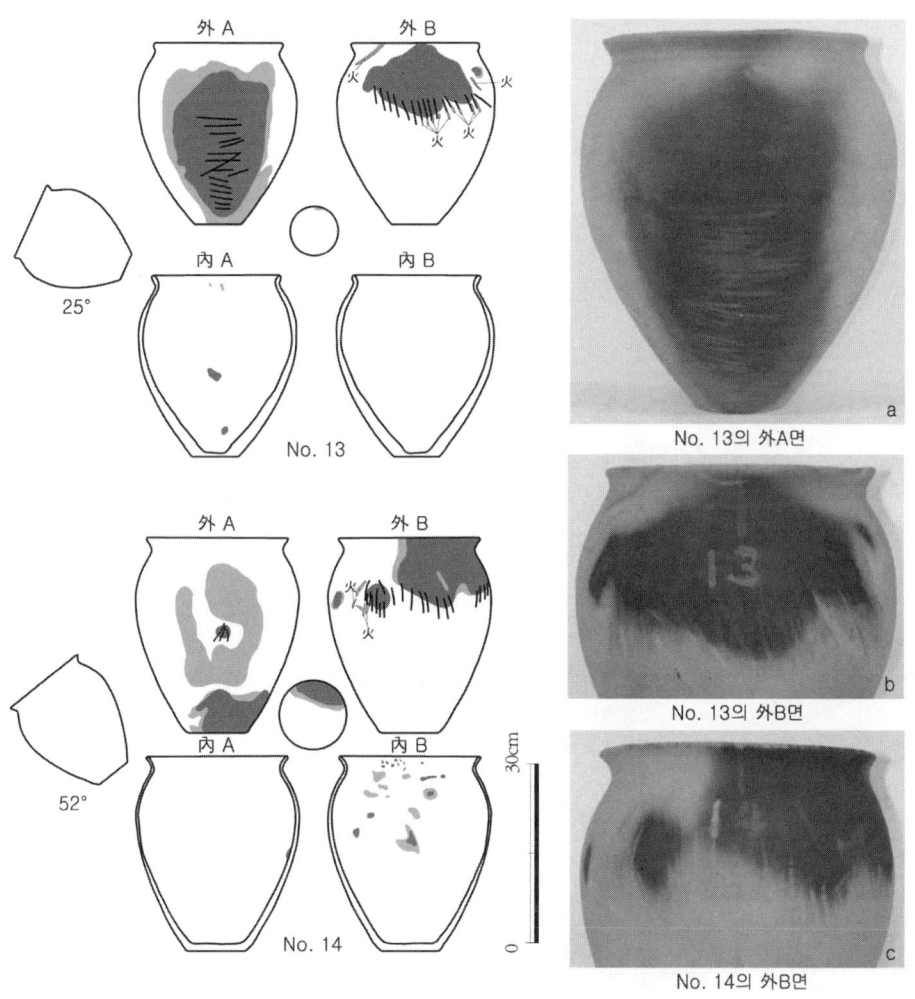

도 13 _ 덮개형A 실험토기의 소성흔 실측도 4 (S=1/12)

열되고 흑반도 상당히 불규칙하게 부착되었다. No.8 토기처럼 개방형소성에서 보이는 패턴과 비슷한 양상을 나타낸다. 다만, 외면에 줄 모양 흑반이 확인된 점에서 개방형소성과 차이가 있다.

No.10 (도 12)은 사치된 상태로 소성되었는데 저부를 중심으로 소성파열에 의해 파손되었다. No.8 및 No.9와 마찬가지로 덮개에 생긴 구멍 때문에 개방형과 비슷한 소성 분위기 안에서 구워졌지만, 외A · B면에는 짚과 접촉한 것을 보여주는 줄 모양 흑반과 설치각도에 대응한 접지면 흑반이 관찰된다.

No.11 (도 12)은 소성파열에 의해 거의 대부분이 파손되었다.

No.12 (도 12)도 사치되게 설치되었지만 소성파열에 의해 심하게 파손되어 외B면의 대부분은 원위치를 유지하지 못하였다. 다만, 잔존된 부분에서는 설치각도에 대응하여 외A면 하부와 외B면의 상부, 그리고 내A면 하부에서 각각 흑반의 부착이 확인되었다.

No.13 (도 13)은 횡치된 토기이다. 설치각도와 대응하여 외A면의 넓은 범위로 줄 모양 백반을 포함한 접지면 흑반이 관찰된다(도 13 - a). 오른쪽 아래에 보이는 봉상의 연한 흑반은 밑에 있던 땔나무에 의한 것으로 짐작된다. 또한, 외B면 상부에는 줄 모양을 나타내는 화색 및 흑반이 확인되었으며, 내면에서는 흑반이 확인되지 않았다.

No.14 (도 13)는 짚으로 감은 粘土塊(도 14)를 받침으로 사용하여 사치시킨 토기이

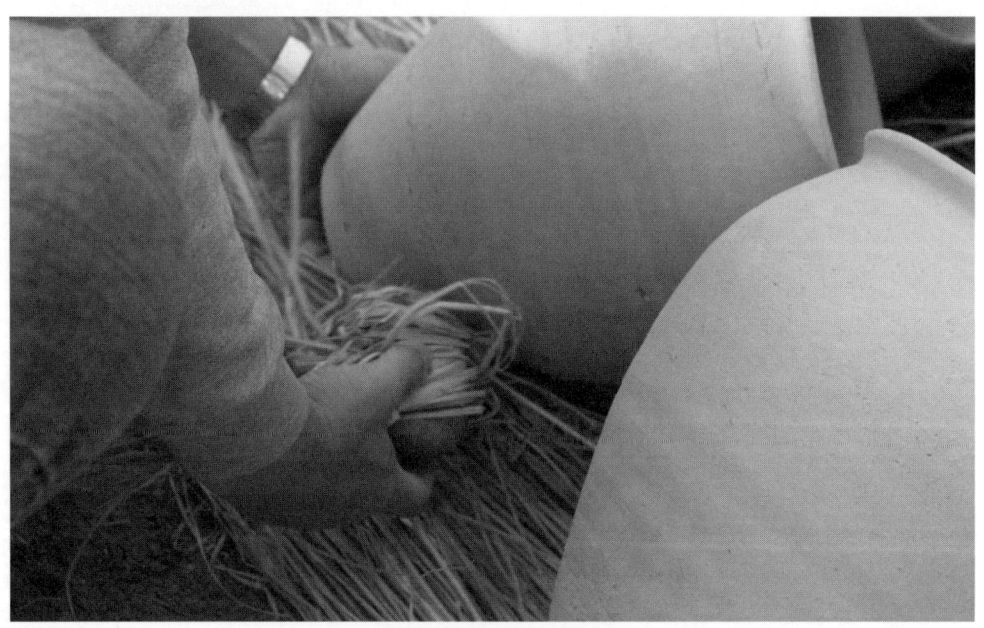

도 14 _ 짚으로 감은 점토 받침

다. 이 때문에 외A면에는 저부 부근의 접지면 흑반 이외에 받침과 접한 부분 및 그 주변의 가스 유통이 잘 안 된 부분에 흑반이 확인된다. 한편, 외B면에는 설치각도와 대응하여 상부에 덮개 접촉 흑반 및 화색이 관찰된다.

이상에서 파악된 소성흔의 특징을 정리하면 다음과 같다.

① 접지면, 덮개와의 접촉면에는 진한 흑반이 규칙적으로 생성된다.

② 설치각도가 직립에 가까워질수록 토기 내면에 잔불흑반이 생성되는 경향이 있다. 이는 토기가 횡치된 상태에서는 위에서 덮개나 연료가 떨어지기 어렵기 때문이다.

③ 화색과 줄 모양 흑반이 관찰된다.

④ 일부 덮개에 구멍이 생긴 부분에서는 흑반이 불규칙적으로 분포된다.

2) 덮개형B

덮개형A에 비하여 점토를 도포하는 범위를 넓힌 형태로, 밀폐도가 높은 덮개형 야외 소성 방법으로 실시되었다. 그러나 밀폐도가 높았기 때문에 소성의 개시단계에서 온도가 상승하지 않았다. 따라서 덮개에 구멍을 뚫고 송풍한 결과, 덮개형A보다 오히려 통기성이 높은(밀폐도가 낮은) 소성방식이 되었다.

⑴ 細部 條件設定과 溫度 測定方法

수혈 바닥에 깐 짚 위에 (도 15)에 표시한 것처럼 토기 및 장작을 배치하였다. 각 토기의 세부조건은 (표 2)에 정리하였다. 덮개의 밀폐도가 높기 때문에 의도적으로 덮개형A보다 많은 양의 연료를 사용하였다(A : 39.0kg, B : 54.0kg). 온도는 덮개형A와 마찬가지로 소성갱 중앙과 중앙 지면, 가운데에 설치된 토기와 바깥에 설치된 토기의 4개소에서 각각 계측하였다(도 16).

역시 덮개형A와 마찬가지로 토기 및 연료를 설치하고 이들의 배치상태에 대한 실측과 사진촬영을 한 후 짚으로 토기를 완전히 덮은 다음에 그 위에 점토를 발랐다(도 17).

표 2 _ 덮개형B의 세부조건

토기No.	설치각도	장작 접촉 양상
21	46°(사치)	없음
22	54°(사치)	없음
23	65°(사치)	없음
24	56°(사치)	없음
25	36°(사치)	하부
26	7°(횡치)	상부 및 하부
27	5°(횡치)	상부
28	49°(사치)	상부
29	19°(횡치)	없음
30	51°(사치)	내부
31	9°(횡치)	상부
32	26°(횡치)	상부 및 하부
33	23°(횡치)	내부 및 하부
34	50°(사치)	하부

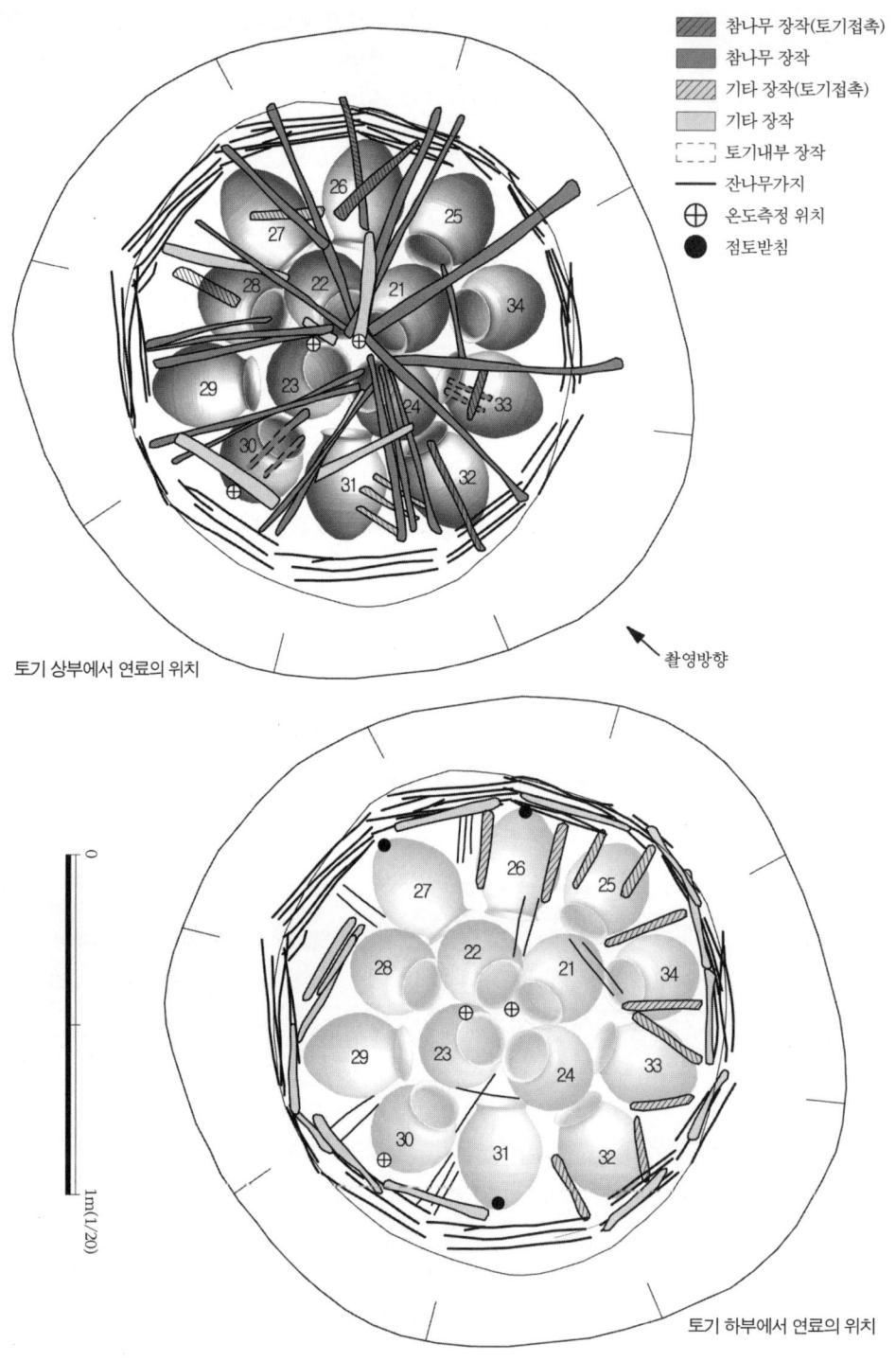

참나무 장작(토기접촉)
참나무 장작
기타 장작(토기접촉)
기타 장작
토기내부 장작
잔나무가지
⊕ 온도측정 위치
● 점토받침

토기 상부에서 연료의 위치

촬영방향

0

1m(1/20)

토기 하부에서 연료의 위치

도 15 _ 덮개형소성B의 토기 및 연료 배치상태

도 16 _ 덮개형B 소성 전(①)과 후(②)의 모습

도 17 _ 덮개형B 점토 도포 상황

도 18 _ 구멍에서 송풍

⑵ **實驗經過**

착화부터 16~30분 후 몇 번은 작은 파열음이 발생하였는데, 80분이 경과하여도 온도가 중앙부에서 140℃ 내외까지밖에 올라가지 않았기 때문에 덮개에 구멍을 뚫고 송풍하였다(도 18). 그럼에도 불구하고 잠시 동안 온도가 상승되지 않았기 때문에 연속적으로 구멍을 뚫고 송풍을 계속하였

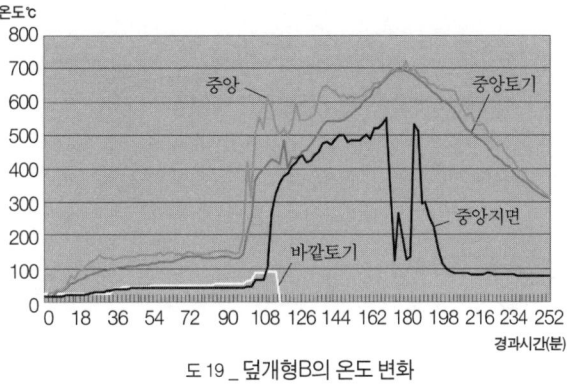

도 19 _ 덮개형B의 온도 변화

다. 그 결과 착화 후 100분 시점에 급격한 온도의 상승이 일어났으며(도 19), 직후에 큰 파열음이 연속적으로 들렸다. 덮개에 뚫은 구멍을 막았지만(도 20) 15분 동안 파열이 계속되었다. 온도는 중앙부에서 착화 후 180분에 722℃, 중앙 토기에서 696℃까지 올라갔다. 지면은 190분 시점에 533℃를 기록하였다. 바깥쪽에 설치한 토기는 온도계에 문제가 생겨 계측할 수 없었다. 착화 후 202분에 덮개가 중앙부에서 붕락되어 내부에 점토와 짚이 떨어졌다. 소성시간 252분이 경과한 시점에서 덮개를 재거하였다. 소성된 토기 중 4개는 모두 거의 완형으로 잔존하였지만, 바깥쪽으로 배치된 토기 10점 중 8점이 파손된 상태로 수습되었다.

이 실험에서는 땔나무를 54.0kg, 짚 설치 시에 14.0kg, 추가분으로 15.2kg을 각각 사용하였다. 또한, 소성실험 다음 날 소성갱에 대한 발굴조사를 실시하였는데(도 21), 소성갱의 벽면과 바닥 면에서는 아주 희미한 소토 부분만이 확인되었다(도 22, 23). 한 번의 소성에 의해서는 거의 흔적이 남지 않는 것을 알 수 있다.

⑶ **實驗結果**

No.21 (도 24)은 사치된 토기로, 접지면인 외A면(도 24 - a)과 그 뒷면(도 24 - b)에 진한 흑반이 부착되었다. 또한, 내A면 상부에서는 떨어진 짚에 의한 화색 및 숯 집적 흑반이 보이는 반면에 완전히 연소하여 백색화된 재가 있던 자리에는 흑반이 형성되지 않았다(백반). 한편, 외B면에서는 덮개와 접촉되지 않았기 때문에 뚜렷한 흑반이 관찰되지 않았다.

No.22 (도 24)는 사치되어 저부 부근 및 토기 내부에 진한 흑반이 보인다. 외면은 B면까지, 내A면에서도 상부까지 흑반이 이루어지는 것은 토기 덮개가 붕괴되면서 내부에

도 20 _ 짚으로 구멍을 막는 모습

도 21 _ 소성갱을 발굴하는 모습

도 22 _ 소성갱 단면(① : 덮개형A, ② : 덮개형B)

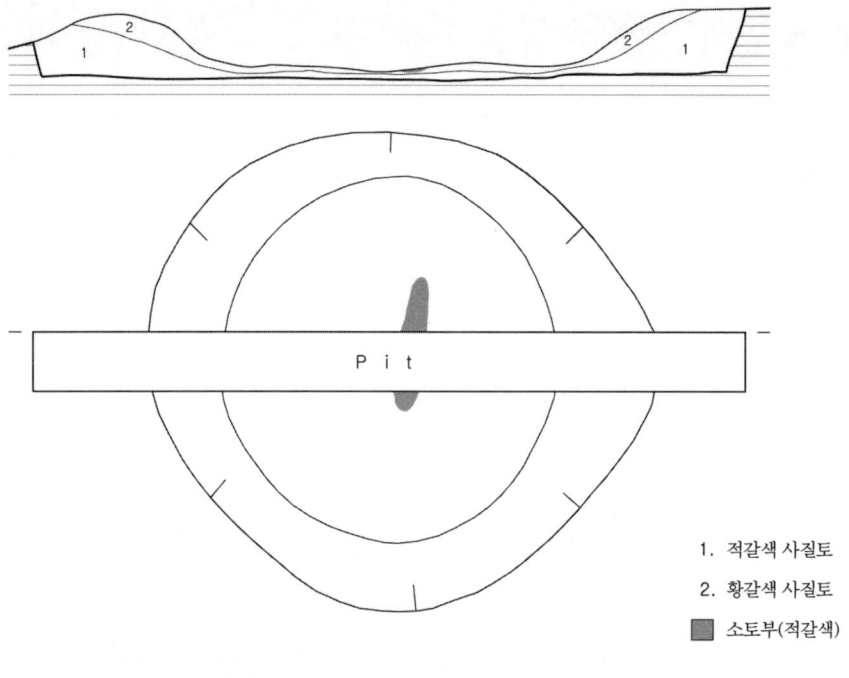

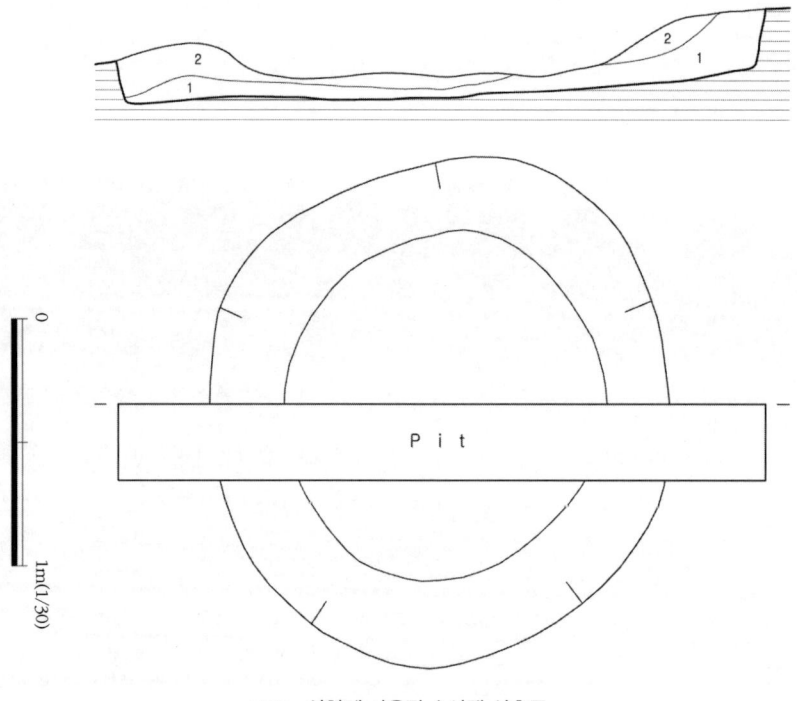

1. 적갈색 사질토
2. 황갈색 사질토
소토부(적갈색)

0

1m(1/30)

도 23 _ 실험에 사용된 소성갱 실측도

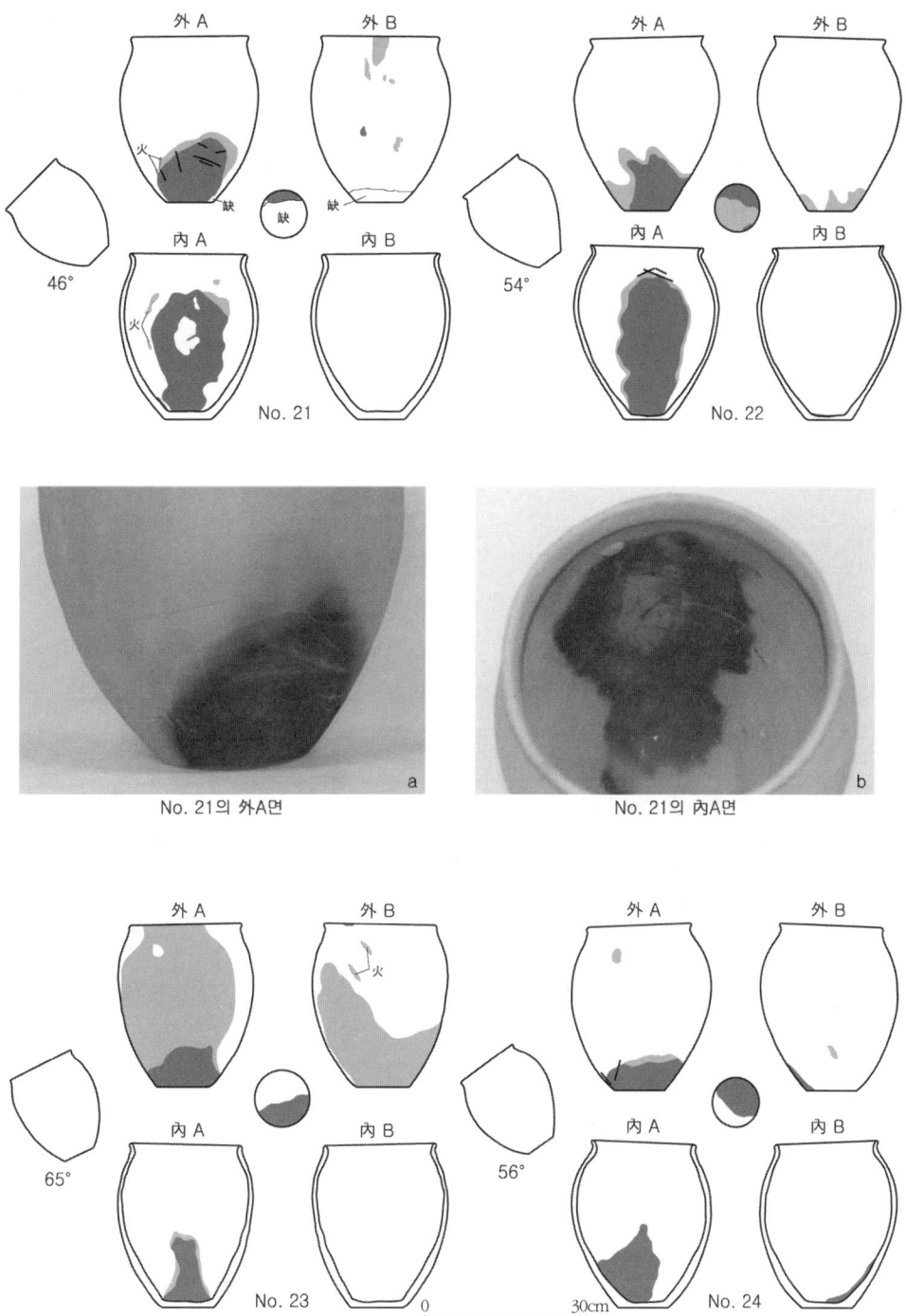

外 A 　外 B
46°
火 缺 缺 缺
内 A 　内 B
火
No. 21

外 A 　外 B
54°
内 A 　内 B
No. 22

No. 21의 外A면 ⓐ
No. 21의 内A면 ⓑ

外 A 　外 B
65°
火
内 A 　内 B
No. 23

外 A 　外 B
56°
内 A 　内 B
No. 24

0　　　　30cm

도 24 _ 덮개형B 실험토기의 소성흔 실측도 1 (S=1/12)

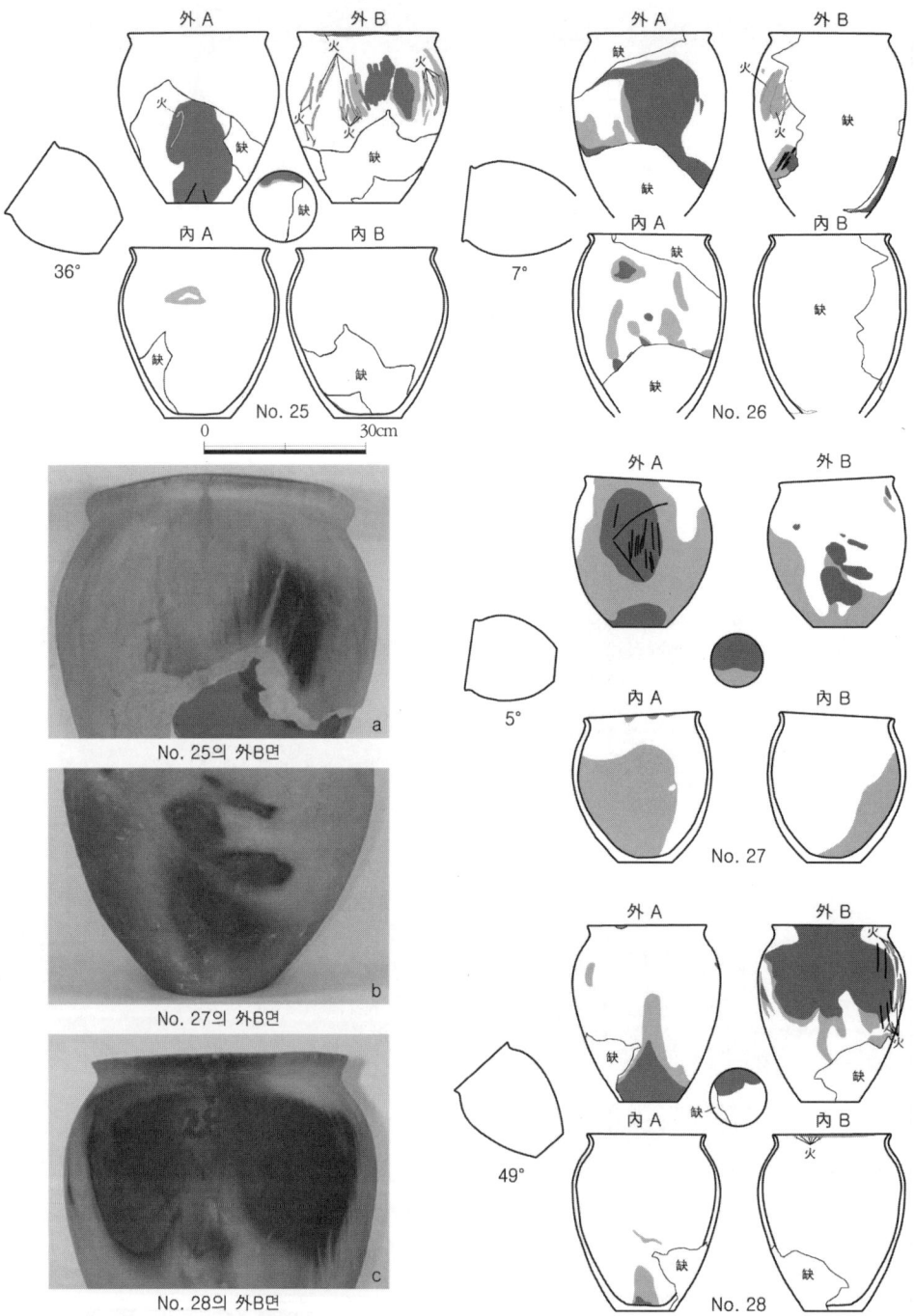

外 A 外 B 缺 火 火 缺 36° No. 25 0 30cm

外 A 缺 外 B 火 缺 火 缺 内 A 内 B 缺 7° No. 26

a
No. 25의 外B면

外 A 外 B 内 A 内 B 5° No. 27

b
No. 27의 外B면

外 A 外 B 火 缺 内 A 缺 内 B 火 缺 49° No. 28

c
No. 28의 外B면

도 25 _ 덮개형B 실험토기의 소성흔 실측도 2 (S=1/12)

다량의 짚과 점토가 떨어졌기 때문이라 생각된다(도 16 - ②). 그 증거로 내A면에 부착된 흑반 상부에는 줄 모양 흑반이 관찰된다.

No.23 (도 24)은 역시 사치된 토기인데, 외A · B면에는 연소가스 순환이 원활하지 않았기 때문에 흐린 잔존 흑반이 넓게 관찰된다. 덮개가 토기 내부로 떨어져 내A면의 비교적 높은 위치까지 흑반이 형성되었다.

No.24 (도 24)는 사치된 토기이며, 접지면인 외A면 및 저부와 그 뒷면에 진한 흑반이 관찰되는데, B면에는 내외 모두 흑반이 형성되지 않았다.

No.25 (도 25)는 원래 횡치되었는데 소성파열에 의해 심하게 파손되었다. 내A면에는 흑반이 거의 보이지 않지만 외A면에는 접지면 흑반이 발달된다. 덮개 접촉 흑반은 넓지 않는데, 화색이 명확하게 관찰된다(도 25 - a).

No.26 (도 25)은 횡치된 토기로, 소성파열에 의해 대부분이 파손되었다. 외B면이 파괴되었기 때문에 위에서 떨어진 짚과 점토들이 내A면에 부착되어 불규칙한 흑반을 나타냈다. 외B면에서 비교적 넓은 화색이 관찰되었다.

No.27 (도 25)도 횡치된 상태로 소성되었는데, 가스 유통이 원활하지가 않았기 때문에 넓은 범위에서 잔존 흑반이 확인된다. 다만, 외A면의 접지면 흑반에는 줄 모양 흑반이 명확하게 관찰된다. 또한, 외B면에는 토기 위에 놓았던 장작이 완전히 연소되지 않고 남았기 때문에 땔나무 접촉 흑반이 형성된 것이 확인되었다(도 25 - b).

No.28 (도 25)은 사치된 토기로, 동체 하부가 일부 파열되었다. 외A면에서는 접지면 흑반이 확인되는데, 길고 가는 형태를 나타냈다. 주변에 熱源이 설치되지 않았기 때문에 이러한 형태를 나타낸 원인은 불명하다. 한편, 외B면 상부의 흑반(도 25 - c)에 抉入部가 보이는 것은 접촉했던 땔나무 때문이라 생각된다. 외B면에는 화색이 발달된다.

No.29 (도 26)는 횡치된 토기이며, 동체 하반부 이하가 소성파열에 의해 결실되었다. 접지면 흑반과 덮개 접촉 흑반, 내면의 숯 집적 흑반(도 26 - a)이 설치각도와 대응하여 규칙적으로 부착되었다. 또한, 화색 및 줄 모양 흑반도 같이 관찰되었다.

No.30 (도 26)은 사치된 상태로 소성되었으며, 설치각도와 대응하여 줄 모양 흑반을 포함한 접지면 흑반과 덮개 접촉 흑반(도 26 - b) 및 내면의 숯 집적 흑반이 생성되었다. 내면 숯 집적 흑반은 내부에 의도적으로 연료를 넣었기 때문에 진한 색조를 나타냈다.

No.31 (도 26)은 횡치된 토기이며, 동체 하부가 완전히 파손되었다. 접지면 흑반, 덮개 접촉 흑반, 내A면 숯 집적 흑반 모두 설치각도와 대응한 위치에서 확인되었다. 내B면에서 그을음 부착 흑반, 외B면에서 현저한 화색이 확인된다(도 26 - c).

No.32 (도 26)는 횡치된 상태로 소성된 토기로, 저부 부근이 소성파열에 의해 결실되

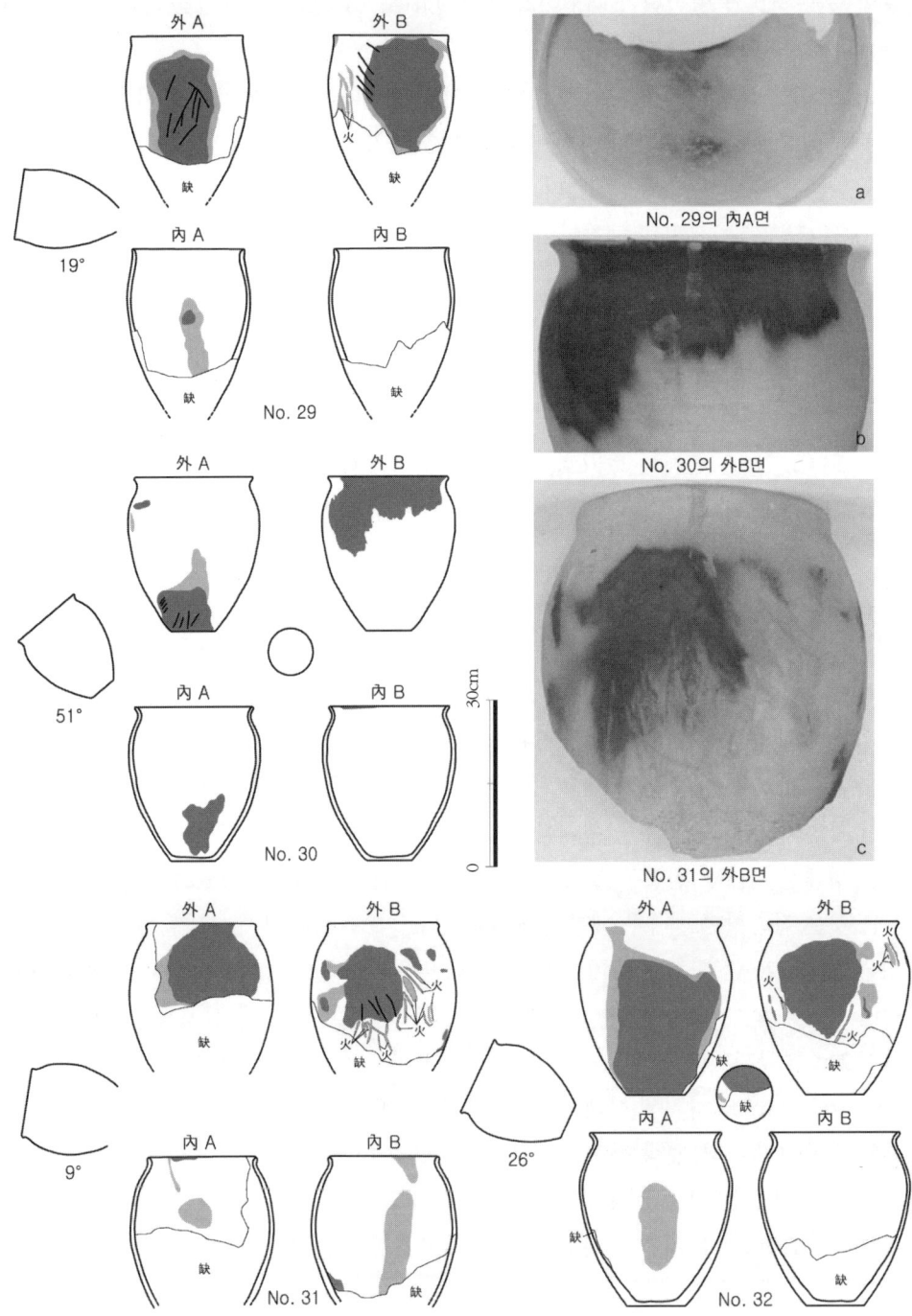

外 A　外 B

内 A　内 B

19°　No. 29

No. 29의 内A면　a

外 A　外 B

内 A　内 B

30cm

51°　No. 30

No. 30의 外B면　b

No. 31의 外B면　c

外 A　外 B

内 A　内 B

9°　No. 31

外 A　外 B

内 A　内 B

26°　No. 32

缺　火

도 26 _ 덮개형B 실험토기의 소성흔 실측도 3 (S=1/12)

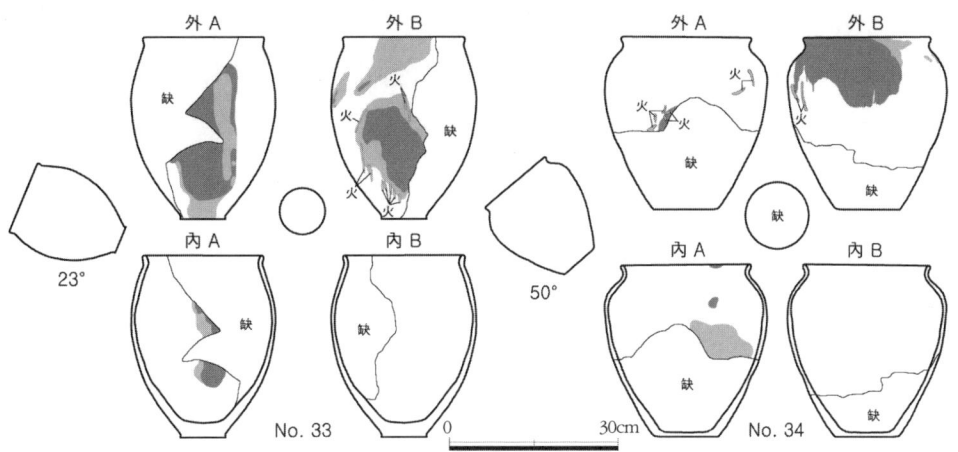

도 27 _ 덮개형B 실험토기의 소성흔 실측도 4 (S=1/12)

었다. 설치각도와 대응하여 내A면의 숯 집적 흑반과 외A면의 접지면 흑반, 외B면의 덮개 접촉 흑반이 각각 규칙적으로 관찰되며, 내B면에는 흑반이 부착되지 않았다. 또한, 외B면에는 화색이 넓게 분포된다.

No.33 (도 27)도 외A · B면과 내A면에서 설치각도와 대응한 흑반의 분포를 나타낸다. 다만, 외B면의 덮개 접촉 흑반 가운데에 銀色을 나타난 봉상의 부분이 확인되었다. 이러한 흑반(은반?)의 생성요인에 대해서 향후 규명할 필요가 있다. 이 면에서는 화색이 집중적으로 관찰된다. 또한, 횡치되었기 때문에 내면에 덮개가 떨어지지 않았을 가능성이 있는데도 불구하고 내A면에 뚜렷한 잔불흑반이 있는 것은 소성 전에 넣었던 장작 때문이라 생각된다.

No.34 (도 27)는 사치된 토기인데, 하반부가 소성파열에 의해 완전히 없어졌으며, 설치된 위치에서 이동된 것으로 판단된다. 외B면의 덮개 접촉 흑반이 확인되며, 외면 곳곳에서 화색이 나타난다.

이상과 같은 덮개형B에서 소성된 토기의 소성흔 특징은 정리하면 다음과 같다.
① 접지면, 덮개와의 접촉면에는 진한 흑반이 규칙적으로 생성된다(덮개형A와 동일).
② 접지각도가 직치에 가까워질수록 토기 내면에 숯 집적 흑반이 생성될 경향이 있지만, 의도적으로 장작을 넣었을 때에는 숯 집적 흑반이 남겨진다.
③ 화색과 줄 모양 흑반이 관찰된다(덮개형A와 동일).

상술한 바와 같이 소성과정에서 덮개에 구멍을 뚫고 계속적으로 송풍하였기 때문에 결과적으로 처음에 의도한 것과 달리 덮개의 밀폐도가 오히려 낮아졌다. 또한, 덮개를 구성한 점토와 짚이 함몰되었는데, 이로 인해 흑반의 양상도 덮개형A보다 약간 규칙성이 없는 상황을 나타냈다. 뿐만 아니라, 덮개형B에서 덮개형A보다 명확한 화색이 많이 나타난 것은 산소의 공급량이 덮개형A보다 더 많았기 때문이라 생각된다. 화색에 대해서는 뒤에서 다시 언급하고자 한다.

3) 開放型

(1) 細部 條件設定과 溫度 測定方法

<table>
<tr><td colspan="2" align="center">표 3 _ 개방형의 설치각도</td></tr>
<tr><th>토기No.</th><th>설치각도</th></tr>
<tr><td>41</td><td>횡치</td></tr>
<tr><td>42</td><td>직립 → 횡치</td></tr>
<tr><td>43</td><td>횡치</td></tr>
<tr><td>44</td><td>횡치</td></tr>
<tr><td>45</td><td>직립</td></tr>
<tr><td>46</td><td>직립(장작삽입) → 횡치</td></tr>
<tr><td>47</td><td>직립 → 횡치</td></tr>
<tr><td>48</td><td>직립 → 횡치</td></tr>
<tr><td>49</td><td>직립 → 횡치</td></tr>
<tr><td>50</td><td>직립 → 횡치</td></tr>
</table>

처음부터 마지막까지 직립하는 것, 직립 후 횡치, 처음부터 횡치라는 3가지 조건을 설정하였다(표 3). 그 차이를 비교함과 동시에 개방형 야외소성의 특성을 활용하여 땔나무에서 나오는 불과 토기 표면의 색조 변화의 관계를 그때마다 관찰·기록하였다.

(2) 溫度測定方法

한 개체 토기 양쪽 구연부에 온도계를 설치하여 가열 상태를 관찰하였다(도 28). 이는 예비 가열 단계에서는 熱源에 대해서 안쪽과 바깥쪽 사이에 상당히 온도차가 예상되었기 때문이다. 그리고 소성 중에는 수시로 나무 자루에 온도계를 연결하여 토기표면의 온도를 계측하였다(도 29).

(3) 實驗經過

선행한 두 가지 덮개형 소성에서 확인된 파열음을 통해 개방형에서는 실패를 줄이기 위해 예비가열을 충분히 하기로 하였다. 예비가열(도 30)을 개시한지 26분이 지나 토기 표면 색조가 약간 빨갛게 변색되었는데, 토기를 회전시키면서 가열하기 때문에 연료 쪽에 향하여 가열된 부분이 바깥쪽으로 오면 온도가 다시 떨어졌다. 10분에 한번 계속적으로 토기를 90°씩 회전시키면서, 점차 연료와 접근시켰다. 68분이 지난 후, 토기 표면에 그을음이 확인되었다. 또한, 예비가열 시작 후 154분에 도기를 뉘어서 저부를 예비가열하였으며(도 31), 그 20분 후에 중앙에 축적된 숯불을 넓혀 그 위에 토기를 올렸다(도 32). 토기의 설치상태는 (표 3)에 정리하였다. 그 후 25분 정도 주변에만 장작을 배치하여 가열한 다음에 긴 장작을 求心狀으로 놓고 본격적인 소성을 개시하였다(도 33). 이때 No.44 토기 저부에서 소성파열이 일어났다. 연료를 위에 올린 후에는 토기 표면 온도가

도 28 _ 온도계를 설치한 모습

도 29 _ 나무자루를 이용한 온도계측

도 30 _ 예비가열 1

도 31 _ 예비가열 2

도 32 _ 소성의 개시

도 33 _ 구심상으로 연료를 배치

도 34 _ 그을음이 산화하는 모습

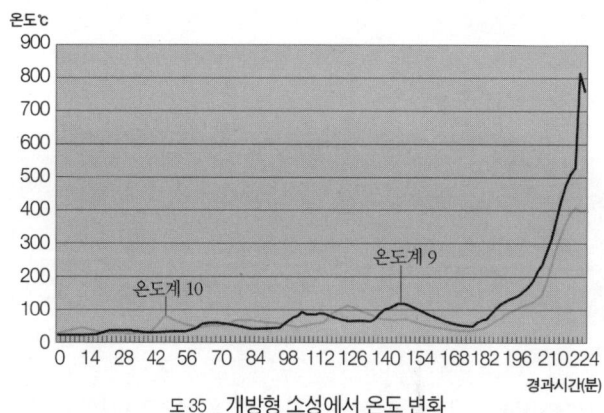

도 35 _ 개방형 소성에서 온도 변화

상승하기 시작하였으며, 400℃ 정도가 된 상태에서 그을음이 산화되는 현상이 관찰되었다(도 34). 토기 표면의 온도는 최고 814℃에 달하여(도 35) 덮개형 소성보다 오히려 높았다. 28분 후, 직치한 토기 중 1점만 남기고 나머지를 횡치하여 흑반 변화 양상을 관찰하였다. 특히 주목되는 것은 토기가 직립되었을 때에 형성된 내면 저부 부근에 생성된 흑반은 횡치된 후에도 색조가 약간 흐려졌으나 잔존되었다(도 36). 토기를 연료 위에 올렸을 때부터 1시간 정도로 토기는 충분히 구워진 것으로 판단되었지만, 불이 약해질 때까지 방치하였다. 그 후 연료가 없어진 상태에서 기록 및 수습을 하였다(도 37, 38).

도 36 _ 직립시에 형성된 흑반

도 37 _ 소성이 거의 끝난 상태

도 38 _ 소성 종료 상태

(4) **實驗結果**

　No.41 (도 39)은 거의 전면에 잔존 흑반과 그을음 부착 흑반이 형성되었는데, 양자를 구별하는 것은 어렵다. 한편, 접지면과 숯이 있던 자리만 산화되어 흑반이 없어졌다(도 39 - a). 숯과 접촉한 부분에서 흑반이 생성되지 않은 이유는 연료가 완전히 연소하여 탄소가 없어진 상태(하얀색이 된 상태)이었기 때문이라 생각된다. 또한, 외B면에서는 흑반이 불규칙하게 濃淡을 나타냈다.

　No.42 (도 39)는 거의 전면에 잔존 및 그을음 부착 흑반이 관찰되지만 역시 접지면과 잔불이 있던 자리는 산화되었다.

　No.43 (도 39)은 내A면에서 마지막까지 남겨진 숯 주변(도 39 - b)과 외A면에 산화부가 확인된다. 이 토기 내부에 외도적으로 장자을 넣었기 때문에 내A면에는 넓은 범위에서 숯 집적 흑반 및 이와 동반된 산화부가 생성된 것으로 판단된다. 연소된 숯 위에 있었기 때문에 외B면에서 넓은 산화부가 관찰된다.

　No.44 (도 39)는 유일하게 파손된 개체이다. 접지면인 외A면과 숯이 남아 있던 내A면의 일부에서 산화부가 관찰되지만(도 39 - c) 나무지 부분에서는 잔존 및 그을음 부착

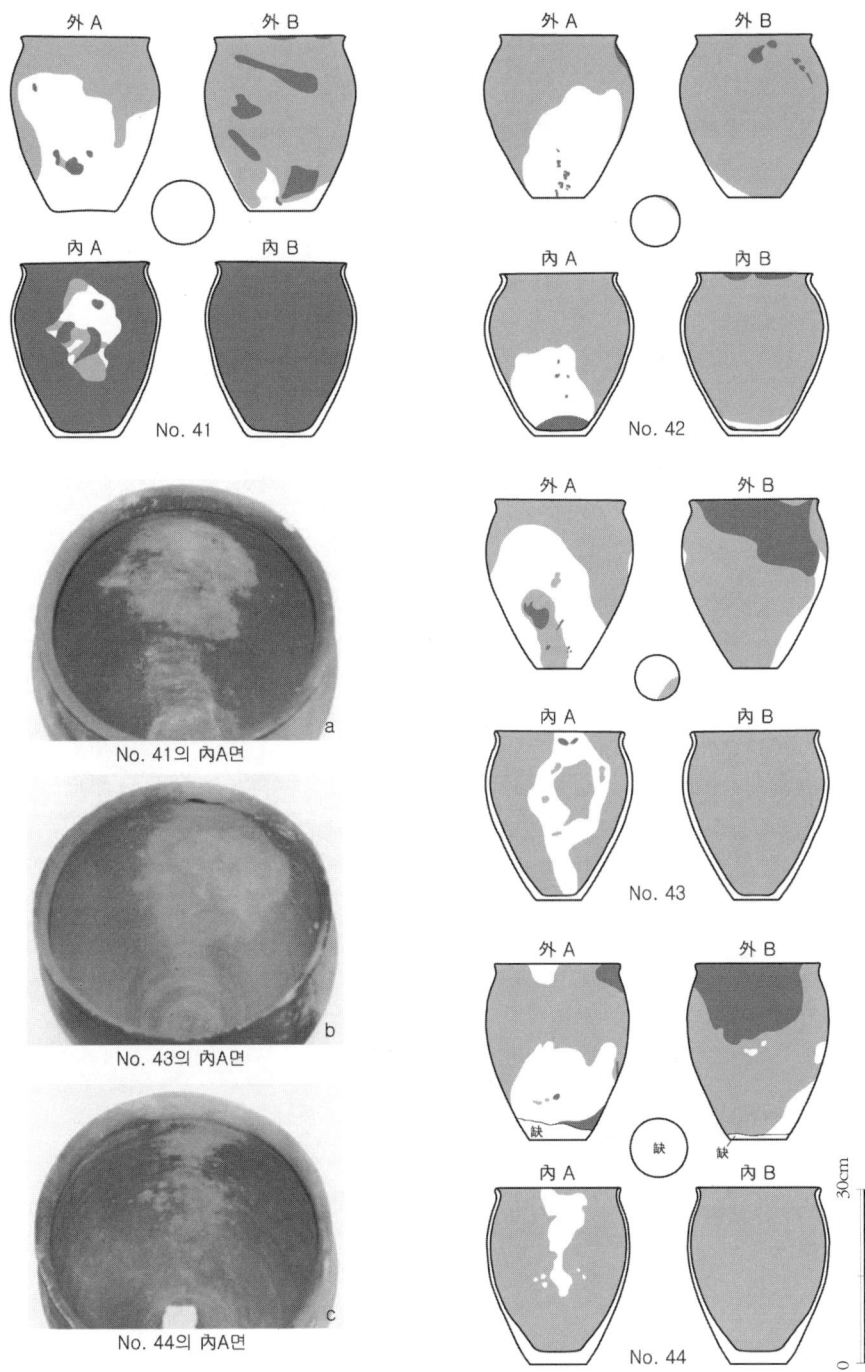

外 A 外 B

内 A 内 B

No. 41

外 A 外 B

内 A 内 B

No. 42

外 A 外 B

内 A 内 B

No. 43

外 A 外 B

缺 缺 缺

内 A 内 B

No. 44

No. 41의 内A면

No. 43의 内A면

No. 44의 内A면

30cm

0

도 39 _ 개방형 실험토기의 소성흔 실측도 1(S=1/12)

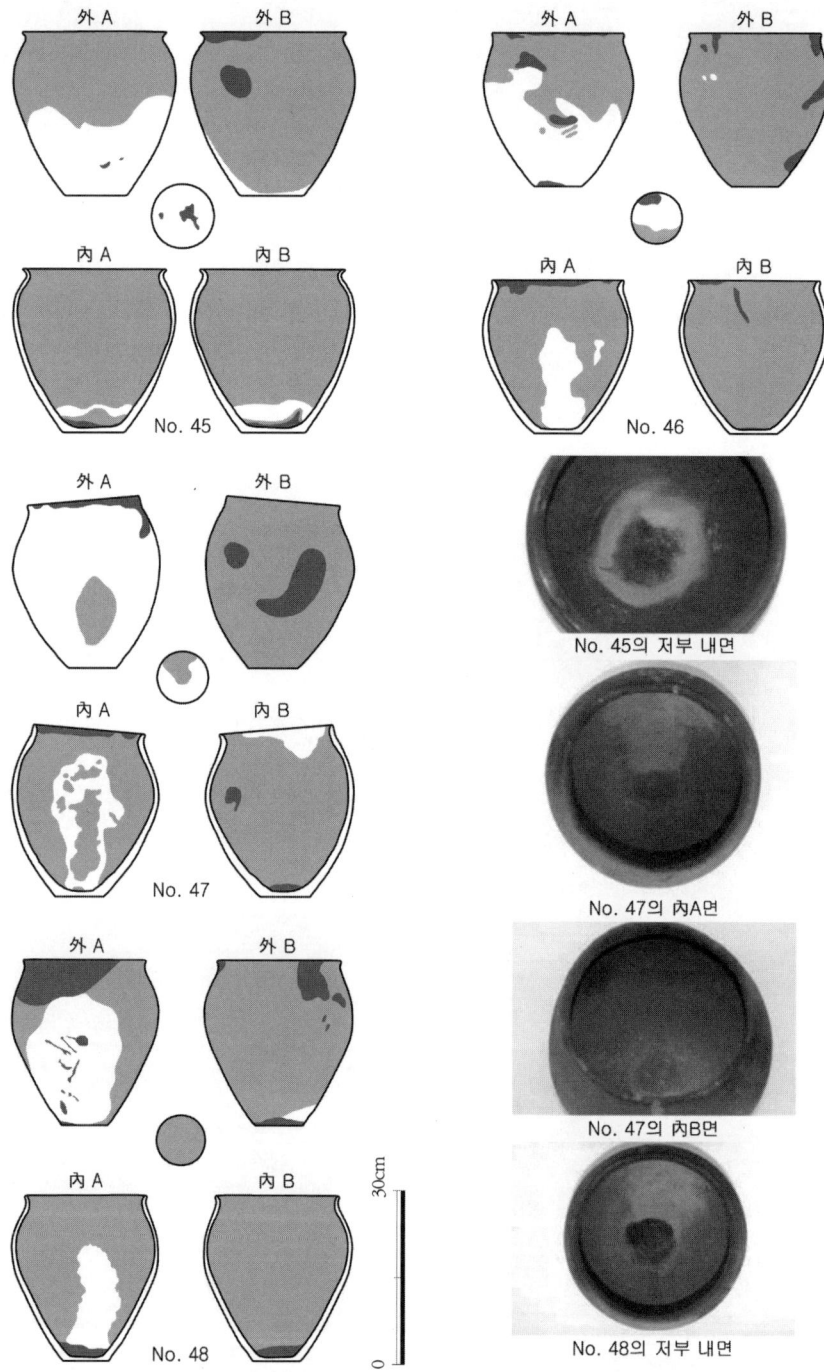

外 A　外 B

內 A　內 B

No. 45

外 A　外 B

內 A　內 B

No. 46

外 A　外 B

內 A　內 B

No. 47

外 A　外 B

內 A　內 B

No. 48

30cm

0

No. 45의 저부 내면

No. 47의 內A면

No. 47의 內B면

No. 48의 저부 내면

도 40 _ 개방형 실험토기의 소성흔 실측도 2(S=1/12)

흑반이 관찰된다.

No.45 (도 40)는 시작부터 마지막까지 직립된 상태로 소성되었기 때문에 저부에 숯 집적 흑반 및 산화부가 형성되었다(도 40 - a). 밑에 깔려 있던 숯 때문에 저부를 중심으로 하부가 산화된 반면에 내면과 상부는 잔존 흑반이 관찰된다.

No.46 (도 40)은 직립하였을 때에 생성된 흑반이 저부, 내B면, 외A면 저부 부근에 관찰되면서, 횡치 후에 생성된 숯에 의한 산화부가 내A면에서 넓게 분포된다. 이러한 넓은 산화부가 생성된 이유는 의도적으로 토기 내부에 장작을 넣었기 때문이라 생각된다.

No.47 (도 40)은 소성 종료시에 접지면인 외A면이 지면 쪽 잔불 때문에 넓게 산화가 되었는데, 이와 대응하여 내A면에서도 넓은 숯 집적 흑반 및 산화부가 관찰된다. 그런데 횡치하기 전, 즉 직립하였을 때에 생긴 흑반(도 40 - b)이 내A면 저부 부근에, 횡치한 후 약간 다른 각도를 이루어졌을 때에 부착된 흑반(도 40 - c)이 내A면 동체부에 각각 관찰된다. 이들 두 개 흑반보다 선행하는 시점에 부착된 직립시의 흑반이 더 흐린 색조를 나타낸다.

No.48 (도 40)도 외A면이 지면 쪽에 있던 숯 때문에 넓게 산화가 되었는데, 이와 대응하여 내A면에도 넓은 산화부가 관찰된다. 또한, 저부 내면에 직립했을 때에 부착된 흑반(도 40 - d)이 잔존되어 있어 토기의 움직임에 따라 두 개소의 숯 집적 흔적(흑반 및 산화부)이 나타낸 것을 알 수 있다.

No.49 (도 41)에서도 No.48 토기에서 본 바와 같은 패턴을 관찰할 수 있다. 즉, 외A면과 내A면에서 넓은 산화부가 형성되면서 저부 내면에는 직립되었을 때에 생성된 잔불

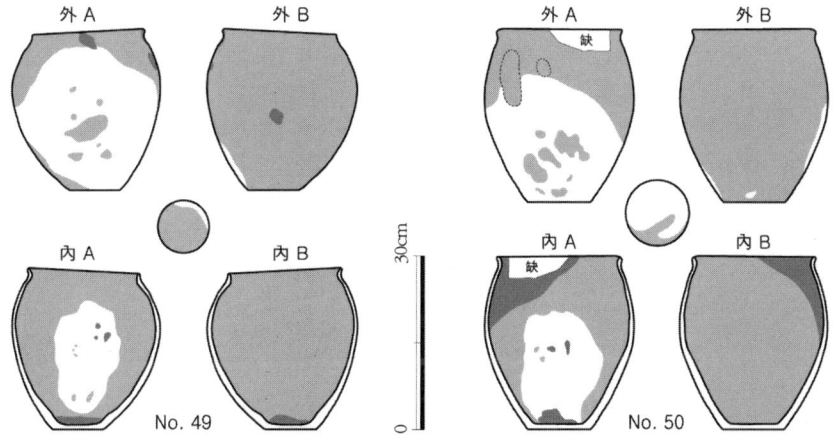

도 41 _ 개방형 실험토기의 소성흔 실측도 3(S=1/12)

흑반이 관찰된다.

No.50 (도 41)은 소성종료 후 토기를 운반하였을 때에 구연부가 파손되었다. 역시 외 A면과 내A면에서 넓은 산화부가 확인되며, B면 쪽에서는 잔존 및 그을음 부착 흑반이 전 면에 분포된다.

위의 개방형 소성에서 확인되는 토기 소성흔의 특징을 정리하면 다음과 같다.

① 잔존 및 그을음 부착 흑반이 넓게 분포되는 경향이 있다.

② 내면의 여러 곳에서 숯 집적 흑반(혹은 숯에 의한 산화부)이 관찰된다.

③ 전체적으로 불규칙한 흑반 분포를 보인다.

④ 덮개형 소성에서 관찰된 화색이나 줄 모양 흑반이 나타나지 않다.

4. 考察

이번 실험에서는 덮개형소성에서 28점 중 16점, 개방형소성에서 10점 중 1점이 소성 파열을 나타냈다. 덮개형은 소성파열흔의 연구라는 관점에서는 성공하였다 할 수 있을 지도 모르지만, 토기의 생산성이라는 면에서 낮은 생산율을 나타냈다. 그 원인을 생각하 면 1) 수혈로 제작되었기 때문에 덮개로 사용한 볏짚이 함몰하는 공간이 생겨 그 부분에 서 급격하게 공기가 들어간 것, 2) 실험용 토기의 태토에 포함된 모래 양이 부족한 것, 3) 토기 기벽이 하반부에서 약간 두꺼운 것[7], 4) 바로 이 하반부 및 저부가 덮개에 생긴 구멍 에서 공기가 유입된 바깥쪽에 위치하고 있던 점 등을 들을 수 있다. 실험자들에게 수혈을 파고 소성하는 방식에 대한 지식이 부족하였기 때문에 이러한 사태를 예측할 수 없었다. 왜 수혈을 팔 필요가 있었는지를 규명하는 것이 향후의 과제가 될 것이다.

한편, 위와 같이 여러 가지 실패도 있었지만, 대신에 얻어진 정보도 많았다. 이 장에 서는 이번 실험에 의해 밝혀진 몇 가지 사항에 대해서 살펴보고자 한다.

1) 덮개型과 開放型에서 나타난 燒成痕의 差異

덮개형과 개방형 야외소성에서 나타나는 소성흔의 차이에 대해서는 많은 선행연구

---

7 상부에서 5~7mm, 하반부에서 10mm, 저부에서 15mm이상 이었다. 물레 성형으로 제작하면 저부와 동체 하부가 두꺼워지는 경향이 있기 때문이라 생각된다.

의 축적이 있다. 비교적 잘 정리가 되어 있는 小林正史 등(2000, p.14)의 연구성과에 의하면 다음과 같다.

| 개방형 야외소성의 경우 |

① 화색이 부착되지 않는다.
② 줄 모양 흑반이 생성되지 않는다.
③ 토기의 온도가 내려가는 단계에서도 땔나무에서 많은 그을음이 나오기 때문에 땔나무 접촉 흑반이 형성되기가 쉽다.
④ 토기와 접촉한 땔나무나 숯에서 나오는 그을음의 양을 따라 '역U자형'이나 '2個1對'의 땔나무 접촉 흑반, 숯 집적 흑반 등의 종류가 있다.

| 덮개형 야외소성의 경우 |

① 외B면이나 측면에 화색이 부착되는 경우가 있다.
② 줄 모양의 흑반이나 산화부가 부착되는 경우가 있다.
③ 토기 온도가 내려갈 단계에서는 땔나무가 완전연소하기 쉽기 때문에 땔나무 접촉 흑반이 나타나는 확률이 낮다.
④ 땔나무 접촉 흑반은 불꽃이 많이 나오지 않는 상태에서 생성된 봉상흑반이 주체가 된다. 색조도 진하지 않을 경우가 많다. 또한, '역U자형'이나 '2個1對'의 흑반이 출현되는 확률은 낮다.

표 4 _ 화색의 출현상황

*X : 파손, ( )는 파손의 영향이 있는 것

소성방법	토기No.	외A	외B	내A	내B	합계
덮개형A	1	-	-	-	-	0
	2	-	-	-	-	0
	3	-	-	-	-	0
	4	-	5	-	-	5
	5	-	4	-	-	4
	6	-	-	-	-	0
	7	-	x	-	x	0
	8	-	x	-	x	0
	9	-	-	-	-	0
	10	-	-	-	-	0
	11	x	x	x	x	-
	12	-	x	-	x	0
	13	-	11	-	-	11
	14	-	5	-	-	5
	합계	0	25	0	0	25
덮개형B	21	2	-	2	-	4
	22	-	-	-	-	0
	23	-	2	-	-	2
	24	-	-	-	-	0
	25	1	16	-	-	17
	26	-	6	-	-	6
	27	-	-	-	-	0
	28	-	7	-	-	7
	29	-	6	-	-	6
	30	-	-	-	-	0
	31	-	17	-	-	17
	32	-	6	-	-	6
	33	(7)	x	x	x	(7)
	34	(6)	(2)	x	x	(8)
	합계	3(16)	60(62)	2	0	65(80)
개방형	41	-	-	-	-	0
	42	-	-	-	-	0
	43	-	-	-	-	0
	44	-	-	-	-	0
	45	-	-	-	-	0
	46	-	-	-	-	0
	47	-	-	-	-	0
	48	-	-	-	-	0
	49	-	-	-	-	0
	50	-	-	-	-	0
	합계	0	0	0	0	0

한편, 火色의 生成要因에 대해서도 위 견해와 일치한 결과를 얻을 수 있었다. (표 4)는 세 가지 실험토기에서 화색이 나타난 횟수를 정리한 것이다. 이 표에서 알 수 있는 사실은 1) 개방형소성에서는 화색이 하나도 생성되지 않았으며, 2) 두 가지 덮개형소성에서는 화색이 외B면에 나타나는 경우가 대부분(덮개형A에서는 100%, 덮개형B에서 92%)이고, 3) 덮개형A보다 덮개형B에서 더 많이 생성되었다는 것이다. 이러한 사실은 화색이 벼과식물에 유래하여 산소의 공급이 많은 상황에서 생성된다는 현재까지의 설명과 잘 부합된다. 그 이유는 벼과식물을 이용하지 않은 개방형에서 확인되지 않고, 의도적인 송풍에 의해 결과적으로 통기성이 높아진 덮개형B에서 많은 화색이 생성되었기 때문이다.

2) 粘土 받침과 遺蹟 出土의 燒成粘土塊

(도 42)에 표시한 유물은 보령 관창리유적 KY825(도 45)에서 출토된 燒成粘土塊이다. 한 쪽 면을 중심으로 식물의 압흔이 관찰되며, 또 한 쪽 면에는 불탄 흔적을 확인할 수 있다. 식물 압흔은 일정한 방향이라기보다 약간 무질서하게 부착되어 있다. 태토에는 1cm 이하의 활석이 많이 섞여 있다. 이러한 것들을 덮개형 야외소성에서 사용된 덮개의 일부라고 하는 견해(小郡市敎育委員會 1996)가 있는데, 이 유구 출토품의 경우도 이에 해당하는 것인가?

이번 실험에서는 이러한 의문을 해결하기 위해 짚을 감은 점토를 토기 설치용 받침으로 사용해 보았으며, 이를 소성이 끝난 후에 남겨진 덮개의 파편과 비교하였다. 덮개의 파편(도 43)은 편평하고 한 쪽에 집중적으로 짚 흔적이 부착된다. 이 흔적은 일정한 방향성을 보인다. 소성 시에 바깥쪽에 위치한 부분은 충분히 구워지지 않았기 때문에 물에 잠기면 녹는다. 한편, 짚을 감은 점토괴(도 44)는 편평하지 않고 多角體 혹은 球形에 가까운 형태를 보

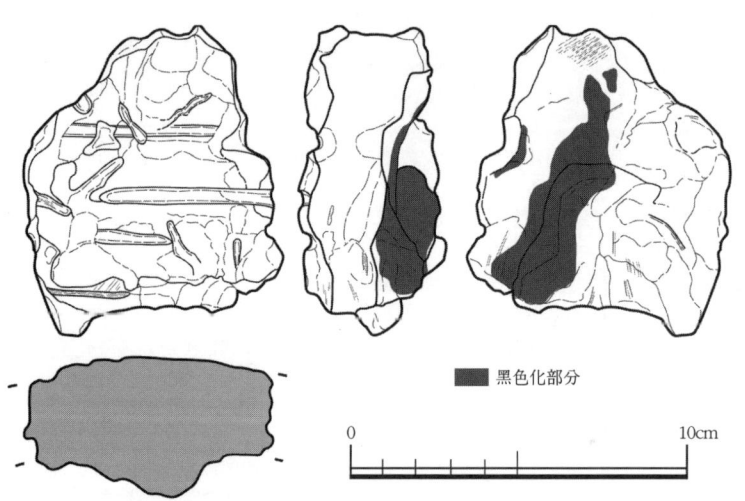

■ 黑色化部分

0   10cm

도 42 _ 보령 관창리 유적 KY825 출토 소성점토괴 실측도(S=1/6)

도 43 _ 소성 후의 덮개 파편

도 44 _ 소성 후에 점토 받침

도 45 _ 보령 관창리유적 KY825

이며, 짚 흔적은 복수 방향으로 내부까지 이루어진다. 그리고 점토괴 표면 전체가 피열
된다.

다시 관창리유적 출토 소토괴를 보면, 단면상에서는 뭔가의 구조물의 일부와 같이
보이는데, 앞흔의 방향은 일정하지 않고, 피열흔과 식물 압흔이 반대 면에서 확인된다.
만약에 덮개였다면 식물 압흔과 피열부분이 동일한 면에서 나와야 하지만 그렇지 않다.
전체적으로 소성이 잘 되어 있는 상태로 보아 받침으로 상용되었다고 할 수도 있으나,
(도 45)에 보이는 바와 같이 상당한 양의 점토괴들이 모두 받침으로 사용되었다고 판단
하기도 어렵다. 결국 이러한 소성점토괴에 대해서는 아직까지 확실한 해답을 할 수 없으
며, 앞으로의 자료 축적이 필요하다.

3) 燒成破裂痕과 燒成破裂土器片

田崎博之(2005, pp.152~163)에 의하면 토기 소성 시에 생성되는 소성파열흔은 다음
과 같은 특징을 가진다고 한다.

① 평면형태는 부정원형 혹은 타원형이다.

② 중앙부가 깊고 주변이 점차 얕아지는 분화구(crater) 모양 凹部이다.

③ 소성파열된 면도 표면과 같은 색조를 띤다.

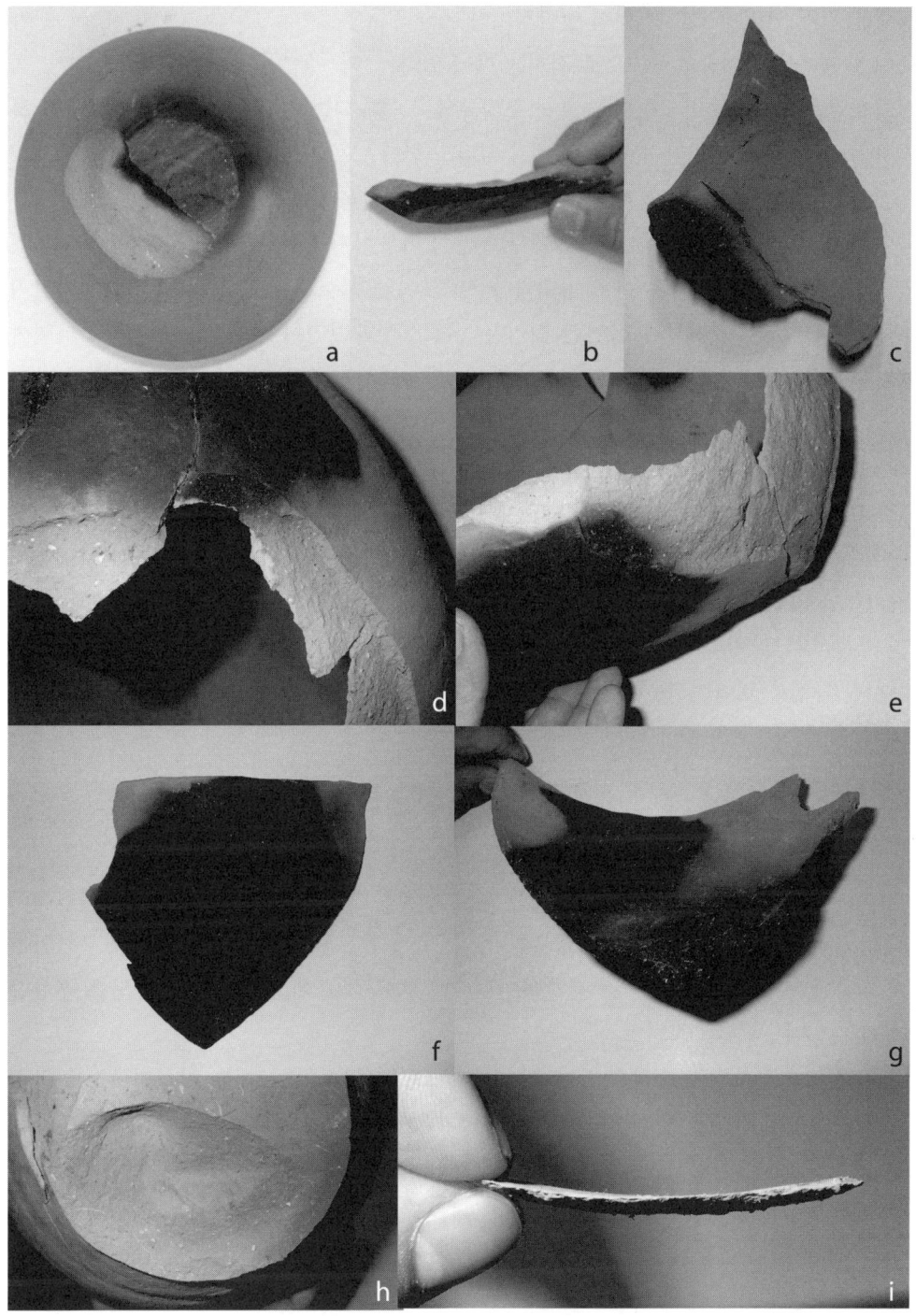

도 46 _ 실험 토기에 나타난 소성파열흔

④ 기체 외면에 생기는 것이 일반적이다.

⑤ 연속해서 이중·삼중으로 겹치는 예가 있다.

또한, 이와 함께 비교적으로 크게 소성파열이 연속되는 경우 層狀燒成破裂이라고 하는 기체가 층상으로 얇게 박리된 사례가 있다고 한다.

이번 실험에서 나타난 소성파열혼의 대표적인 것을(도 46)에 표시하였다. a는 저부의 절반이 소성파열된 것이며, 파면까지 흑반이 이루어져 있는 것이다. 바로 이 부분이었던 b의 파면에도 역시 흑반이 형성되었다. 이는 이들이 소성 종료 전에 이미 파열되었기 때문에 파면에서 유기물과 접했던 것이다. c는 소성파열면이 각진 것이며, 역시 파면까지 흑반이 이루어진다. 이와 유사한 파면은 d와 e에서도 관찰된다. 이들은 田崎가 말하는 분화구 모양이라기보다 오히려 각진 단면 사다리 모양을 보인다. f는 구연부 파편인데 넓게 흑반이 부착되었다. g는 이를 밑에서 본 모습인데, 단면까지 흑반이 진하게 부착되었다. 소성 종료 전에 파괴되어 단면에 유기물이 부착된 것을 알 수 있다. 이는 완전히 수직으로 파열된 사례라 할 수 있다. h는 저부에 생간 큰 소성파열혼이다. 분화구 모양에 가깝지만 田崎가 제시한 사례보다 훨씬 크고 깊은 것이 특징이다. i는 아주 얇은 소성파열 박편이며, 토기 내면에서 박리된 파면의 사례이다. 이상과 같이 田崎에 의한 지적과 유사한 특징을 보이면서도 보다 다양한 소성파열혼의 존재가 짐작되었다.

5. 맺음말

이번 실험에서는 여러 가지 면에서 실패한 부분도 있었지만, 개방형과 덮개형에서 각각 구워진 토기에 나타나는 소성혼의 차이, 설치각도 및 연료의 위치와 흑반부착위치의 대응관계 등을 자료를 직접 관찰하면서 많은 연구자들이 이해하였다는 점은 평가할 만 한 것이다.

또한, 이 실험은 학술적으로 계획·실행·고찰되었으며, 공개된 실험연구로서 한국 학계에 대하여 관심을 환기하였다는 중요성과 더불어 흑반의 형성 패턴에 대한 실증적 연구, 소성파열흔적의 연구, 유적에서의 소성유구 유존상태나 이에 동반된 殘滓의 연구 등, 한국고고학에서의 토기연구에 약간의 새로운 시점을 초래한 것이 되었으리라 생각된다. 현재 여러 박물관이나 유적 공원 등에서 토기의 야외소성은 흔히 행해지고 있다. 그러나 그것을 이용해서 학술적인 논의로 발전시키려고 하는 노력이 더 필요할 것이라 생각된다. 이 실험이 학술적으로 높은 수준이었다고 할 수는 없지만, 여러 연구자들이 토기소성실험을 하는 데에 조금이라도 도움이 된다면 충분히 의미가 있다고 생각된다.

마지막으로, 본론의 작성에 있어서 손준호 · 조진형 · 이우석 · 이영주 각 선생님의 도움을 받았다. 깊은 감사의 뜻을 전하고 싶다.

참고문헌

小郡市教育委員會, 1996, 『三國地區遺蹟群6 -西島遺蹟1・2區の調査(遺物編)-』.

小林正史・北野博司・久世建二・小嶋俊彰, 2000, 「北部九州における繩文・彌生土器の野燒き方
                          法の變化」『靑丘學術論集』17, 韓國文化硏究振興財團.

田崎博之, 2005, 「燒成失敗品을 通해 본 無文土器의 生產形態」『송국리문화를 통해 본 농경사회의
          문화체계』고려대학교 고고환경연구소.

6 無文土器 燒成技法의 變遷過程과 그 背景에 대한 素描

庄田愼矢

1. 머리말

토기소성이 토기 제작과정 중에서 중요한 위치를 차지하는 것은 주지의 사실이지만, 고고학적으로는 산발적으로만 검토되었다해도 과언이 아니다. 토기소성 연구의 가능성과 중요성에 대해서는 이미 앞 장에서 언급하였기 때문에 본 장에서는 생략하고자 한다. 요점을 말하자면, 고고학적 자료를 집단이주나 문화전파의 지표로 이용하는 편중된 관점에 대한 反定立으로 生態學的 시점을 도입하고자 하는 것이다.

여기서 생태학적이라 하는 것은 인간활동을 주변 환경과의 관계 속에서 이해하려고 하는 접근방법을 말한다. 고고학 자료에서 관찰되는 여러 변화는 바로 인간집단 자체의 변화나 교체, 혹은 주체성에 대한 논의 없는 문화전파로 이해하기보다 주변 환경 변화와 역사적 맥락에 대처한 인간들의 적극적인 적응 결과로 보는 시점이 더 필요할 것이다. 이를 위해 당시 인간들의 환경과의 대화 방법이라고 할 수 있는 기술적 요인에 주목한 시점을 제시하고자 한다.

토기의 소성방법은 선행연구가 밝힌 바와 같이 생업이나 환경과 깊은 관계를 가지는 것으로 생각된다. 이 글에서는 토기소성기법을 인간이 환경과 관계를 맺는 여러 연결고리의 하나로 인식하여 연구대상으로 삼았다. 특히 지금까지 다루어지지 않았던 생활유적 출토 무문토기의 소성흔 분석을 행하였으며, 이와 함께 기존 연구성과(小林正史 外 2000; 孫晙鎬·庄田愼矢 2004)를 통합시켰다. 또한, 소위 토기소성유구에 대해서도 검토하여, 무문토기 야외소성기법의 변천에 대해서 일정한 견해를 제시하였다[1]. 나아가서 이

---

1 다만, 소위 경질무문토기에 대해서는 9장에서 따로 다루었기 때문에 이 글의 대상에서 제외하였다.

를 통하여 한국 선사시대 토기 소성방법 연구에 대한 하나의 모델을 제시하고자 한다.

우선, II장에서 한국에서의 토기소성기법에 대한 선행연구를 정리하여, 이 글의 방향성을 제시한다. 다음 III장에서는 토기 소성흔의 해석방법을 설명한 후 실제 출토 토기에 대한 분석과 해석을 실시한다. 그리고 IV장에서는 토기소성유구라고 언급된 사례를 집성하여 검토한다. 마지막으로 V장에서 이들 내용을 종합하여 청동기시대에서 토기소성기법 변화와 그 배경에 대해서 살펴보고자 한다.

2. 先行研究의 成果와 課題

1980년대에는 토기의 화학분석이 많이 이루어졌는데, 이 가운데 소성온도에 대한 추정 사례도 적지 않게 보인다. 이들의 결과를 종합한 최몽룡·신숙정(1988, p.26)에 의하면 빗살무늬토기는 700℃ 이상, 무문토기는 870℃ 이하, 적색마연토기는 700~750℃, 철기시대 토기는 1,000℃ 이상에서 구워졌다고 한다. 하지만 구체적인 소성방법에 대한 언급은 없었다. 다음으로 이기길(1995, pp.122~132)은 아프리카의 민족지를 참고로 김해수가리유적 등 신석기시대 유적에서 확인된 '적석유구' 가운데 토기소성유구라 판단되는 예가 있는 점을 지적하였다[2]. 또한, 화학분석을 통하여 제시된 소성온도가 일정하지 않는 점을 근거로 온도를 일정하게 조절하는 시설이 없었다고 추정하였다.

실험연구로는 김희찬(1996)이 상술한 바와 같은 신석기시대 유구를 모델로 한 소성시설을 이용하여 실험한 것이 있다. 실험결과를 통해서 混和劑의 양에 대응한 縮小率 및 경도 차이, 야외소성에 있어서도 상당한 고온(800℃ 내외)을 얻을 수 있는 점 등이 확인되었다. 이를 근거로 기존 견해와 달리 빗살무늬토기도 무문토기 소성시보다 별 차이가 없는 높은 온도에서 구워졌을 가능성이 충분하다고 주장하였다(p.21). 또한, 임학종·이정근(2006)은 꾸준히 토기 제작실험을 계속해 왔는데, 그 성과의 일부가 최근에 발표되었다. 소성에 대해서는 온도변화 양상을 기준으로 소성 과정을 4가지 단계로 분류하는 안을 제출하였으며, 이 가운데 온도가 올라가는 제2단계에서 제일 파손의 위험성이 높음을 지적하였다(p.30). 그리고 소성 전과 후의 토기의 법량 변화에 대해서도 자세히 언급하였다(p.32).

---

2 이와 달리 실험을 통하여 대부분 적석유구에 대해서 토기소성유구보다 燒石爐로서의 기능을 상정한 언급도 있다(崔完奎·金鍾文·李永德 2002, p.271).

한편, 김현은 진주 대평유적 발굴을 통해서 토기소성유구의 존재를 추정하였다. 그에 의하면, 소성유구에는 원형 및 溝狀 두 가지가 있는데, 이들 모두가 ① 유구 규모에 비해 다량의 토기가 출토되며, ② 소결상태나 표면상태가 불량한 토기가 많고, ③ 다량의 토기편들과 함께 불에 노출된 돌들이 출토되면서, ④ 바닥과 벽이 소결되었거나 매몰토에 다량의 숯과 燒粘土가 포함되는 등의 특징을 가진다고 한다. 이와 동시에 燒粘土塊 형태를 근거로 원형 덮개의 존재를 상정하였다. 또한, 소성유구의 상호비교를 통하여 원형에서 溝狀, 溝狀에서 登窯로의 변화를 추정하였다(金賢 2002). 유구에 대한 면밀한 관찰을 통한 뛰어난 성과라 할 수 있지만 구상유구에서 등요로의 변화에 대해서는 좀 더 신중한 검토가 요구된다.

토기 자체에 대한 관찰을 통하여 무문토기 소성기법을 검토한 연구로 小林正史 등에 의한 논고가 있다. 울산 검단리, 사천 늑도유적 출토 토기가 검토대상으로 되었는데, 전자에 비해 후자가 보다 땔나무를 많이 사용하며 密閉度가 낮은 덮개형 야외소성인 것이 밝혀졌다(小林正史 外 2000). 또한, 필자 등은 소성흔이 관찰되기 쉬운 대형토기를 대상으로 흑반의 관찰과 기록을 행하였다. 그 결과 송국리형옹관은 덮개형 야외소성의 전형적인 패턴을 나타내며, 토기를 橫置하고 땔나무를 비교적 많이 사용하는 기법으로 복원되었다(孫晙鎬·庄田愼矢 2004). 이는 영남지방과 北部九州에서 동시기에 속한 토기의 소성기법에 대한 검토결과(長友朋子 外 2004; 長友朋子 2006)와 비교하였을 때 공통적인 요소들을 많이 나타낸 것으로 확인되었다(庄田愼矢·孫晙鎬 2004).

한편, 田崎博之(2005)는 토기소성과정에서 생성된 부산물을 유형화하여 이를 재료로 토기소성장을 파악하였으며, 이를 기초로 취락 내에서 토기제작 형태의 시대적 변화에 접근하려고 하였다. 하지만 토기소성 殘滓가 확인되지 않는다고 해도 거기서 토기소성이 이루어지지 않았다고 할 수는 없기 때문에, 토기소성장으로 인정되지 않으면 토기를 굽지 않았다고 판단하는 田崎의 모델은 상당히 적은 자료를 일반화시킬 위험이 있다. 그리고 무문토기가 덮개형 야외소성으로 구워졌다고 하였는데, 보다 구체적인 소성기법에 대한 언급은 없었다. 이와 관련해서 부언한다면, 토기의 생산체제에 대해서는 최근에 암석학 및 화학분석을 활용하여 보다 실증적인 접근이 시도되고 있으며(趙大衍·Day·Kilikoglou 2004; 조대연 2005), 앞으로의 전개가 기대된다.

이상과 같은 선행연구를 회고할 때 다음과 같은 문제점을 지적할 수 있다. 첫째, 토기와 소성유구를 따로 분석하여 이들의 상호관계에 대해서 언급하지 못하였다. 둘째, 한국 청동기시대 무문토기를 염두에 둔 소성실험이 이루어지지 않았다. 셋째, 시대적인 변화와 그 요인에 대한 검토가 부족하다. 따라서 이 글에서는 실제 유물과 유구를 종합적으로 검토하여, 이를 염두에 둔 소성실험을 행함으로써 기술적인 변화의 배경과 요인에 대해서도 보다 구체적으로 접근하고자 한다.

3. 土器에 남겨진 燒成痕의 觀察과 解釋

1) 土器 燒成痕의 種類와 解釋方法

　토기에 남겨진 소성흔으로는 흑반(黑斑), 화색(火色), 소성파열흔 등이 있는데[3], 실제 유물을 관찰할 때에는 토기의 라이프 히스토리를 통하여 토기 기면에 영향을 미치는 여러 가지 요인을 상정하여야 한다(도 1)[4]. 토기가 만들어졌을 때부터 매몰 후 출토되어 관찰을 하게 될 때까지에는 다음과 같은 단계를 거치게 된다. 즉, 제작으로부터 시작하여 관찰까지 크게 8개의 단계를 상정할 수 있는데, 제작과정은 보다 세분하여 살펴 볼 필요가 있다. 우선 성형 및 정면을 끝낸 후에 토기를 건조시키게 되는데, 이때 토기에서 수분이 빠져나가면서 기물이 수축된다(도 1 - 2). 수축은 소성에 의해서도 일어난다. 또한, 소성흔인 흑반과 화색, 그리고 소성파열흔이 이 단계에서 나타날 수 있다(3). 소성된 토기는 사용되는 장소로 운반된다. 이때 운반을 위해 이용한 그물의 흔적이 남겨지거나 기면이 마모될 가능성이 있다(4). 운반된 토기는 煮沸 / 貯藏 / 食膳 등 여러 가지 용도로 사용되는데, 이와 동시에 사용흔이 나타나게 된다(5). 특히 자비용기의 경우는 외면에 그을음과 산화부, 내면에 탄착흔과 소원형박리(小圓形剝離)가 확인될 경우도 많다. 일정기간이 지나서 사용하지 않게 된 토기는 폐기된다. 폐기된 토기는 깨지거나 결실이 되고(6), 흙 속에 매몰되면서 변형 및 변색이 된다(9). 물론 사용되기 전에 여러가지 이유로 토기가 파손되어 폐기될 가능성도 있다(7 · 8). 이러한 토기가 발굴되면 토기편들에 대해서 세척과 복원을 하게 된다. 이 과정에서도 기면 마모나 결손, 혹은 접착제의 부착 등이 일어난다(11). 우리가 관찰대상으로 하는 토기는 이처럼 여러 단계를 거쳐서 생긴 흔적들을 가진 대단히 복잡한 표면상태를 지닌다(12).

　따라서, 소성흔을 관찰하기 전에 토기 기면에 나타난 여러 가지 변색부분에 대하여 소성흔인지 사용흔인시, 혹은 기타 흔적인지를 식별하는 직업이 우선되어야 한다. 이를 위해 많은 유물을 실견하는 것뿐만 아니라 실험을 통해서 각각의 과정에서 생성되는 패

---

3 토기소성과 관련된 각 용어에 대해서는 뒤의 「토기소성 관련 용어해설」을 참조하시기 바란다.
4 이 개념도의 작성에 있어서는 川畑誠(1999)에 의한 논고를 참고로 하였다.

턴을 파악하고 유물관찰에 적용하는 것이 중요하다. 그리고 특히 소성흔인 흑반과 사용흔인 그을음의 구별 방법에 대해서는 다음 4가지의 기준으로 판단하였다. 즉, 1) 회~청색조를 띠는 것이 흑반, 갈색조를 띠는 것이 그을음, 2) 평면상 경계부분이 점진적으로 옅어지는 것이 흑반, 이러한 양상이 보이지 않는 것이 그을음, 3) 집중적인 밀집형태를 이루는 것이 흑반, 수평방향의 띠 형태를 이루는 경향이 있는 것이 그을음, 4) 기벽 내면에까지 침투되어 있는 것이 흑반, 기면에 얇게 부착되어 떨어지기 쉬운 것이 그을음이라는 네 가지이다. 그리고 이러한 이유 때문에 결국 소성흔과 사용흔의 관찰은 동시에 진행되는 것이 보통이다.

다음으로 소성흔이 나타나는 원인에 대해서 살펴보고자 한다. 이와 관련해서 일본에서 많은 성과가 축적되어 있는데(久保田雅壽 1989; 岡安雅彦 1994; 石橋新次 1997·1998; 小林正史 外 2003; 北野博司 2005), 이들을 참고로 追認實驗을 실시하였다[5].

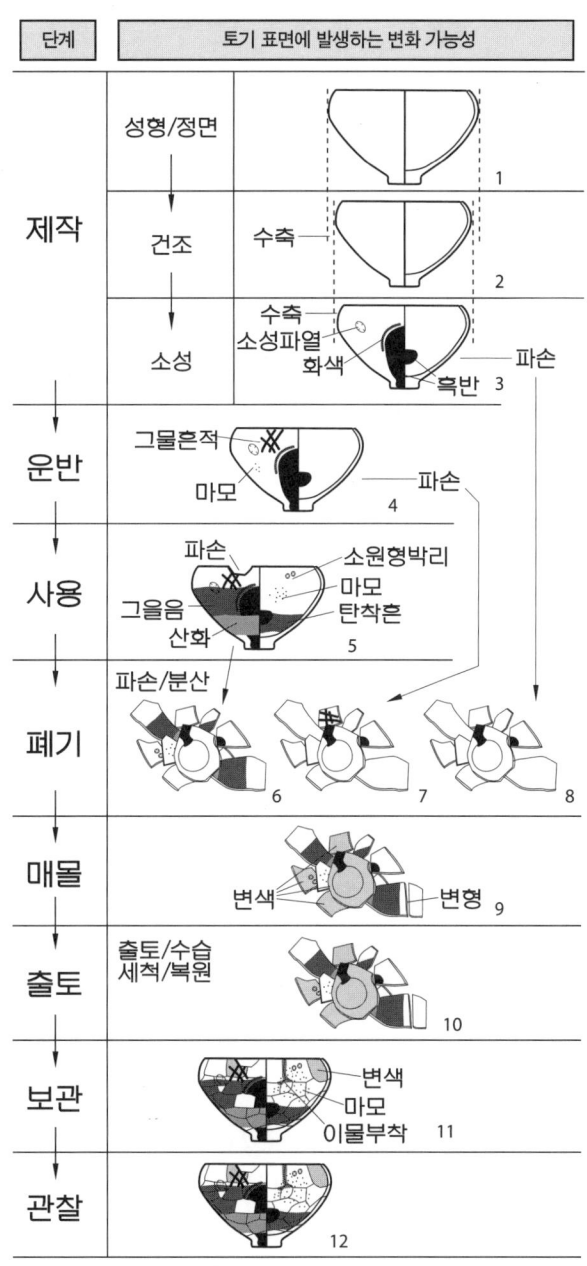

도1_토기의 라이프 히스토리와 표면의 변화 가능성

그 결과 개방형 야외소성과 덮개형 야외소성에서 나타나는 소성흔의 뚜렷한 차이와 토기 설치각도에 따라 흑반 부착위치가 달라지는 점이 확인되었다. 구체적으로 살펴보면 다음과 같다.

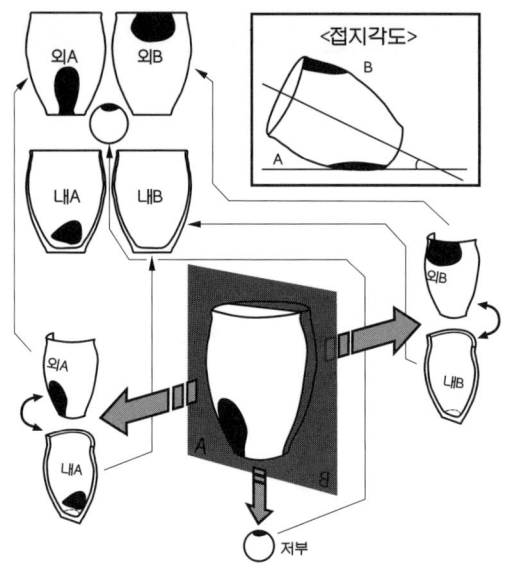

도2 _ 토기 소성흔 실측도의 표기방법

우선 도면의 표기방법에 대해서 설명한다(도 2). 토기를 반으로 잘라 소성 종료시에 지면 쪽에 향하는 면을 A면(접지면)이라고 하며, 그 외면을 외A면, 내면을 내A면이라 부른다. 반대 쪽 면을 마찬가지로 외B면·내B면이라 한다. 도면에 표시한 바와 같이 외A면을 왼쪽 위에, 내A면을 왼쪽 아래에, 외B면을 오른쪽 위에, 그리고 내B면을 오른쪽 아래에, 그리고 저부를 가운데로 각각 배치하였다. 또한, 소성 종료시에 지면과 토기 중심축이 이룬 각도를 접지각도[6]라 한다. 또한, 흑반은 진한 것과 연한 것으로 나눠 표기하였고, 원래 흑반이 없는지 확인을 못하였는지를 구별하기 위해 결실부분을 '결'로 표시하였다. 그리고 조리흔 등에 의해 소성흔 관찰이 곤란할 경우에는 '불명'이라 표기하였다.

다음으로 실험에 사용한 토기를 관찰한다. 접지각도 26°로 설치된 〈도 3 - 1〉과 51°의 〈도 3 - 2〉은 외면에 부착된 흑반의 위치에는 명확한 차이가 있다. 즉, 외면에서는 접지면과 덮개가 접한 면에 흑반이 생기면서 내면에서는 지면 쪽인 A면에만 접지 부분과 정확히 대응하여 위치함을 알 수 있다. 덮개와 접했던 흑반 周緣部는 짚에 의해 경계가 줄상을 띄고, (1)에서는 화색도 관찰된다. 또한, 거의 직립되었던 〈도 3 - 3〉에서는 접지 부분인 저부 전체에 흑반이 생기고(燒成坑 바닥에 깐 짚에서 유래한 줄상흑반도 관찰됨) 내면에서도 소성시에 가장 밑에 위치했던 저부 부근에 흑반이 존재한다. 한편, 개방형 야외소성에서는 상기와 같은 패턴은 관찰되지 않으며, 매우 불규칙한 분포를 나타낸다. 가장 큰 특징은 내면 여러 곳에 흑반이 확인되는 점이다〈도 3 - 4〉. 즉, 소성 종료시의 접지면인 내A면에서는 숯에 의한 흑반 및 산화부가 확인되는데, 이와 동시에 외B면의 측면

5 2005년 11월 10일에 고려대학교 서창캠퍼스에서 실시하였는데, 고려대학교 고고환경연구소와 小林正史·北野博司 양 선생님 및 東北藝術工科大學 학생 등의 공동으로 작업하였다. 소성실험의 조건설정과 경과기록 및 결과와 고찰 등 자세한 내용은 이 책 5장에 수록되어 있다.
6 설치각도라고도 하지만, 설치된 위치에서 이동했을 가능성을 고려하여 접지각도라 하고자 한다.

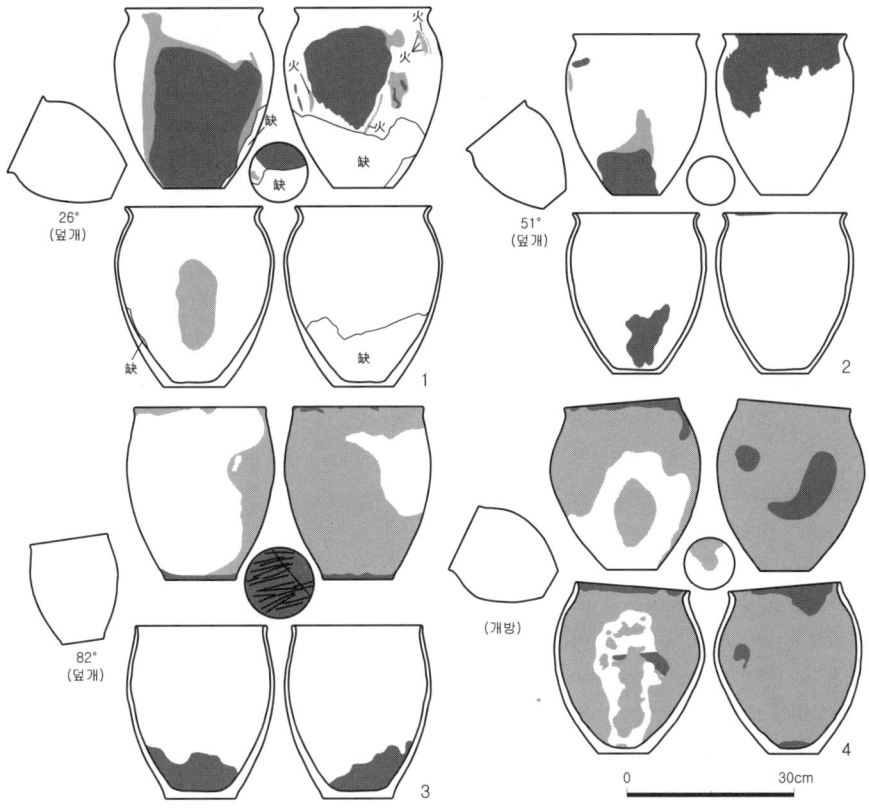

도 3 _ 소성실험 토기의 소성흔 패턴(S=1/12)

1 : 직립해서 소성
2 : 소성 중간에서 횡치
3 : 직립 시에 생성된 흑반과 횡치된 후에 생성된 흑반

도 4 _ 개방형 소성과정에서 토기를 이동하였을 때에
내면에 나타난 두 개의 흑반

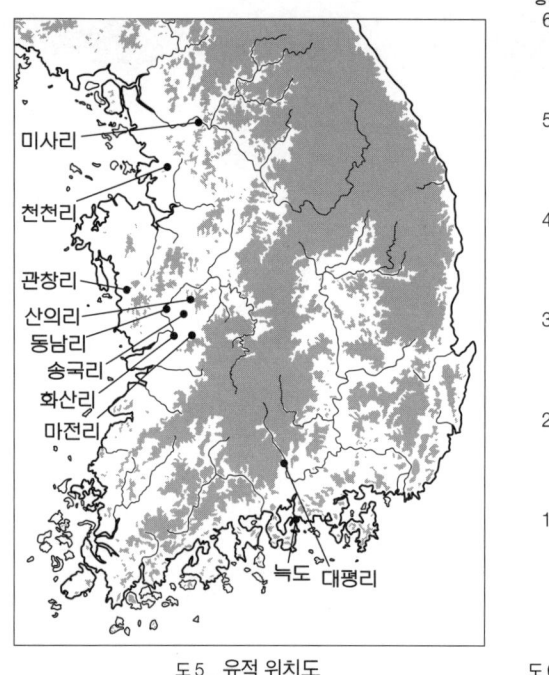

도5 _ 유적 위치도   도6 _ 미사리유적 출토 토기의 용량분포

쪽과 저부 쪽에도 흑반이 확인된다. 이는 소성이 진행되면서 토기가 위치를 이동하였기 때문에 그 때마다 생성된 숯 집적 흑반이 누적되어서 일어난 현상이다(도 4).

이상과 같은 실험결과를 토대로 다음 장에서는 유적 출토 토기에 남겨진 소성흔을 분석하고자 한다. 이 글에서 언급된 자료가 출토된 유적 위치를 〈도 5〉에 제시하였다.

2) 渼沙里遺蹟 出土 前期 無文土器 燒成痕(도 7·8)

하남 미사리유적 서울대 조사구(任孝宰·崔鍾澤·林尙澤·吳世筵 1994) 및 고려대 조사구(尹世英·李弘鍾 1994) 출토 토기를 대상으로 전기 무문토기의 소성흔을 검토하였다. 완형으로 복원된 상태로 보고된 토기 개체수는 19점이었는데, 이 가운데 실제로 관찰할 수 있던 것은 15점이었다. 검토대상 토기군은 용량[7] 1.1 *l* 이하의 소형, 2.5~9 *l* 의 중형, 21 *l* 이상의 대형으로 구분된다(도 6). 이하에서 크기 별로 기술하고자 한다.

---

7 이 글에서 표시한 용량은 AutoCAD 2005를 사용하여 실측도에서 3D 솔리드 모델을 작성함으로써 산출하였다. 무문토기는 완전한 회전체가 아니기 때문에 약간의 오차가 있지만, 토기군 전체의 용량구성을 알기 위해서는 문제가 없다고 판단하였다.

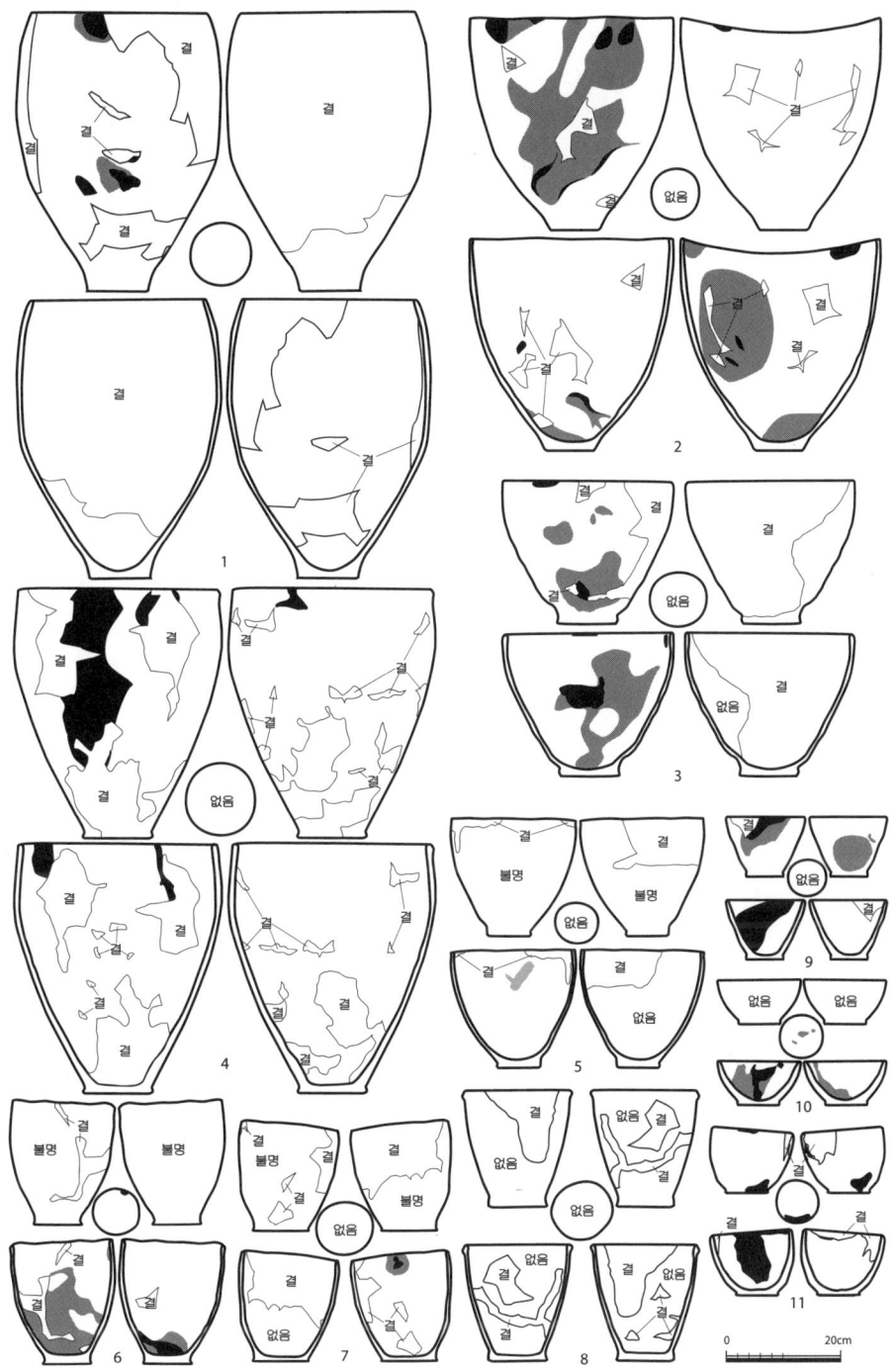

도 7 _ 미사리유적 출토 토기의 소성흔 1

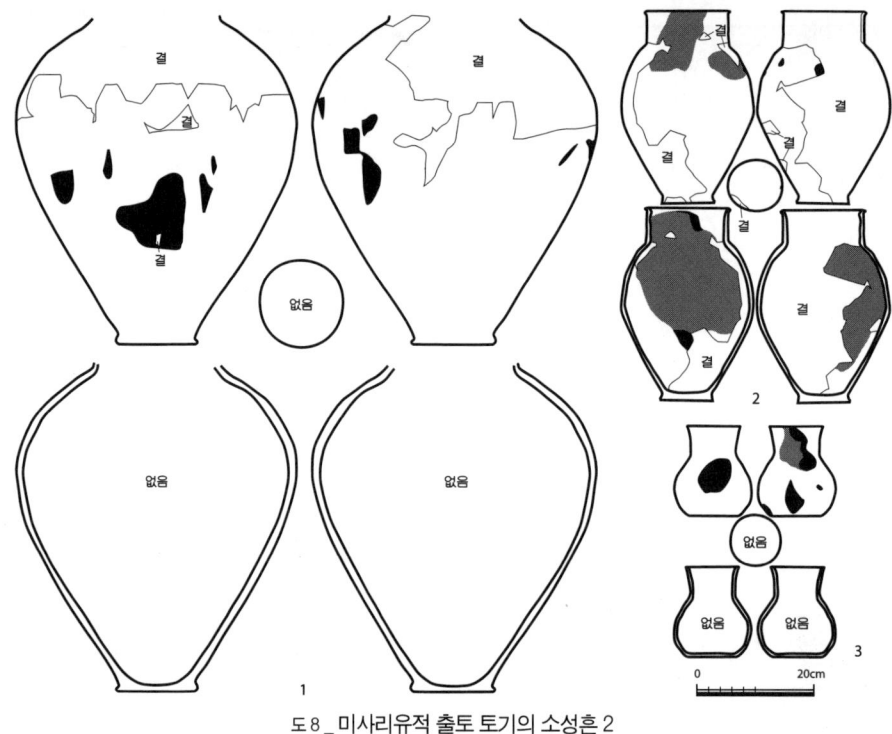

도 8 _ 미사리유적 출토 토기의 소성흔 2

⑴ **大型土器**

〈도 7 - 1 · 2 · 4, 도 8 - 1〉이 이에 해당한다. 흑반은 부정형이며, 잔존상태가 안 좋은
〈도 7 - 1〉을 제외하면 내 · 외면에서 측면까지 이루어진다. 특히 내면에서 측면의 복수
개소에 흑반이 확인되는 점은 소성과정에서 여러 차례 자세를 변경한 것을 시사한다〈도
7 - 2, 4〉. 또한, 내A면 및 외A · B면에 부착된 흑반위치의 대응관계는 확인되지 않았다.
〈도 7 - 2 · 4〉에서 보이는 결입부가 있는 흑반은 장작불에서 유래한 것으로 추정된다.

⑵ **中型土器**

〈도 7 - 3 · 5~8, 도 8 - 2〉가 이에 해당한다. 내 · 외면에서 측면까지 넓게 분포하는 부정
형흑반(도 7 - 3 · 6, 도 8 - 2), 땔나무 접촉 흑반(도 7 - 5) 등이 관찰된다. 특히 〈도 7 - 3〉에서는
내A면 측면과 정면의 짙은 흑반이 확인되며, 소성과정에서 자세가 바뀐 것을 시사한다.

⑶ **小型土器**

〈도 7 - 9~11, 도 8 - 3〉이다. 〈도 7 - 9~11〉은 모두 내면 측면까지 이르는 부정형흑반

이 보인다. 〈도 8 - 3〉에서는 외A면에서 타원형 흑반이 관찰되지만 외B면에는 역시 측면까지 부정형흑반이 확인된다.

⑷ 小結

덮개형 야외소성에서 관찰된 패턴인 내A면 및 외A · B면에 생성된 흑반 위치의 대응관계가 전혀 관찰되지 않고 측면까지 이르는 부정형흑반이 분포되었다. 또한, 땔나무에서 강한 불이 나왔던 것을 시사하는 결입부가 있는 흑반이나 얼룩진 흑반분포가 관찰되었다. 이상으로 이 토기군은 소성 진행시에도 위치를 바꿀 수 있고 불꽃이 불규칙적으로 발생하는 개방형 야외소성으로 구워졌을 가능성이 높다. 다만, 〈도 7 - 4〉와 같이 상당히 넓은 범위의 흑반은 땔나무만으로 설명하기가 어렵기 때문에 草本燃料가 존재하였을 가능성도 있다. 한편, 크기별로 소성방법에 특별한 차이는 확인되지 않았다.

3) 寬倉里遺蹟 出土 中期 無文土器와 松菊里型甕棺 燒成痕

보령 관창리유적(李弘鍾 · 姜元杓 · 孫晙鎬 2001) 출토 토기를 대상으로 중기 무문토기의 소성흔을 검토하였다. 완형으로 복원된 토기는 총 18개체이었는데, 이들 모든 토기를 관찰하였다. 이 토기군은 5 *l* 이하의 소형과 6~12 *l* 의 중형으로 분류된다(도 9 - 11). 비교적으로 소형에 편중되는 경향이 있는데, 이는 대형토기 가운데 완형품이 적은 것에 기인한다. 이 점을 보충하기 위해 前稿(孫晙鎬 · 庄田愼矢 2004)에서 검토한 일상용 토기의 轉用品인 옹관을 원용한다. 옹관으로 사용된 토기 용량은 17.6~185.8 *l* 로 다양하다[8].

⑴ 中型土器

〈도 9 - 1~5, 도 10 - 1〉이 이에 해당한다. 한 개체의 여러 면에서 중심선상에 흑반이 분포되는 경향을 볼 수 있는데(도 9 - 1 내A · 외B, 도 9 -3 외A · B, 도 9 - 4 외A · B, 도 9 -5외A · B), 이는 소성시에 토기의 접지면과 덮개 접촉면과의 대응관계를 나타낸 것으로 생각된다. 흑반 형태는 약간 불규칙하고 흑반이 측면까지 분포된 사례도 있다(도 9 - 3 · 4). 흑반 부착부위를 근거로 추정된 접지각도는 대부분이 橫置이다.

⑶ 小型土器

〈도 9 - 8~10, 도 10 - 2~8〉이다. 면적이 넓은 타원형흑반이 관찰되는 점〈도 9 - 7, 9,

---

8 그래프〈도 9 - 11〉에는 편의상 극단적으로 대형인 185.8 한 점을 제외하고 표시하였다.

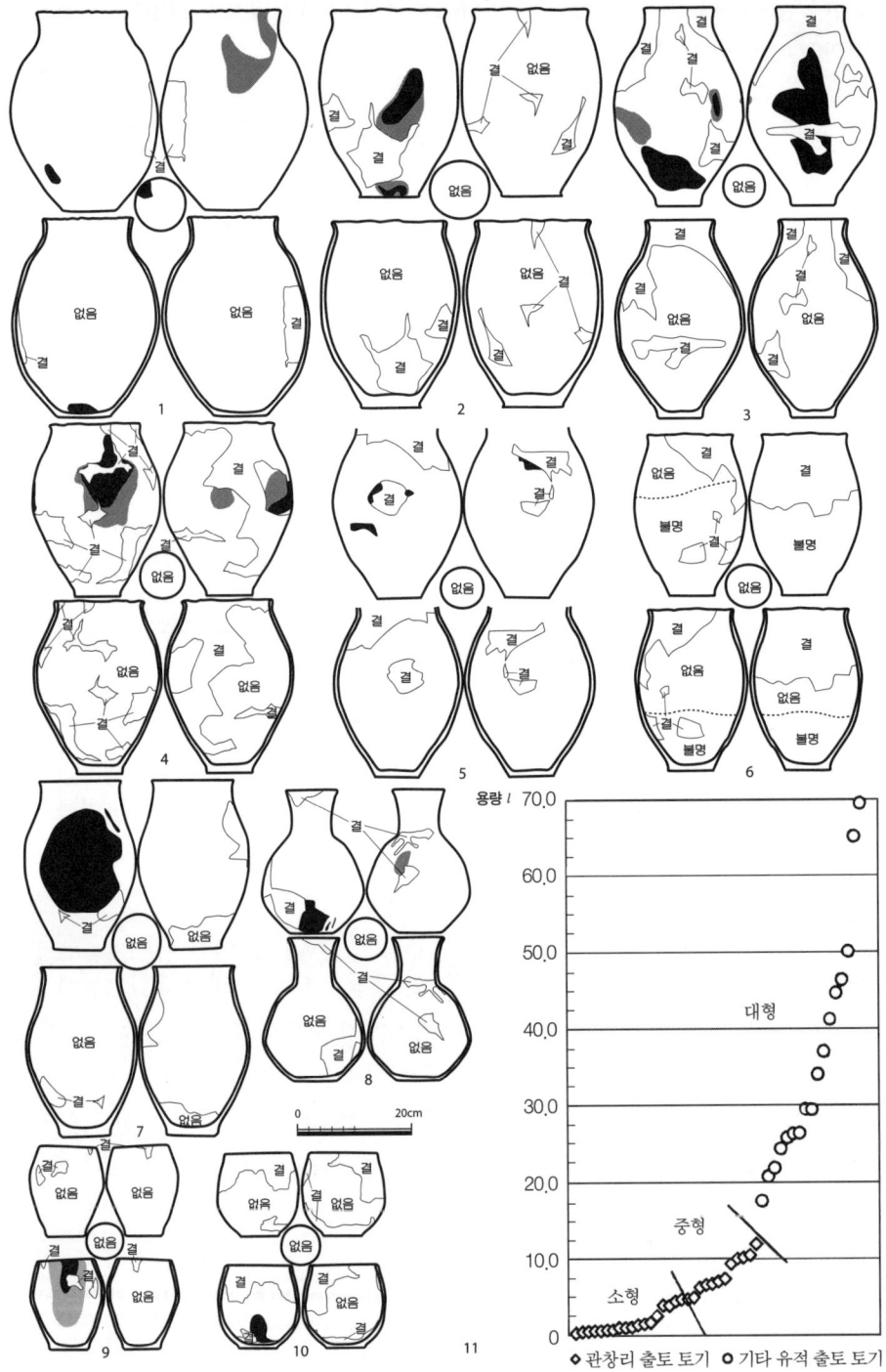

도 9 _ 관창리유적 출토 토기의 소성흔 1

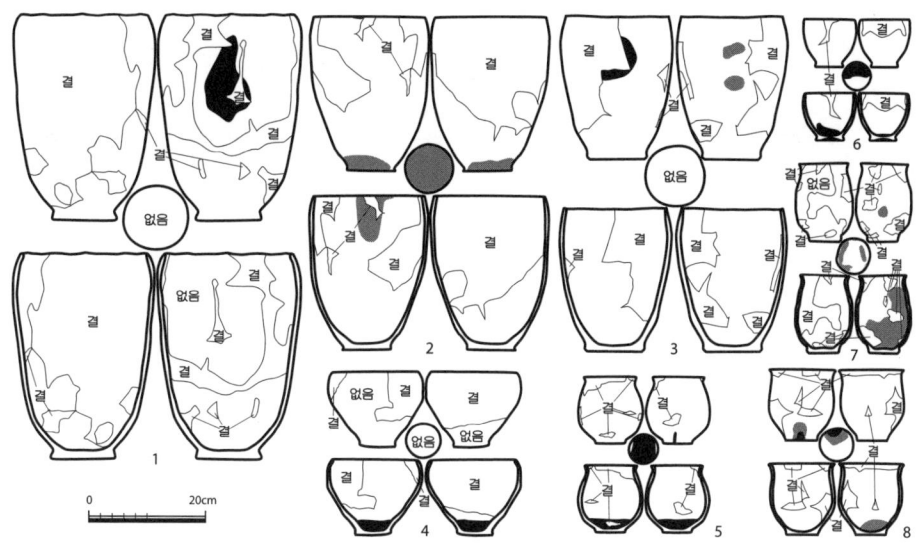

도 10 _ 관창리유적 출토 토기의 소성흔 2

10 - 3)이 특징적이다. 이들은 흑반 위치로부터 소성시 橫置되었을 것이 추정되는데, 한편으로 〈도 9 - 8, 10, 도 10 - 8〉은 동체하부, 〈도 10 - 2, 4~6〉은 저부 부근에 흑반이 확인되어 접지각도는 일정하지 않다.

⑶ 大型土器 〈도 11〉[9]

이 토기군에는 전체적으로 내면에 흑반이 뚜렷하지 않다. 이는 내부에 땔나무를 삽입하지 않았거나, 구연부가 넓기 때문에 연소가스 순환이 잘 되는 등의 원인이 상정된다. 예외적으로 〈도 11 - 2 · 4〉에서 내면에 흑반이 관찰되는데 그다지 큰 것은 아니다. 한편, 외면에는 흑반이 발달된다. 특히 외A면에 타원형흑반, 외B면에 부정형흑반이 확인되는 것(도 11 - 1 · 2 · 6)이나 외A · B면에 부정형흑반이 관찰된 것(도 11 - 3 · 4 · 5 · 7 · 8)은 덮개형 야외소성에서의 접지면과 덮개 접촉면의 대응관계를 명확하게 나타낸 사례라 할 수 있다. 또한, 〈도 11 - 2 · 3 · 4〉 등을 참고로 하면 토기 중심선보다 측면 쪽에 땔나무를 설치하는 경우도 있었던 것이 확인된다.

⑷ 小結

소 · 중형토기에서는 전기 무문토기와 달리 복수 면에서 흑반이 중심선상에 배치되

---

9 〈도면 8-11〉에서는 기타 도면과 달리 모든 흑반을 동일하게 흑색으로 표시하였다.

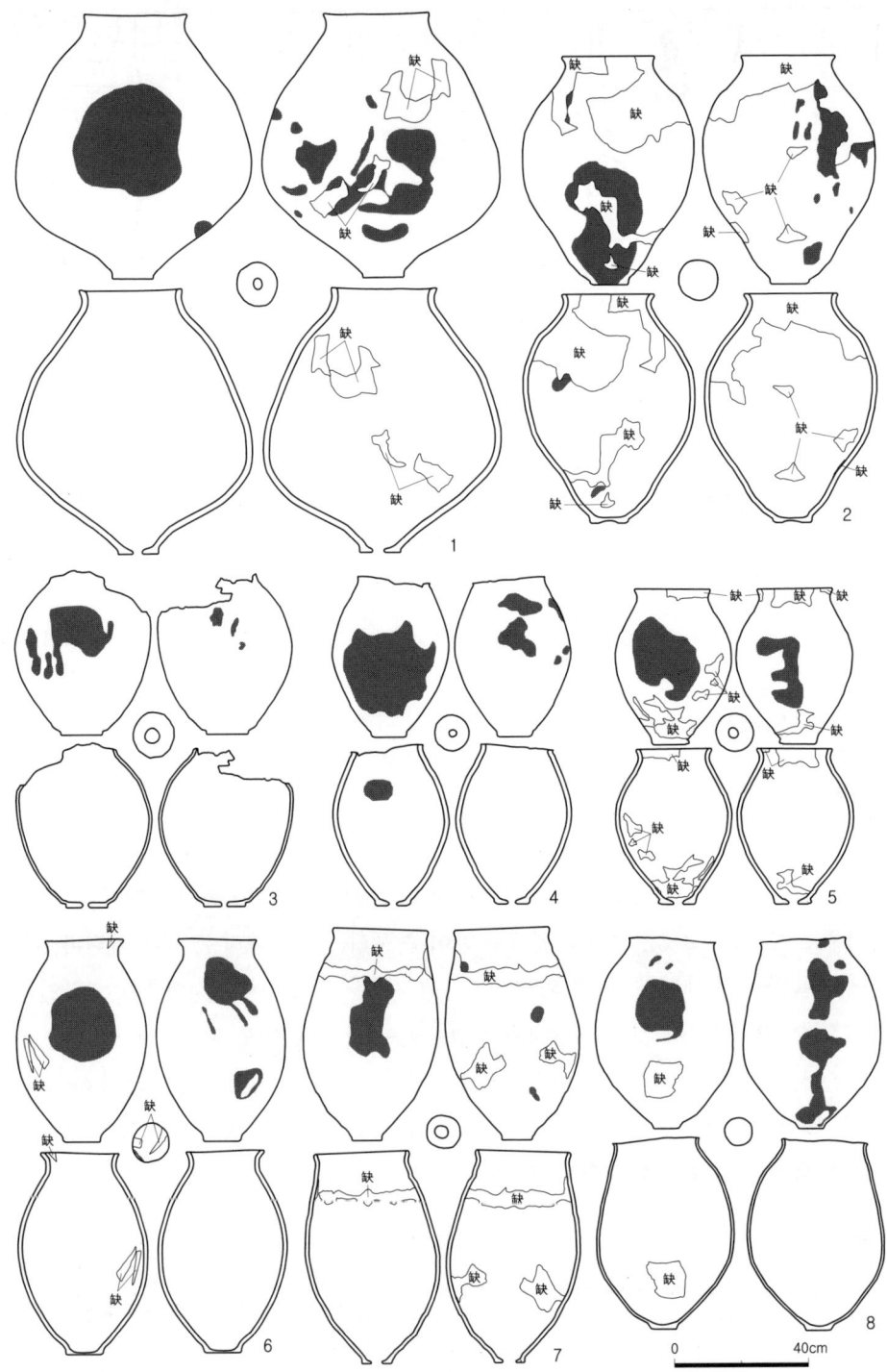

도 11 _ 송국리형 옹관의 소성흔(1, 3, 8 : 마전리, 2, 7 : 산의리, 4 : 송국리, 5 : 동남리, 6 : 화산리)

어 서로 대응관계를 나타내는 등 규칙적인 분포를 나타냈다. 또한, 외면에 넓은 타원형흑반이 다수 확인되기도 하였다. 이러한 요소들을 감안하면 이 토기군은 덮개형 야외소성으로 소성되었다고 판단된다. 대형에 속하는 옹관에서는 이 경향이 더욱 뚜렷하다. 접지 각도를 알 수 있는 자료를 근거로 중형·대형은 대부분 橫置로, 소형은 이와 함께 직립이나 斜置로도 소성된 것이 확인되었다.

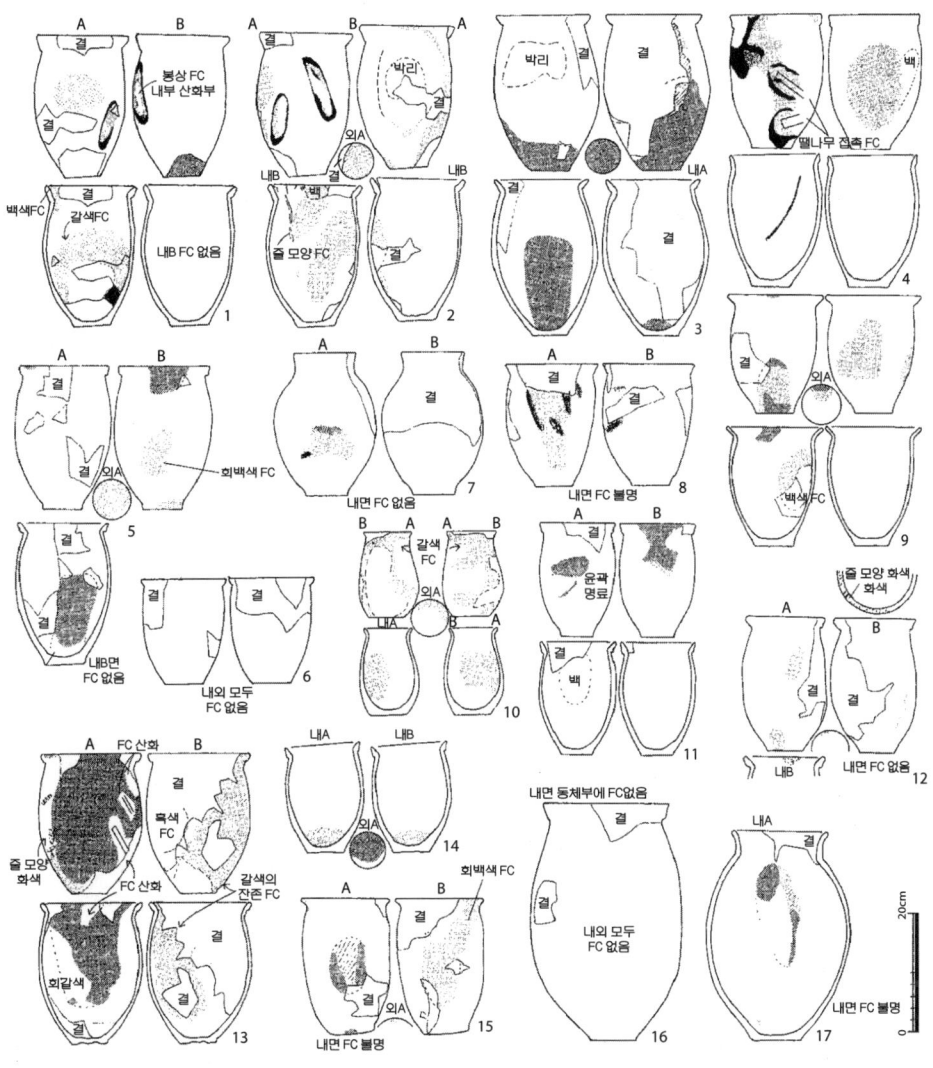

도 12 _ 늑도유적 출토 토기의 소성흔(小林正史 外 2000에서 전재)

4) 勒島遺蹟 出土 後期 無文土器 燒成痕

小林正史 外(2000)의 연구에 의하면 사천 늑도유적(釜山大學校博物館 1989) 토기에서는 내면 숯 집적 흑반이 명확하며 외면에는 덮개접촉흑반 및 땔나무 접촉 흑반 등이 관찰된다. 참고로 그들에 의한 소성흔 실측 도면을 轉載한다(도 12). 토기 색조는 전체적으로 붉다고 하며, 화색도 관찰된다(도 12 - 12 · 13). 내 · 외면에서의 흑반 위치 대응관계가 관찰되어(도 12 - 1 : 내A와 외A · B, 5 : 내A와 외B, 9 : 내A와 외A · B, 11 : 외A와 외B, 13 : 내A와 외A, 15 : 외A와 외B), 덮개형 야외소성으로 구워진 것을 확인할 수 있다. 또한, 〈도 12 - 14〉와 같이 소형토기를 직치해서 소성한 것은 중기의 양상과 비슷하다. 다만 〈도 12 - 13〉을 제외하면 외면에 큰 타원형흑반이 확인되지 않았으며, 땔나무 접촉 흑반이 뚜렷해진 점(도 12 - 1, 2, 4, 8) 등으로 보아 이전 시기와 다른 특징도 명확히 관찰된다. 또한, 접지각도에 대해서는 용량이 비교적 큰 토기에서도 斜置된 예(도 12 - 7, 9)가 보인다.

5) 燒成痕의 通時的 變化

이상과 같이 극히 한정된 자료를 토대로 무문토기에서 관찰되는 소성흔의 통시적인 변화를 개략적으로 상정한다면 다음과 같이 정리할 수 있다.

우선 전기단계에서는 전형적인 덮개형 야외소성 흑반 패턴은 확인되지 않아 개방형 야외소성이었을 가능성이 높다. 한편, 중기 이후에는 확실히 덮개형 야외소성이 도입되었는데, 대 · 중형토기는 橫置로, 소형은 임의적인 설치각도로 소성되었다. 땔나무 등을 토기 내부에 의도적으로 삽입하지 않았지만, 외면에서의 땔나무 접촉 흑반 출현빈도를 통하여 비교적 많은 땔나무가 사용된 것으로 추정된다. 후기에는 토기 내부로의 의도적인 연료 삽입 등 땔나무 사용량이 더욱더 증대된다. 대형토기의 접지각도도 橫置뿐만 아니라 斜置가 추가된다.

향후 자료 보완에 의해 상술한 변천관을 검증하면서 이러한 현상의 배경에 대해서도 다각적으로 검토할 필요가 있다.

4. 靑銅器時代 土器燒成遺構 檢討

이 장에서는 토기소성시설로 추정된 유구에 대해서 살펴보고자 한다. 신석기시대에도 토기소성유구로 상정된 사례가 약간 있지만[10], 청동기시대에 증가된다. 청동기시대의 토기소성유구로 보고되거나 언급된 사례을 집성한 것이 (표 1)[11]이다. 이 밖에도 토기소성유구로 보고되지 않았지만 그 가능성이 있는 유구도 많이 있을 것이다[12]. 또한, 표에 제시된 유구를 모두 토기소성유구로 인정해도 되는지에 대해서도 검토를 계속할 필요가 있다.

표 1 _ 청동기시대 토기소성유구로 언급된 사례

유적	유구	시기	길이	폭	깊이	형태	특징	출토유물	문
천안 백석동	추정요지	전기	493	236	36	凸자형	목탄 · 피열된 석렬	토기편 · 상부에서 석기	1
울산 화정리	16호 구	중기	500	110	15	구상	소토 · 할석	토기편 · 어망추 · 석기	2
거창 대야리	5호 소형 토광	중기	150	150	12	원형	바닥 피열	토기편	3
거창 대야리	11호 소형 토광	중기	160	74	20	타원형	바닥 피열	없음	3
공주 안영리	소성유구	중기	202	136	28	말각방형	목탄 · 소토	토기편	4
승주 대곡리	요	중기	115	100	15	말각방형	목탄 · 소성점토괴	토기편 · 석촉 · 석도	5
서천 오석리	소토유구	중기	262	110	24	부정형	소토 · 할석	토기편	6
서천 옥북리	소성유구	중기	195	112	17	말각방형	목탄 · 소성점토괴	토기편	7
서천 옥북리	1호 토기요	중기	137	130	23	말각방형	소성점토괴	토기편	8
서천 옥북리	2호 토기요	중기	141	113	31	말각방형	소성점토괴	토기편	8
서천 옥북리	3호 토기요	중기	140	139	11	말각방형	소성점토괴	토기편	8
서천 옥북리	4호 토기요	중기	128	112	28	말각방형	소토 · 할석	토기편	8
진주 대평리	620호 원형요	중기	200	200	25	원형	목탄 · 소성점토괴 · 피열된 자갈	토기편 · 숫돌 · 석촉 · 석부	9
진주 대평리	621호 구상요	중기	420	105	58	구상	목탄 · 소성점토괴 · 판석	토기편 · 석도 · 석촉 · 방추차	9

---

10 하남 미사리(황용혼 외 1994; 배기동 · 김아관 1994; 임효재 외 1994), 서울 암사동(임효재 1983), 양양 오산리(감원룡 외 1985; 임효재 · 이준정 1988), 금릉 송죽리(조영현 1993), 김해 수가리패총(정징원 외 1981), 부산 상등패총(김동호 · 박구병 1989), 평양 표대(김춘배 2006), 고성 문암리(김춘배 2006) 등에서 토기소성유구로 언급된 사례가 있다.

11 집성표 작성에 있어서는 金賢(2002)과 강경숙(2005, pp.32~56)의 연구성과를 참조하였다.

12 명암리유적 7호 주거지의 상층에서 소토덩어리들이 두껍게 깔려 있었는데(羅建柱 · 姜秉權 2003, p.40), 조사 담당자에 의하면 소성유구의 가능성이 있다고 한다. 보통 토기소성유구로 한정할 근거가 부족해서 단정하지 못할 경우가 많기 때문에 보고된 건수가 적다고 생각된다.

유적	유구	시기	길이	폭	깊이	형태	특징	출토유물	문
청원 궁평리	2호 요지	중기	300	260	20	부정형	목탄·소토·바닥 피열	토기편	10
부여 송국리	55지구 요지	중기	370	330	80	원형	소성점토괴·바닥 피열	토기·석검·방추차·석착·토제관옥	11
보령 관창리	KY-801	중기	350	250	30	타원형	목탄·소토	토기편·석촉	12
보령 관창리	KY-802	중기	340	330	30	원형	소토·할석	토기편·석촉·요석	12
보령 관창리	KY-803	중기	570	330	30	부정형	목탄	토기편·요석	12
보령 관창리	KY-804	중기	340	260	20	타원형	목탄	토기편·석검·숫돌·방추차·석추	12
보령 관창리	KY-805	중기	410	320	40	타원형		토기편	12
보령 관창리	KY-806	중기	390	300	10	타원형		숫돌	12
보령 관창리	KY-807	중기	420	270	30	부정형·2단		석부·석촉·석검	12
보령 관창리	KY-808	중기	340	310	20	원형·2단	점토괴	토기편·석촉·방추차	12
보령 관창리	KY-809	중기	330	280	50	타원형·2단		토기편·석촉	12
보령 관창리	KY-810	중기	310	230	30	부정형·2단		토기편·석촉·요석	12
보령 관창리	KY-811	중기	300	240	30	타원형		토기편	12
보령 관창리	KY-812	중기	280	160	10	부정형		토기편	12
보령 관창리	KY-813	중기	310	220	22	부정원형		토기편·요석	12
보령 관창리	KY-814	중기	340	300	30	부정형·2단		토기편·석촉·요석	12
보령 관창리	KY-815	중기	320	230	30	타원형·2단		토기편·요석	12
보령 관창리	KY-816	중기	220	160	18	부정원형		토기편	12
보령 관창리	KY-817	중기	470	320	25	부정형·2단		토기편	12
보령 관창리	KY-818	중기	640	470	50	부정형	소토·할석	토기편·석촉·석도·석추	12
보령 관창리	KY-819	중기	410	220	25	무성원형	목탄·소토	토기편·식추	12
보령 관창리	KY-820	중기	370	260	30	타원형·2단		토기편	12
보령 관창리	KY-821	중기	220	220	40	원형	목탄	토기편	12
보령 관창리	KY-822	중기	280	200	10	타원형		토기편·석부	12
보령 관창리	KY-823	중기	240	180	25	타원형			12

유적	유구	시기	길이	폭	깊이	형태	특징	출토유물	문
보령 관창리	KY-824	중기	230	60	30	부정형			12
보령 관창리	KY-825	중기	420	220	16	부정원형	목탄·소토	토기편	12
광주 신창동	타원형 토기요지	후기	410	240	26	부정형	대석· 바닥 피열	토기편	13
강릉 방동리	C-1호 요	후기	173	162	62	원형	소성점토괴	토기편	14
사천 방지리	5호 구상유구	후기	1710	430	10	구상	목탄·소토 ·할석	토기편	15
합천 영창리	7호 요	후기	142	135	39	말각방형	목탄·재·바 닥과 벽 피열	토기편	16
합천 영창리	27호 요	후기	1500	162	60	구상	할석· 바닥 벽 피열	토기편·탄화곡립	16
논산 원북리	1호 소성유구	후기	182	180	56	부정원형	목탄·소토· 바닥 벽 피열	토기편	17
논산 원북리	2호 소성유구	후기	120	120	35	원형	소토· 바닥 벽 피열	토기편·탄화미	17
논산 원북리	3호 소성유구	후기	128	78	18	말각방형	목탄·소토	토기편	17
용인 대덕골	소성유구	후기	470	250	26	부정형	목탄·소토	토기편·용도미상석기	18
김해 대성동	소성유구	후기~ 원삼국	1470	680	50	부정형 ·2단	목탄·재· 소토·자갈	토기편·방추차 ·요석·숫돌	19
사천 봉계리	1호 요	후기~ 원삼국	1890	358	63	구상	목탄·소토 ·할석	토기편·석촉	20
사천 봉계리	1-1호 요	후기~ 원삼국	1890	261	45	구상	목탄·소토 ·할석	토기편	20
사천 봉계리	2호 요	후기~ 원삼국	2340	400	65	구상	목탄·소성 토괴	토기편·숫돌	20
사천 봉계리	3호 요	후기~ 원삼국	1160	300	30	구상	목탄·소토 ·할석	토기편·부리형석기	20

토기소성유구 인정방법에 대해서는 이미 발표된 연구성과가 있는데(木立雅朗 1997), 이 글에서는 일부러 이 기준에 따르지 않고 소성유구로 보고되거나 보고자 이외 연구자에 의해 소성유구로 언급된 사례를 가능한 소개하였다. 이는 필자가 직접 발굴현장에서 실견할 수 있던 사례가 극히 일부에 지나지 않았을 뿐만 아니라 보고 내용만으로 토기소성유구인지 아닌지를 단정할 수 없는 경우가 많으며, 현재로서는 자료를 가능한 모으는 것을 우선하여야 한다고 생각하기 때문이다.

다만, 필자가 실견한 것 중에 소성유구라 인정하기가 어려웠던 사례가 있는 것도 사실이다. 서천 옥북리유적에서는 지점을 달리 하는 두 개의 '토기소성유구군'이 확인되었다(忠淸文化財硏究院 2005). 이 가운데 남쪽 군에 속한 5~8호는 상기한 기준과 비교해 매우 규모가 작은 점에 주의가 필요하다. 일본 사례를 참고로 하면 수혈을 팠다고 해도 그 전체에 토기를 설치하는 것이 아니기 때문에 이러한 유구에서는 아주 소량의 토기밖에 소성하지 못하게 된다. 따라서 이들을 토기소성유구로서 적극적으로 인정하기는 어려울 것이다.

(1) 前期

천안 백석동유적 한 예뿐이며, 평면형태는 약간 둥그스름한 凸자형이다(도 13 - 1). 단면상 평탄한 저면을 가지고 벽 경사각도는 완만하다. 이러한 형태는 이후 시기에도 유례가 없으며, 또한 남쪽에 돌이 집중적으로 배열되어 있는 점도 특징적이다. 목탄이나 뚜렷하게 被熱된 석렬, 또한 다량의 토기편을 근거로 토기소성유구로 추정되어 있다. 하지만 소토류가 검출되지 않았기 때문에 신중히 판단할 필요가 있으며, 향후에 자료 증가가 기대된다.

(2) 中期

11개 유적 86기의 유구가 확인되었다. 평면형태는 다양한데, 구상·말각방형·원형·타원형·부정형이 있다. 구상유구는 단면 U자형, 기타는 거의 편평한 저면을 가진다. 극히 일부 유구 내부에 단이 형성되어 이단으로 구성된 것이 있다. 구체적인 사례로 울산 화정동 16호, 공주 안영리 소성유구, 보령 관창리 KY-805·808, 진주 대평리 620호를 제시하였다(도 13 - 2~6).

소성점토괴·소토나 燒成失敗品, 목탄 및 被熱된 바닥이나 벽 등 토기소성유구로서의 특징을 잘 나타낸 유구가 이 시기에 다수 확인된다. 규모는 길이 1~4m, 폭 1~3m 범위에 집중되어 있는데, 예외적으로 길이 5~6m에 이르는 유구도 존재한다.

한편, 토기소성유구에서 석기가 출토된 사례가 의외로 많이 보인다. 석검·석촉·석도 등은 소성유구로의 기능과 직접 관련되지 않다고 생각되는데 숫돌과 요석, 자갈 등은 토기를 설치할 때에 받침으로 사용되었을 가능성도 충분히 있다. 진주 대평리 등에서 被熱된 자갈이 검출된 것이 이를 방증한다[13].

---

13 다만 석재에 따라 온도가 높아지면 파열한 것도 있기 때문에 유적 출토품에 대한 석재분석도 필요하다.

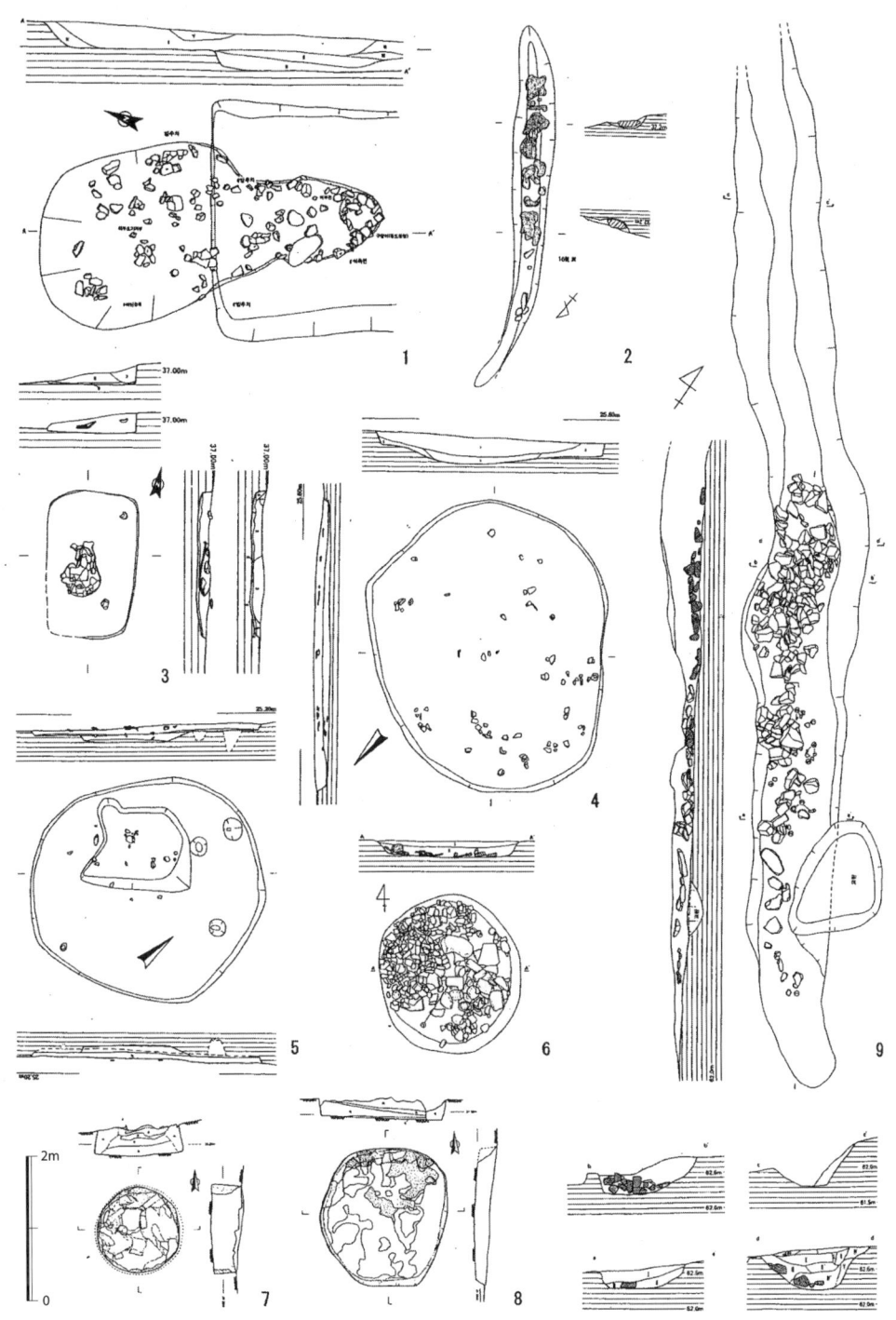

도 13 _ 각 유적 토기소성유구(1 : 백석동, 2 : 화정동, 3 : 안영리, 4 · 5 : 관창리, 6 : 대평리, 7 · 8 : 원북리, 9 : 영창리)

다음으로 덮개를 구성하였음이 상정되어 있는 소성점토괴에 대해서는 김현(2002, p.410 · 420)이 두께 3~4cm로 보고하였다. 필자가 고려대학교 고고환경연구소에 소장되어 있는 관창리유적 KY-808 출토 소성점토괴 가운데 양면이 남아 있는 것으로 판단된 유물의 두께를 계측한 결과도 역시 마찬가지였다(5장 참조). 이는 민족지에서 유추되는 덮개의 두께에 비하여 두꺼운 편이다. 이러한 소성점토괴에 대해서는 日本 和歌山縣 堅田 (카타다)遺蹟 사례와 같이 청동기의 주조와 관련된 시설물로 상정되는 경우(御坊市教育委員會 · 御坊市文化財調査會 2002, pp.209-216)도 있기 때문에 실험에 의한 검증작업과 기타 출토유물을 포함한 종합적인 검토가 이루어져야 한다[14]. 지극히 당연한 이야기이지만, 불을 사용하는 작업은 토기소성에 한정되지 않기 때문이다[15].

⑶ 後期

와질토기 출현이전에 15기, 이후에 6기[16]가 확인되었다. 유구의 평면형태는 구상 · 말각방형 · 원형 · 부정형이 있으며, 중기의 다양성과 거의 변화가 없다. 다만, 후기에 속한 구상소성유구는 폭이 넓어지고 기타 평면형태의 소성유구와 동일하게 편평한 저면을 나타내게 된다. 구체적인 사례로 합천 영창리 27호 요, 논산 원북리 2 · 3호 소성유구를 제시하였다(도 13 - 7~9). 토기소성유구일 가능성을 시사하는 소성점토괴와 소토 및 소성실패품, 목탄, 被熱된 바닥과 벽 등이 관찰된 양상도 중기와 비슷하다.

한편, 규모에 대해서 살펴보면 광주 신창동유적 사례를 제외하면 이들 유구는 길이 및 폭이 1~2m의 소형유구와 길이 10m 이상에 달하는 대형유구로 二極化된 모습을 보여준다. 이는 연속적인 크기의 변이를 나타내는 중기의 양상과는 크게 다르며, 이 두 시기에서의 토기생산 체제 차이를 말해주는 것일지도 모른다. 또한, 상기와 같은 출토 토기에 대한 관찰결과에서는 이 시기에 땔나무를 다용하여 산소 공급량이 많았음이 상정되었다. 이는 연소가스 순환이 어려운 대형 소성시설에서 땔나무를 깔거나 덮개의 밀폐도를 낮게 함으로써 의도적으로 통기성을 높이는 시도였을 가능성도 있다[17]. 물론 후기 무문

---

14 堅田遺蹟 출토 소성점토괴를 실견하였는데 관창리유적 등에서 출토된 것과 상당히 유사함을 확인하였다. 따라서 유물 자체로 이를 토기소성시설의 일부인지 주조시설의 일부인지를 판단하는 것이 불가능하였다.

15 소성점토괴에 대해서는 7장에서도 약간의 언급을 하였다. 그리고 최근에 일본 土師器 소성유구에서 출토된 소성점토괴를 분류하여 그 일부가 소성유구 안에서 토기를 설치하기 위한 도구로 사용되었음을 상정하는 연구도 있다(望月精司 2005).

16 필자는 영남지방에서는 와질토기 출현 이후를 원삼국시대로 보는 입장이지만 이들 사례는 보고자에 의해 '무문토기시대 후기'로 되어 있기 때문에 검토대상에 포함시켰다.

토기에 대한 관찰기록은 아직 미비하기 때문에 앞으로 자료 축적이 필요하다.

또한, 출토유물은 토기편이나 석기 등이며 중기와 큰 차이를 나타내지 않으나, 논산 원북리유적의 소성유구에서 탄화곡물이 출토된 사실은 주목된다. 즉, 이 유구에서 어떠한 의례행의가 행하여졌을 가능성을 시사한다. 한편, 출토된 토기 기종이 모두 비슷하고 소규모인 원북리유적 다 2호 및 3호에서는 대형토기가 출토되었기 때문에 유구 규모와 소성할 토기 종류의 연관성은 특별히 확인되지 않는다.

(4) 小結

이 장에서 기술한 내용을 정리하면 다음과 같다.

전기에는 거의 소성유구가 확인되지 않았으며, 백석동유적 사례를 그것으로 인정한다고 해도 중기 이후의 소성유구와는 차이가 있다. 소성유구가 거의 확인되지 않는 상황은 소성흔 분석을 통하여 이 시기의 소성기법이 개방형이라 판단된 사실과 연관된다. 왜냐하면 개방형 야외소성은 특별한 시설을 동반하지 않기 때문이다.

소성점토괴·소토·소성실패품·목탄·재·被熱된 바닥과 벽체 등의 요소를 근거로 적극적으로 토기소성유구로 인정할 수 있는 사례는 중기 이후에 급증된다. 평면 형태에는 구상·말각방형·원형·타원형·부정형이 있다. 이러한 소성시설의 출현은 앞에서 본 흑반의 변화와 대응하는 것으로 생각된다. 후기의 소성유구는 평면형태가 구상·말각방형·원형·부정형이 있어 중기와 유사하며, 역시 목탄·소성점토괴·소토·被熱된 바닥과 벽체 등이 확인되는 점도 중기와 유사하다. 다만, 규모에 있어서 극소와 극대의 두 가지가 관찰되었다. 이는 비슷한 크기의 연속적인 분포를 보이는 중기와 다른 양상이다. 특별히 소성할 토기에 차이가 있는 것은 아니지만 소형인 원북리 2호 소성유구에서 탄화미가 출토된 점은 이 유구가 보통 소성시설 이상의 의미를 가진 것을 시사한다.

한편, 와질토기에 대해서는 경사진 바닥을 가지는 '등요' 유구에서 소성되었다고 주장된 바 있다(최병현 1990, p.568). 이러한 와질토기가 무문토기와 동일한 시설로 소성되었다고 생각하기는 어렵기 때문에 김해 대성동 및 사천 봉계리 소성유구에서 출토된 와질토기에 대한 해석이 문제가 된다. 이에 대해서는 의도적으로 토기편을 끼워서 고임새의 역할로도 쓰였다는 견해(李尙律 外 1998, p.26)가 하나의 해답이라 할 수 있지만, 출토 위치의 검토 없이 단정할 수 없기 때문에 보다 자세한 연구가 필요하다.

---

17 땔나무들 사이에 공간이 생기면서 덮개 가운데 부분의 통기성이 높아지는 것이 상정된다.

마지막으로 청동기시대에 보이는 이러한 야외소성 방식이 어느 시기까지 내려가는 지에 대해서도 검토가 필요하다. 화성 당하리 I유적에서는 원삼국시대에 속한 구덩이 에 대해서 토기소성시설이었을 가능성이 제기된 바 있다(李鮮馥 · 金成南 2000, pp.92-97). 즉, 이 시기부터 구조 가마에서 소성되는 토기와 야외소성에서 소성되는 토기의 구 별화가 이루어진 것을 알 수 있다. 일본에서는 구조 가마에서 굽는 須惠器와 가마 및 야 외소성으로 굽는 土師器가 상호 보완적으로 공존하는데, 한국의 경질 및 연질토기의 관 계도 이와 유사한 것일지도 모른다. 만일에 그렇다면 각 종류 토기가 어떠한 체계를 배경 으로 생산 및 유통이 되었는지가 향후의 과제로 남게 될 것이라 생각된다.

5. 靑銅器時代 土器燒成技法 變遷過程의 背景

앞에서 논의한 토기의 소성흔 및 소성유구 검토 내용을 정리하면 다음과 같다.

첫째, 한반도 남부지방에서 덮개형 야외소성의 수용은 전기와 중기 경계 정도에 위 치한 가능성이 높다. 덮개형의 채용 이전에는 개방형 야외소성에 의해 토기를 소성하였 는데, 그 이전의 신석기시대 토기소성기법에 대해서는 아직 많은 부분이 불분명하다.

둘째, 같은 덮개형 야외소성이라고 해도 중기와 후기 사이에 연료 설치 방법과 덮개 의 통기성에 차이가 확인되었다. 이는 규모가 크게 다르지 않은 중기의 소성시설과 극 소 · 극대로 이극화된 후기의 소성시설이라는 차이와 관련되기도 하는데, 특히 대형소성 시설의 통기성을 높이기 위한 시도를 통하여 나타난 현상이라 추정된다. 또한, 소형유구 에는 제사적인 요소가 확인되기도 하였다.

그런데, 여기서 덮개형 야외소성기법의 채용에 대해서 좀 더 자세히 살펴볼 필요가 있다. 즉, 연료재의 획득이 보다 쉬운 구릉상에 입지한 관창리유적에서 연료를 절약할 수 있는 덮개형을, 강가 저지에 입지한 미사리유적에서 연료를 다용해야 하는 개방형을 채 용한 사실은 토기소성방법이 단순히 연료 획득의 난이도에 따라 결정된 것이 아니라는 점을 말해준다. 따라서 이러한 소성기법 변화의 시대적 배경을 고려하여야 한다.

덮개형 야외소성은 '벼과초본류 연료로 토기 전체를 덮어 窯狀의 구조를 이룬 것'으 로 정의되는데(小林正史 2006, p.16), 덮개형 야외소성에 사용할 만한 길이를 갖는 벼과 식물은 많지 않다[18]. 실제로 청동기시대 유적에서 출토된 바 있는 벼[19]나 조[20], 기장[21] 등 을 비롯한 재배식물은 이외에도 새와 갈대 등의 야생종을 들 수 있다. 새는 二次草原에서 서식하며, 갈대는 하천이나 습지에서 군생하는 식물이다. 덮개형 야외소성이 채용되었다는 것은 취락 주변에 이러한 벼과식물이 상당히 넓은 범위에서 번무하고 있었다는 것을 연상시킨다. 그러면 이러한 취락경관은 어떠한 경우에 나타날 수 있을까?

우선, 논이나 밭에서 활발하게 벼과식물이 재배되었을 경우가 상정된다. 이 경우에는 수확된 작물의 짚을 이용하였다고 생각할 수 있으며, 덮개형 야외소성의 채용이 농경생산의 확대와 맥을 같이 한다고 판단할 수 있다. 그리고 덮개를 구성하는 식물이 야생의 벼과식물이었을 경우가 상정 가능하다. 새는 인위적으로 만들어진 二次草原에서 번무하는 식물인데, 이는 당시의 농경지를 비롯한 토지개발과 연관시킬 수 있다. 한편, 갈대이었을 경우는 취락이 강변이나 습지 가까이에 위치하는 것이 전제가 된다. 청동기시대 취락 입지에 대해서는 허의행(2006, pp.24-25)이 지적한 것처럼 중기 단계 유적이 전기에 비해서 저지대고도[22]가 낮아진다는 경향이 확인된다. 그런데 전체적인 경향으로는 그렇다 하더라도 미사리유적과 같은 강변에 유적에서도 덮개형 야외소성을 채용하지 않았다는 점으로 보아 단순히 취락입지가 저지대로 가까워졌다는 이유로는 설명할 수 없다. 따라서 위에서 검토한 여러 조건을 감안하면 덮개형 야외소성의 채용은 농경지의 개발과 농경생산의 확대와 어느 정도 연관된 맥락에서 이해할 수 있으리라 생각된다[23].

---

18 식물에 대해서는 다음 서적을 참조하였다.
　이창복, 2003, 『원색 대한식물도감』, 향문사.
　奧田重俊 편저, 1997, 『生育環境別 日本野生植物館』, 小學館.
19 벼는 강릉 교동(안승모 2002), 당진 자개리(충청문화재연구원 2004), 논산 마전리(이경아 2004), 원북리(안승모 2001), 진주 대평리 어은1지구(이상길 1999), 옥방1·9지구(이경아 외 2002), 보령 관창리(손요환 2001), 부여 송국리(이춘령 외 1978; 국립중앙박물관 1987; 이경아 2000), 서천 도삼리(이경아 외 2005), 아산 시전리(충청문화재연구원 2005), 여주 흔암리(서울대학교박물관 외 1978), 천안 백석동(서광수 1998), 청원 궁평리(박태식 1994), 충주 조동리(허문희 외 2001), 평택 현화리(이융조 외 1996), 울산 다운동(Crawford, G. W. et al. 2003)에서 출토된 바 있다.
20 조는 당진 자개리(충청문화재연구원 2004), 논산 마전리(이경아 2004), 진주 대평리 어은1지구(이상길 1999), 옥방1·9지구(이경아 외 2002), 옥방6지구(심봉근 2002), 부여 송국리(이경아 2000), 아산 덕지리(충청남도역사문화원 2006), 여주 흔암리(서울대학교박물관 외 1978), 충주 조동리(허문희 외 2001), 울산 다운동(Crawford, G. W. et al. 2003)에서 출토된 바 있다.
21 기장은 진주 대평리 어은1지구(국립중앙박물관 2000), 옥방1·9지구(이경아 외 2002), 부여 송국리(이경아 2000), 울산 다운동(Crawford, G. W. et al. 2003)에서 출토된 바 있다. 각주 18~20의 인용문헌은 말미에 따로 게재하였다.
22 취락이 입지한 정상부와 저지대의 높이 차이를 말한다고 한다(허의행 2006, p.25).
23 실제로 어떠한 벼과식물이 사용되는지를 알기 위해는 토기소성유구 매몰토에 대한 plant-opal 분석이 가장 유용한 방법이라고 생각된다. 앞으로의 조사사례가 기대된다.

6. 맺음말

상기한 바와 같이 현재의 한정된 자료를 검토함으로써 청동기시대 무문토기의 소성기법 변화를 전·중·후기 3시기로 나눠서 논술하였다. 본문 중에서도 언급하였지만 남겨진 과제는 상당히 많으며, 향후 자료관찰 사례의 축적과 보다 엄밀한 실험을 통하여 위 가설을 검증할 필요가 있다. 특히, 〈도 5〉에 제시한 것처럼 한 지역으로 한정되지 않은 자료를 대상으로 시기적인 비교를 행하였기 때문에 지역적인 문제에 대해서 해결하지

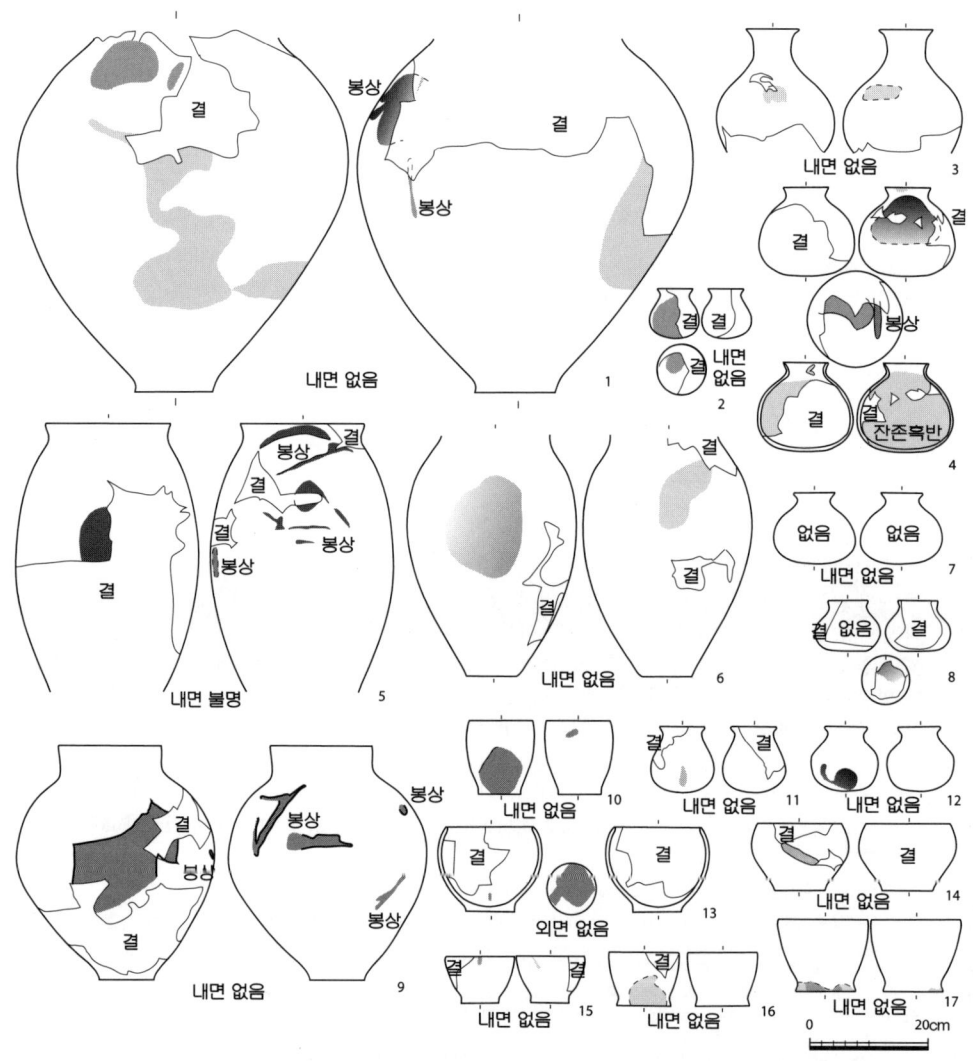

도 14 _ 대평리유적 출토 토기의 소성흔 1

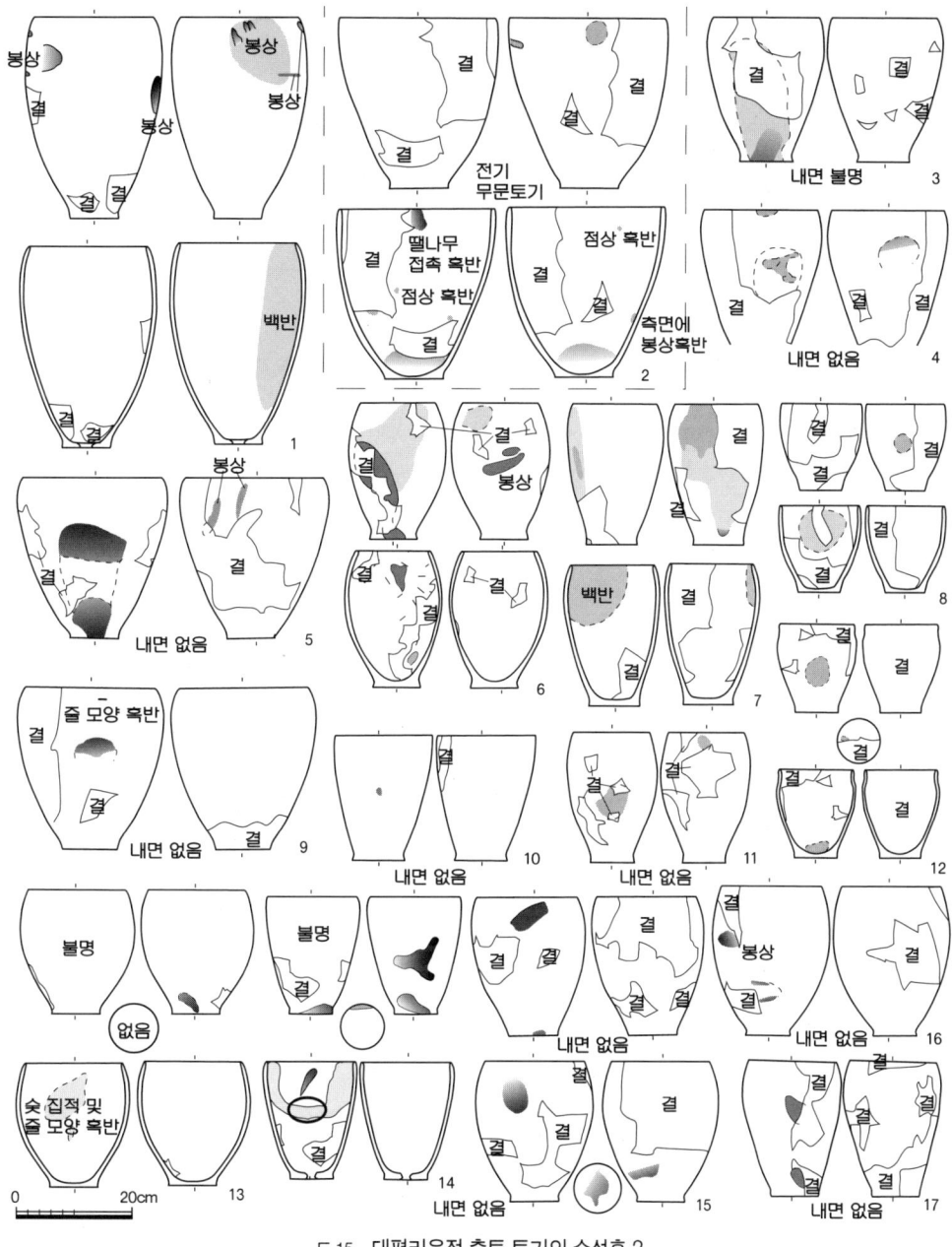

도 15 _ 대평리유적 출토 토기의 소성흔 2

못한 점과 늑도유적 출토 토기군에서 상정되는 彌生土器의 영향 등은 앞으로 분석해야 할 문제이다.

또한, 본문에서는 그 내용을 충분히 반영하지 못하였지만, 이 글의 바탕이 된 논문 작

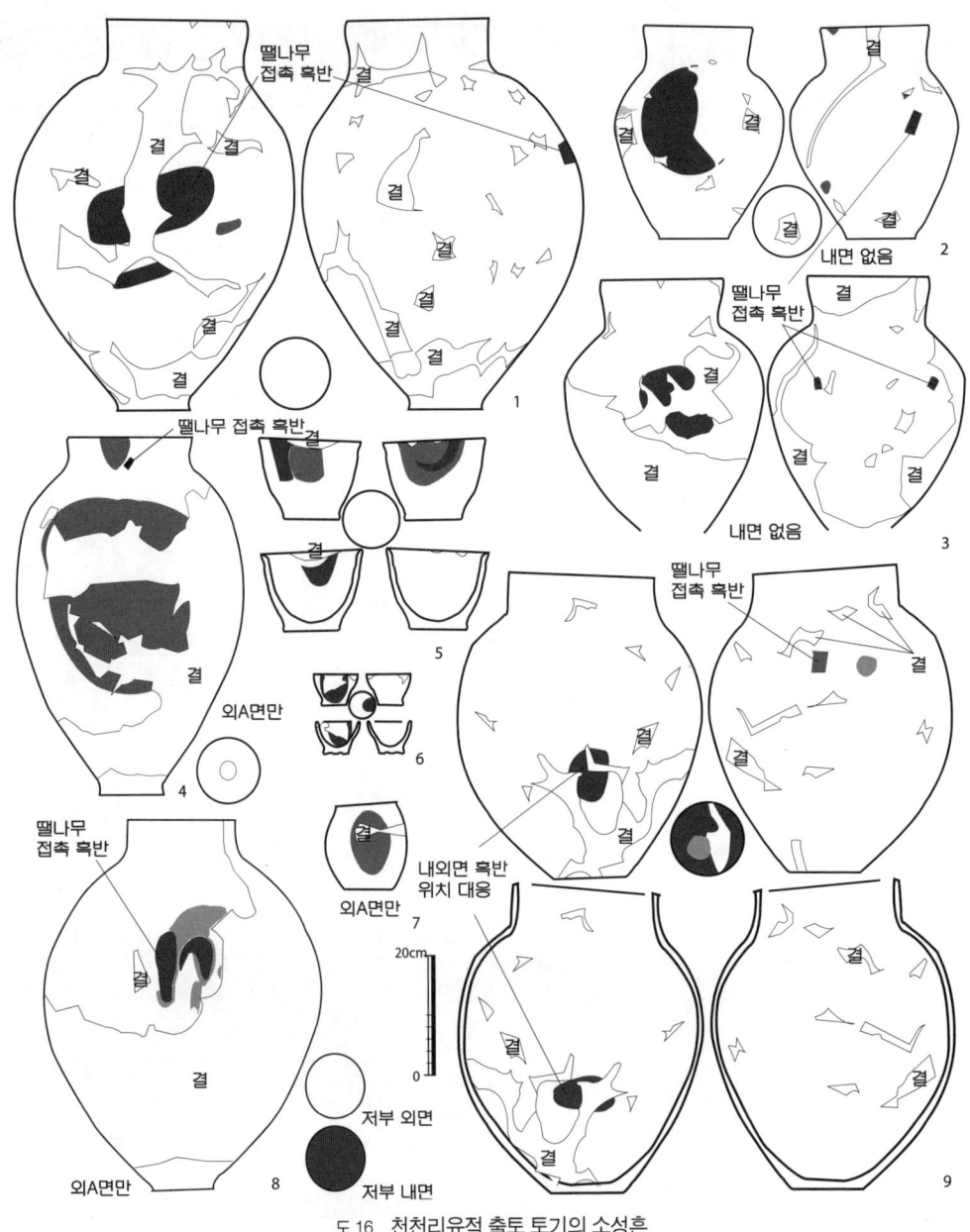

도 16 _ 천천리유적 출토 토기의 소성흔

성 후 1년도 안 되는 사이에 새로운 연구 성과가 등장하였다. 최신 성과에 다르면 벌써 이 글의 내용을 보완 혹은 수정해 주는 내용도 존재한다. 小林正史(2006)는 진주 대평리 유적 옥방2·3지구(趙榮濟 外 1999; 2001) 출토 토기의 소성흔을 분석한 결과, 전기무문토기는 개방형 혹은 밀폐도가 낮은 덮개형 야외소성으로, 중기무문토기(선송국리유형)

는 덮개형으로 소성하였다고 판단하였다(p.118). 이 견해에 대해서는 논의의 여지가 있다고 생각되지만, 여기서 자세한 내용에 대해서 논의하지는 않는다. 다만, 새로 공표된 도면을 (도 14, 15)에 제시함으로써 향후 연구 재료로 하고자 한다. 또한, 한지선(2006)은 화성 천천리유적의 전기 무문토기에서 덮개형 야외소성에서 구워진 흔적이 있는 것을 지적하였다(p.173). 〈도 16〉에 한지선에 의한 도면을 가공해서 제시한다[24]. 이 가운데 2, 3, 4, 7번 토기에서 관찰된 정연한 타원형 흑반, 9번 토기에서 관찰되는 외A면과 내A면의 흑반위치의 대응관계가 확인된다. 그리고 내면에서 흑반이 관찰된 예는 많지 않지만 있을 경우에는 모두 내A면에서만 확인된다. 이상 내용으로 보아 한지선의 지적대로 이 토기군이 덮개형 야외소성으로 소성된 것으로 판단된다. 따라서 청동기시대 전기의 어느 단계부터 덮개형 야외소성이 채용되었던 가능성이 높아졌다. 이상과 같은 보완뿐만 아니라 이러한 변화가 일어난 배경에 대한 설명과 해석을 보다 심도 있게 할 필요가 있다. 즉, 논농사 혹은 다른 생산활동과 덮개형 야외소성의 보급 상호관계, 덮개형 야외소성을 채택한 요인, 토기소성시설 변화의 의미 등에 대해서 보다 다각적으로 해석해야 할 것이다.

마지막으로 이 글의 작성을 위해 서울대학교 박물관, 고려대학교 고고환경연구소, 충남대학교 박물관, 공주대학교 박물관, 국립전주박물관, 국립부여박물관 및 수많은 분들의 도움을 받았다. 지면상이지만 마음으로 감사드린다.

※ 이 글은 이미 발표된 다음 논문을 수정 및 가필한 것이다.
庄田愼矢, 2006, 「靑銅器時代 土器燒成技法의 實證的 硏究」 『湖南考古學報』 23.

구체적인 수정 부분은 다음과 같다.
1) 용어 등 표현상 이 총서의 다른 논고와 통일하게 수정하였다.
2) 연구사 및 소성유구 일람표에 새로 알게 된 내용을 추가하였다.
3) IV장 및 VI장에 새로 알게 된 연구성과를 추가하였다.
4) V장 내용을 수정 및 보완하였다
5) 기타 사소한 부분에 대해서도 適宜 수정하였다.

---

24 도면 작성에 있어 한지선 선생님께서 적극적으로 도와 주셨다. 진심으로 감사드린다.

참고문헌

| 국문 |

강경숙, 2005, 『한국 도자기 가마터 연구』SIGONGART.

곽종철 · 이진주, 2003, 「우리나라의 논유구 집성」『韓國의 農耕文化』6, 京畿大學校博物館.

金東鎬 · 朴九秉, 1989, 『山登貝塚』釜山水産大學博物館.

金炳燮, 2003, 「韓國의 古代 밭遺構에 대한 檢討」『古文化』62, 韓國大學博物館協會.

金元龍 · 任孝宰 · 權鶴洙, 1985, 『鰲山里遺蹟II』서울대학교박물관.

金賢, 2002, 「大坪 無文土器 窯에 대한 一檢討」『晋州 大坪 玉房1 · 9地區 無文土器 集落』慶南考古
學研究所.

김충배, 2006, 「빗살무늬토기 가마의 일례」『고고학 시간과 공간의 흔적』학연문화사.

김희찬, 1996, 「빗살무늬토기의 소성에 대한 실험적 분석」『古文化』49, 韓國大學博物館協會.

羅建柱 · 姜秉權, 2003, 『牙山 鳴岩里遺蹟(11 · 3地點)』忠淸文化財研究院.

裵基同 · 金娥官, 1994, 「한양대학교발굴조사단 조사보고(1991년도)」『渼沙里』2, 成均館大學校發
掘調査團 · 漢陽大學校發掘調査團.

釜山大學校博物館, 1989, 『勒島住居址』.

孫晙鎬 · 庄田愼矢, 2004, 「松菊里型甕棺의 燒成 및 使用方法 研究」『湖西考古學』11, 湖西考古學會.

尹世英 · 李弘鍾, 1994, 『渼沙里』5, 고려대학교발굴조사단.

이기길, 1995, 『우리나라 신석기시대의 질그릇과 살림』백산자료원.

李尙律 · 李昶熺 · 金一圭, 1998, 『金海大成洞燒成遺蹟』釜慶大學校博物館.

李鮮馥 · 金成南, 2000, 『華城 堂下里I遺蹟』崇實大學校博物館 · 서울大學校博物館.

李弘鍾 · 姜元杓 · 孫晙鎬, 2001, 『寬倉里遺蹟』高麗大學校埋藏文化財研究所.

李弘鍾 · 朴性姬 · 李僖珍, 2004, 『麻田里遺蹟 -C地區-』高麗大學校埋藏文化財研究所.

仼鶴鍾 · 李政根, 2006, 「先史土器 製作實驗」『한일신시대의 고고학』영남고고학회 · 구주고고학회
제7회 합동고고학대회.

任孝宰, 1983, 『岩寺洞遺蹟緊急發掘調査報告』岩寺洞遺蹟發掘調査團.

任孝宰 · 李俊貞, 1988, 『鰲山里遺蹟III』서울대학교박물관.

任孝宰 · 崔鍾澤 · 林尙澤 · 吳世筵, 1994, 『渼沙里』4, 서울대학교박물관.

趙榮濟 · 柳昌煥 · 李瓊子 · 孔智賢, 1999, 『晋州 大坪里 玉房 2地區 先史遺蹟』慶尙大學校博物館.

趙榮濟·柳昌煥·宋永鎭·孔智賢, 2001, 『晉州 大坪里 玉房 3地區 先史遺蹟』慶尙大學校博物館.

曺永鉉, 1993, 「金陵 松竹里遺蹟 發掘調査」『三韓社會와 考古學』韓國考古學會.

田崎博之, 2005, 「燒成失敗品을 통해 본 無文土器의 生産形態」『송국리문화를 통해 본 농경사회의 문화체계』고려대학교 고고환경연구소.

鄭澄元·任孝澤·申敬澈, 1981, 『金海水佳里貝塚 發掘調査報告書』釜山大學校博物館.

조대연, 2005, 「한성백제토기의 생산기술에 관한 일 고찰」『백제의 생산기술과 유통체계』경기도박물관·한신대학교 학술원.

趙大衍·Peter M. Day·Vassilis Kilikoglou, 2004, 「漢城期 百濟 土器에 대한 物理化學的 分析 - 시론적 고찰-」『漢城期 百濟의 물류시스템과 對外交涉』학연문화사.

최몽룡·신숙정, 1988, 「한국 고고학에 있어서 토기의 과학분석에 대한 검토」『韓國上古史學報』1, 韓國上古史學會.

崔秉鉉, 1990, 「鎭川地域 土器窯址와 原三國時代土器의 問題」『昌山 金正基博士 華甲記念論叢』刊行委員會.

崔完奎·金鍾文·李永德, 2002, 『노래섬(Ⅰ)』圓光大學校 馬韓·百濟文化硏究所.

忠淸文化財硏究院, 2005, 『舒川 玉北里 遺蹟』(현장설명회자료).

한지선, 2006, 「4) 무문토기에 보이는 소성흔·조리흔 검토」『華城 泉川里 靑銅器時代 聚落』한신대학교박물관.

許義行, 2006, 『無文土器時代 聚落立地와 生計經濟 硏究』高麗大學校大學院 碩士學位論文.

| 일문 |

岡安雅彦, 1994, 「黑斑にみる彌生土器燒成方法の可能性」『三河考古』7, 三河考古刊行會.

久保田雅壽, 1989, 『土器の燒成』Ⅰ(私家版).

望月精司, 2005, 「古代土師器燒成坑出土の燒成粘土塊と土師器燒成技術」『窯跡硏究』1, 窯跡硏究會.

北野博司, 2005, 「圓筒埴輪の野燒き方法に關する豫備實驗」『歷史遺産硏究』3, 東北藝術工科大學歷史遺産學科.

木立雅朗, 1997, 「土師器燒成坑の定義と型式分類」『古代の土師器生産と燒成遺構』眞陽社.

石橋新次, 1997, 「土器燒成に關する二·三の豫察(前篇)」『みずほ』23, 大和彌生文化會.

_____, 1998, 「土器燒成に關する二·三の豫察(後篇)」『みずほ』24, 大和彌生文化會.

小林正史, 2006, 「大坪里遺蹟の中期無文土器の野燒き方法」『黑斑からみた繩文·彌生土器·土師器の野燒き方法』平成16·17年度科學硏究費補助金(基盤硏究(C))硏究成果報告書.

小林正史·久世建二·北野博司, 2003, 「黑斑からみた彌生土器の覆い型野燒きの特徵」『日本考古學』16, 日本考古學協會.

小林正史·北野博司·久世建二·小嶋俊彰, 2000, 「北部九州における繩文·彌生土器の野燒き方

法の變化」『靑丘學術論集』17, 韓國文化研究振興財團.

御坊市教育委員會・御坊市文化財調査會, 2002, 『堅田遺跡 -彌生時代前期集落の調査-』

長友朋子, 2006, 「彌生土器における覆い型野燒きの受容と展開」『日本考古學』日本考古學協會.

長友朋子・庄田愼矢・所一男・久世建二・小林正史・松尾奈緒子・中村大介・鐘ヶ江賢二・渡邊 誠, 2004, 「彌生時代における覆い型野燒きの受容と展開」『日本考古學協會第70回總會 研究發表要旨』日本考古學協會.

庄田愼矢・孫晙鎬, 2004, 「無文土器中期の甕棺にみられる黑斑とススの分析」『九州考古學』79, 九州 考古學會.

川畑 誠, 1999, 「須惠器貯藏具の消費痕跡試論」『北陸古代土器研究』8, 北陸古代土器研究會.

| 표 1 문헌 |

1 : 公州大學校博物館, 1998, 『白石洞遺蹟』.

2 : 蔚山文化財研究院, 2004, 『蔚山 華亭洞 遺蹟』.

3 : 東義大學校博物館, 1989, 『大也里住居址 II』.

4 : 忠淸文化財研究院, 2003, 『公州 安永里 새터・신매 遺蹟』.

5 : 全南大學校博物館, 1989, 『住岩댐 水沒地區 文化遺蹟 發掘調査 報告書(VI)』.

6 : 公州大學校博物館, 1996, 『烏石里遺蹟』.

7 : 忠淸文化財研究院, 2005.

8 : 忠淸文化財研究院, 2005.

9 : 慶南考古學研究所, 2002, 『晉州 大坪 玉房1・9地區 無文土器 集落』.

10 : 忠北大學校先史文化研究所, 1994, 『淸原 宮坪里 靑銅器遺蹟』.

11 : 國立中央博物館, 1979, 『松菊里 I』.

12 : 高麗大學校埋藏文化財研究所, 2001, 『寬倉里遺蹟』.

13 : 國立光州博物館, 2001, 『光州 新昌洞 低濕地 遺蹟 III』.

14 : 이건충, 2005, 「강릉 방동리 점토대토기유적 발굴조사 개보」『2004・2005년 강원도 발굴조사 성과』강원고고학회.

15 : 윤호필・고민정, 2004, 「사천 방지리 유적 발굴조사 성과」『第47回 全國歷史學大會 考古學部 發表資料集』韓國考古學會.

16 : 慶南考古學研究所, 2002, 『陜川 盈倉里 無文時代 集落』.

17 : 中央文化財研究院, 2001, 『論山 院北里遺蹟』.

18 : 畿甸文化財研究院, 2003, 『대덕골 遺蹟』.

19 : 李尙律外, 1998.

20 : 慶南考古學研究所, 2002, 『泗川 鳳溪里 三國時代 集落』.

국립중앙박물관, 1987, 『松菊里』Ⅲ.

_____, 2000, 『겨레와 함께 한 쌀』특별전도록.

朴泰植, 1994, 「청원 궁평리유적 가마터 출토 씨앗분석」『淸原 宮坪里 靑銅器遺蹟』忠北大學校 先史
　　　文化硏究所.

서울大學校博物館·同考古學科, 1978, 『欣岩里 住居址』4.

沈奉謹, 2002, 『晉州 玉房遺蹟』東亞大學校博物館.

안승모, 2001, 「論山 院北里遺蹟 出土 種子分析」『論山 院北里遺蹟』中央文化財硏究院.

____, 2002, 「강릉 교동유적 출토 탄화미 분석」『江陵 校洞 住居址』江陵大學校博物館.

이경아, 2000, 「송국리유적 제11차 조사 출토 식물유체 보고」『松菊里』Ⅵ, 國立扶餘博物館.

____, 2004, 「마전리 유적 식물유체분석」『麻田里 遺蹟』高麗大學校埋藏文化財硏究所.

이경아·조은지, 2005, 「道三里遺蹟 植物遺體 報告」『道三里 遺蹟』高麗大學校考古環境硏究所.

이경아·Gary W. Crawford, 2002, 「옥방1·9지구 출토 식물유체 분석 보고」『晉州 大坪 玉房1·
　　　9地區 無文時代 聚落』慶南考古學硏究所.

李相吉, 1999, 「晉州 大坪 漁隱1地區 發掘調査 槪要」『남강선사문화세미나요지』동아대학교박물관.

이융조·강상준·이동영·박원규·박태식·김주용·양동윤·윤성주·김정희, 1996, 「현화리 토
　　　탄층 시굴조사보고」『平澤 玄華里 遺蹟』忠北大學校 先史文化硏究所.

李春寧·朴泰植, 1978, 「扶餘郡 草村面 松菊里 無文土器 住居址 出土 炭化米에 대하여」『松菊里』
　　　Ⅰ, 國立中央博物館.

忠淸文化財硏究院, 2004, 『唐津 自開里 1遺蹟』현장설명회자료.

_____, 2005, 『牙山 柿田里 遺蹟』현장설명회자료.

허문회·이융조, 2001, 「청동기시대 유구 출토 곡물분석」『忠州 早洞里 先史遺蹟(Ⅰ)』忠北大學校博
　　　物館.

Crawford, G. W. and Gyoung-Ah Lee. 2003, Agricultural origins in the Korean Peninsula,
　　　Antiquity 77.

7 | 中島式 硬質無文土器의 燒成技法

韓志仙·小林正史

1. 分析目的

본고에서는 토기에 잔존한 흑반의 관찰을 통해 원삼국시대의 토기 소성기법을 검토하고자 한다. 관찰대상은 풍납토성과 미사리유적 출토 자료로 원삼국시대의 대표적인 기종인 중도식 경질무문토기이다. 中島式 硬質無文土器는 原三國時代 토기의 대표적인 기종으로 대개 기원전 100년경에서 기원후 3세기 중후반까지 해당하는 약 300년이 넘는 시간폭을 가진다(韓志仙 2005). 따라서 자료의 검토를 통해 중도식 경질무문토기 자체의 소성기법 이외에도 청동기시대 무문토기와의 비교검토 및 삼국시대로 계승되는 토기소성기법의 과도기적 양상을 파악해 보고자 한다.

2. 風納土城 出土土器群의 燒成痕 觀察

⑴ 분석자료의 용량에 따른 분석

표1 _ 소성흔이 확인되는 개체수의 용량별 비교

	小型	中型	大型	合計
個體數	9	16	2	27
燒成痕 確認個體數	4(44.4%)	10(62.5%)	2(100%)	16(59.2%)

風納土城은 서울시 서초구에 자리잡은 平地式 版築土城으로 백제의 한성기 都城으로 유력하게 비정되고 있는 유적이다. 풍납토성 내부의 삼화지구 溝 遺構에서 출토된 중

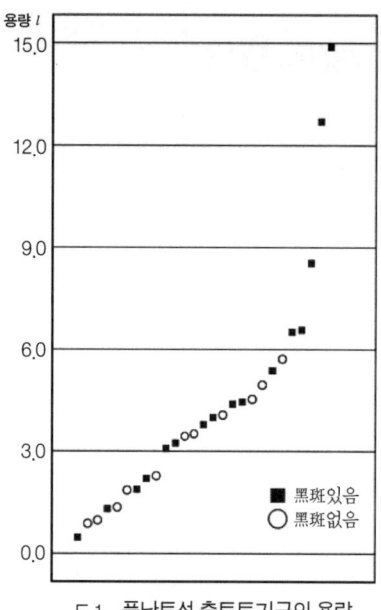

도 1 _ 풍납토성 출토토기군의 용량

도식 경질무문토기는 시기적으로 한강유역권에서 백제라는 고대국가 성립 직전 원삼국 Ⅲ기[1]에 해당한다(李南珪·權五榮 外 2003; 韓志仙 2005). 특히 삼화지구 출토품들은 관찰이 용이한 완형이 다수 확인되며, 화재 등으로 인한 2차 소성이 가해진 흔적이 없어 당시의 소성 및 사용과 관련한 정보를 얻을 수 있다는 점에서 유용한 자료조건을 가지고 있다. 본 자료는 완형 및 완형으로 복원 가능한 토기만을 대상으로 하였으며 총 관찰대상은 27점이나 소성흔이 관찰되는 개체수는 총 16점이다. 기본 관찰대상이 되었던 27점의 용량군을 살펴보면 3 *l* 미만의 소형기종과, 3 *l* ~9 *l* 의 중형기종, 그리고 9 *l* 이상의 대형기종으로 나뉜다(도 1).

용량별로 소성흔이 확인되는 개체수를 비교해 볼 때 대개 소성흔은 소·중형보다는 대형으로 갈수록 관찰빈도가 높은 것을 알 수 있다. 이는 소·중형토기에 있어서 소성흔 뿐만 아니라 조리흔도 함께 관찰되는 빈도가 높다는 점에서, 조리과정상 산화·소실되었거나 그을음에 덮여 보이지 않게 된 경우가 많았음을 보여준다고 하겠다. 대형의 경우는 대개 조리용기로의 사용이 이루어지지 않은 예가 많아 소성흔의 잔존상태가 매우 양호했다.

⑵ 燒成時 上面과 下面의 認識

분석된 16점 가운데, 숯 집적 흑반, 땔나무 접촉 흑반, 火色 등에 따른 흑반의 위치에서 a, b 면을 식별할 수 있는 것은 6개체 였다. 또한 내면전체에 흑회색흑반(흑색화 또는 잔존흑반)이 확인되는 것이 4점이었고(그중 16은 숯 집적 흑반을 공반함), 그 가운데 11과 13은 접지면 흑반이 외저면에 한정된 것으로 보아 「최종단계에 직립상태였던」 것으로 해석된다(도 5, 6).

내면에 흑반이 없는 8점과 탄차흔 때문에 흑반이 잔존상태를 확인하기 어려운 4점은

---

1 원삼국Ⅲ기는 중도식 경질무문토기와 타날문토기가 함께 공반되는 시기로, 중도식 경질무문토기의 제 기능이 타날문토기로 급속히 대체되어가는 단계이다. 시기적으로는 3세기 전반에서 중반으로 비정하고 있다.

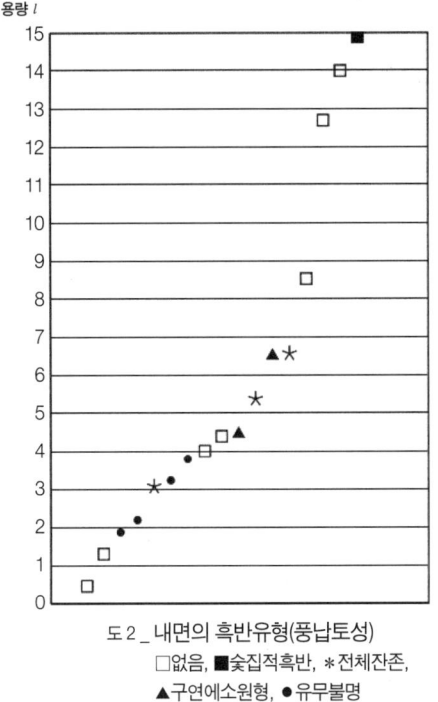

도 2 _ 내면의 흑반유형(풍납토성)
□없음, ■숯집적흑반, ＊전체잔존,
▲구연에소원형, ●유무불명

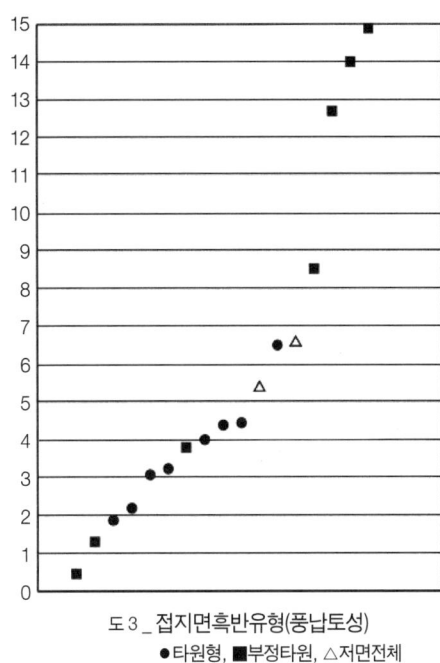

도 3 _ 접지면흑반유형(풍납토성)
●타원형, ■부정타원, △저면전체

외면에 대형의 (부정형) 타원형흑반이 부착된 면을 지면쪽(a면)으로 했다. 그 결과 거의 대부분의 토기에서 a, b면을 식별할 수 있었다.

⑶ 내면흑반의 유형(도 2)

상술한 바와 같이 내면흑반의 종류는 존재유무가 불명확한 4점을 제외하고, 명확하게 숯 집적 흑반이 동상반부에 부착된 대형의 11(내면 전체가 흑청색)과, 구연에 작은 원형의 흑반(숯 집적 흑반?)이 부착된 10과 12를 포함해 모두 3점이다. 이외에도 내a면에 옅은 火色만이 부착된 것으로 2와 14가 있고, 내면에 흑반이 없는 것이 7점으로 가장 많다.

또한 내면의 거의 전체에 흑반(잔존 또는 흑색화)에 덮여진 예로서 16(숯 집적 흑반이 부가된), 5, 11, 13의 4점이 있다. 이것을 가운데 11과 13은 접지면 흑반이 외저면 전체에 한정되어 있었다. 내면에 대형의 숯 집적 흑반이 부가된 예가 적은 것은 대형의 토기를 횡치해 설치했기 때문으로 추정된다.

⑷ 접지면(외a면) 흑반의 유형(도 3)

접지면 흑반은 모두 짚 밀착 흑반으로, 동체부에 부정타원형, 대형타원형, 그리고 외저면에만 확인되는 흑반 등 3종류가 있다. 다수를 점하는 부정타원형과 타원형의 짚 밀착 흑반은 동체상부에서 동체하부(또는 저부)에 걸쳐 대형흑반을 띠는 예가 많은데, 이를 통해 토기가 벼과초본연료의 위에 횡치해 설치되었던 것을 알 수 있다. 다만 취사시 가열에 의해 동하부의 흑반이 소실된 예가 많다.

부정타원형흑반은 타원형흑반의 側邊의 일부가 직선적 혹은 약간 결입되는 있는데, 이는 그 부위에 땔나무가 설치되었을 가능성이 높다. 간접적으로 봉상흑반을 공반한 예로서 15가 있다. 대형의 심발의 경우 중소형보다 부정타원형의 비율이 높은데, 이것은 중소형심발에 그을음이 부착되면서 접지면 흑반의 윤곽을 세세하게 확인되기 어려웠기 때문이다. 반면, 대형심발은 상반부의 그을음이 적거나 없기 때문에「간접적으로 설치된 짚에 의해 남은 흔적」을 확인하기 쉬운 점이 원인이라 할 수 있다. 따라서 중소형을 포함한 심발은 대개 횡치한 채로 접지면에 땔나무가 설치되었던 예가 많았던 것으로 추정된다.

한편, 11과 13은 접지면의 짚 밀착 흑반이 외저면에 한정되어 관찰되는데 최종단계에는 직립해 설치했던 것을 말해준다. 2개체 모두 내면전체가 흑회색을 띠는데, 13에는 한쪽 측면(a면) 쪽이 검은 기운이 강한 것에서 횡치한 상태도 경험했던 것을 알 수 있다. 결국 내면전체가 흑회색이 띠는 이유는 횡치한 상태의 심발을 야외에서 최종단계에 직립해 설치했기 때문일 가능성과, 최초부터 직립해 설치했기 때문에 벼과초연료의 덮개가 구연부안으로 떨어지면서 내면에 잔존흑반이 남게 되었을 가능성을 추정해 볼 수 있다.

⑸ 상면의 측외면(외b면)의 흑반(도 4)

외b면의 흑반은「명확한 흑반이 없는」(4점) 경우와, 타원형의 덮개 접촉 흑반(5, 9), 불규칙형(弧狀)의 덮개 접촉 흑반(14, 16),「그을음과 결실로 인해 형태가 불명인 덮개 접촉 흑반(7, 8)」등의 종류가 있는데, 덮개 접촉 흑반 쪽이 많다. 또한「명료한 흑반이 없는」4점도, 동체상부까지 옅은 그을음이 부착된 점과, 흑색기운이 옅게 남아 있는 점에서 짚과의 접촉이 있었을 가능성이 남아 있다. 결국 4 *l* 미만의 심발에는 그을음의 부

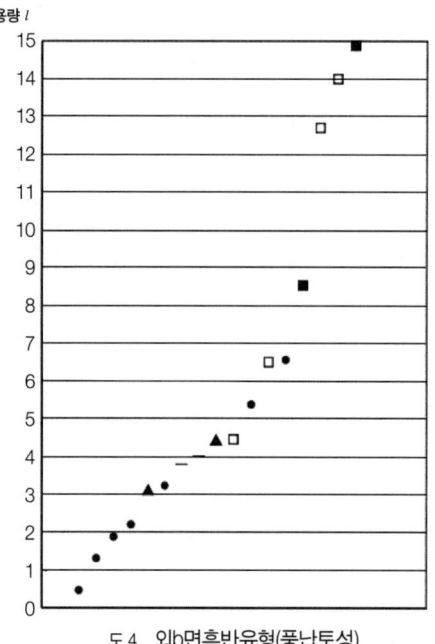

도 4 _ 외b면흑반유형(풍납토성)
□없음, ▲타원형덮개접촉,
■불규칙형弧狀
- 형태불명의 덮개접촉, ●유무불명

착이 현저하여 형태가 불명인 덮개접촉흑반이 다수를 점하고 있다.

덮개 접촉 흑반이 불규칙형(弧狀)인 2점의 심발중에, 16은 동체중부의 가운데 축선 상부근에 하얀 색조를 보이는 부위가 있는데, 토기 위에 소형 토기를 올려 소성한 흔적일 가능성이 있다.

명확한 흑반이 없는 4점에 대해서는 위에 다른 토기를 얹었거나, 벼과 초본 연료의 덮개와 밀착이 강했던지, 위에 장작이 올려져 있어 덮개와 접촉하지 않았던지 등의 가능성을 고려해 볼 수 있다.

⑹ 토기의 용량군별 비교

| 소형토기 |

도 5의 1~4가 해당된다. 2를 제외하고는 모두 동체부 거의 전면에 흑반이 관찰되며 2의 경우는 직경 3cm 전후의 원형 흑반과 그 주변에 옅은 흑반이 불명확하게 확인된다. 4는 동체외면과 외저면에 함께 흑반이 확인되는데 동부에 보다 짙게 흑반이 확인된다. 따라서 관찰된 소형토기는 모두 횡치 소성한 것을 알 수 있다.

| 중형토기 |

도 5의 5~12, 도 6의 13, 14가 해당된다. 11과 13을 제외하고는 모두 동체중부에 타원형 혹은 원형의 흑반이 확인된다. 특히 8과 9, 14의 경우는 외b면에도 타원형의 흑반이 확인되는 것을 볼 때 소성당시 덮개가 내려앉아 생긴 흔적으로 추정된다. 따라서 이러한 토기들은 소성당시 횡치하여 소성한 것을 알 수 있다. 반면 11과 13의 경우는 외저면 전체에 흑반이 있고 내면은 모두 잔존흑반이 확인되고 있어 앞선 토기들과 달리 직치 소성한 것을 알 수 있다.

| 대형토기 |

도 6의 15와 16이 해당된다. 모두 동체부 거의 전면에 타원형의 흑반이 확인된다. 15의 경우는 동체 하부는 조리과정에서 산화 소실된 것을 확인할 수 있었고 16의 경우는 동체부 흑반 이외에도 외저면과 내면전체에 잔존흑반이 확인된다. 저부가 덮개의 내부에서 바깥으로 향해 있었던지, 인접한 토기와의 사이에 공간이 좁았기 때문에 잔존흑반이 생겼던 것으로 판단된다. 내b면의 잔존흑반은 내a면의 봉상흑반을 생성한 요인이 되었던 땔나무 연료에서 나온 그을음이 원인이 되었을 가능성이 있다. 또한 16의 외B면에 흑반과 흑반 사이에 흑반소실부위가 확인된다. 이것은 고온이 되면서 연료나 덮개와 같은 것이 토기위로 내려앉아 기존에 이미 생성되었던 흑반이 산화소실된 것으로 추정된다.

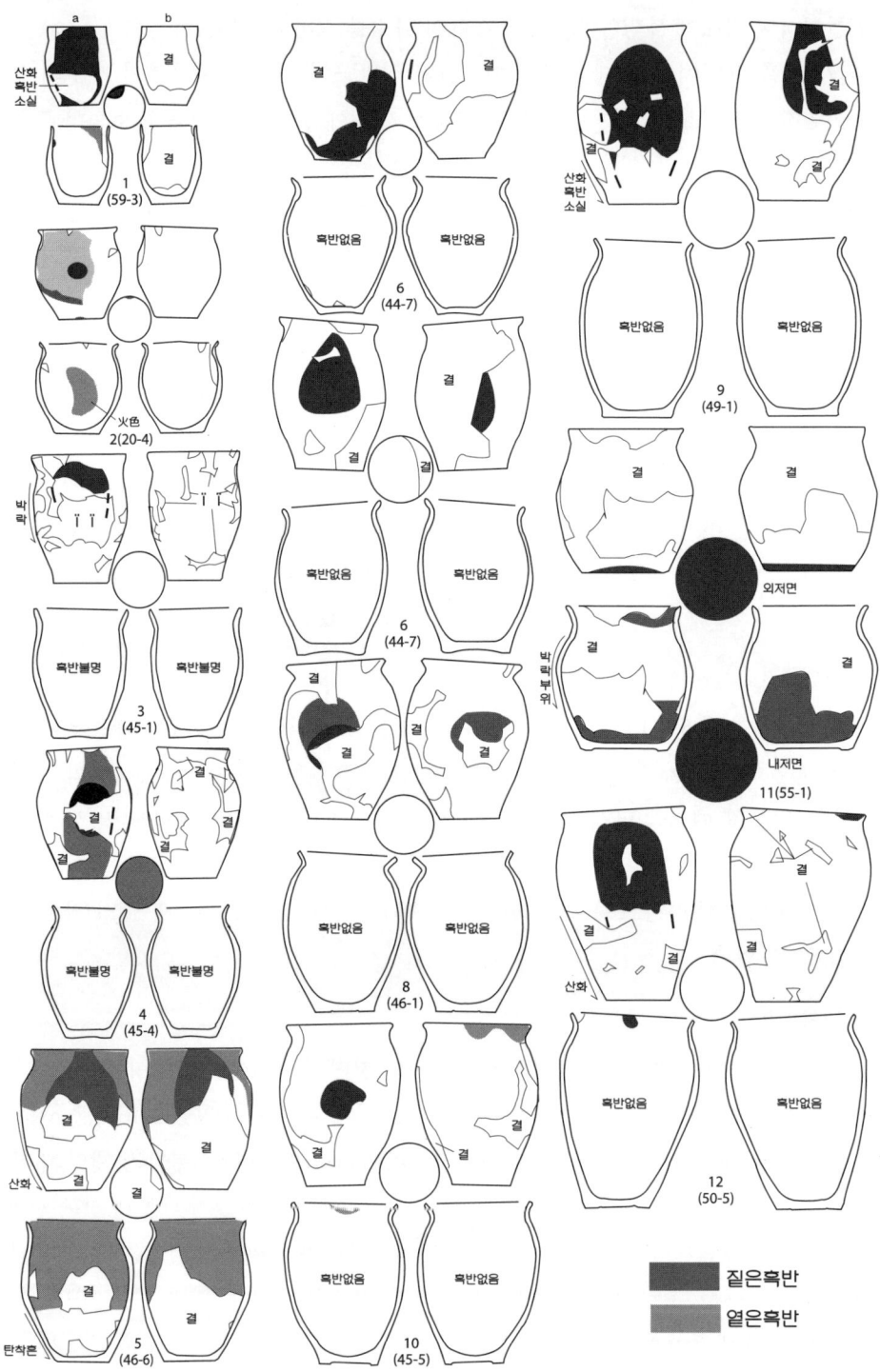

도5 _ 풍납토성 출토 중도식 경질무문토기에 보이는 흑반 1(S=1/10)

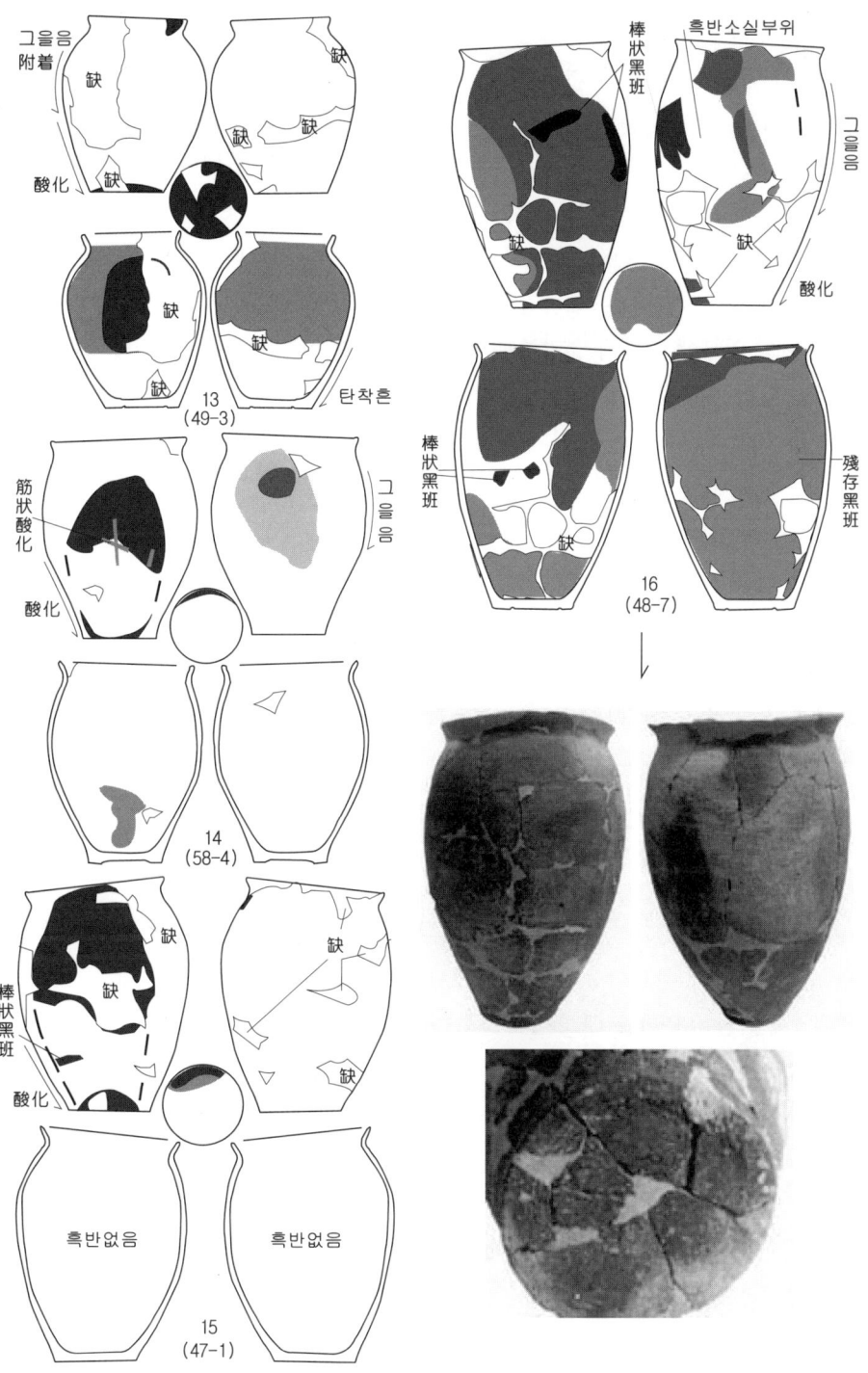

그을음
附着

缺

缺

酸化

缺

缺

缺

缺

13
(49-3)

탄착흔

筋狀
酸化

酸化

그을음

14
(58-4)

棒狀黑斑

酸化

缺

缺

缺

흑반없음

흑반없음

15
(47-1)

棒狀黑斑

흑반소실부위

그을음

缺

酸化

棒狀黑斑

缺

殘存黑斑

16
(48-7)

도 6 _ 풍납토성 출토 중도식 경질무문토기에 보이는 흑반 2(S=1/10)

| 토기의 용량군별 흑반의 차이 |

우선 흑반이 잔존한 경우에 있어서 소형쪽이 그을음이 부착되거나 탄착흔이 상부까지 잔뜩 부착된 것이 많이 때문에 내a면의 흑반의 유무가 불명확한 예가 많다. 한편 접지면에는 동체상부에서 동체하부(또는 외저면)에 걸쳐 대형의 짚 밀착 흑반이 부착된 점에서 「흑반의 유무불명」의 사례는 없었다.

내면의 흑반유형은 용량군별 명확한 차이를 보이지 않았다. 반면 접지면 흑반과 덮개 접촉 흑반은 이하의 차이를 관찰할 수 있었다. 즉, 8 *l* 이상의 4점에서 접지면 흑반은 모두 「측변의 일부에 약하게 결입부를 가진 부정타원형」인데 비해 5 *l* 미만에는 「타원형의 접지면 흑반」이 주를 점하고 있다. 이것은 소형에는 옅은 그을음이 덮혀 하반부에 접지면 흑반의 세세한 윤곽이 불명확한 예가 많은 것이 그 이유로 추정된다. 따라서 「부피가 큰 심발의 경우 짚에 올려져 소성되어 가스공급이 불량해지는 면적이 크기 때문에 그 사이에 장작을 설치한 빈도가 높았」을 가능성이 있거나, 「본래는 소형에서 대형까지 접지면 사이에 장작을 설치했」을 가능성도 고려해 볼 필요가 있다.

또한 외b면의 덮개 접촉 흑반은 부피가 큰 심발의 쪽에 부정타원형의 비율이 높고, 타원형의 비율이 낮은 경향이 확인되었다. 이점에 관해서도 접지면 흑반과 동일한 양상으로 해석될 수 있을 것이다.

3. 渼沙里遺跡出土土器群의 燒成痕 觀察

미사리 유적은 京畿道 河南市의 한강 본류 중상류에 위치하고 있다[2]. 발굴은 공동발굴조사단에 의해서 이루어졌으나 본고에서는 그중에서도 고려대학교에서 발굴조사한 유적에서 출토된 유물만을 대상으로 하였다(尹世英·李弘鍾 1994). 관찰대상은 주로 주거지 출토품으로 대부분의 자료는 원삼국 Ⅰ·Ⅱ기 해당할 것으로 추정된다(韓志仙 2005). 관찰대상은 완형 및 완형으로 복원 가능한 자료만을 대상으로 하였으며 선별된 자료 총수는 15점이다. 그 중 흑반 등 소성흔이 확인되는 점수는 총 11점이다. 용량군을 살펴보면 풍납도성 자료와 마찬가지 양상을 보인다. 중형토기는 완형품이 없어 관찰되

---

2 대단위 취락유적으로 신석기시대~삼국시대에 이르는 다양한 유구들이 확인되었다. 이 유적은 5개 기관의 공동발굴조사가 이루어 졌으며, 본고에서 선별된 자료는 고려대학교 발굴조사단에 의뢰 조사된 지역 출토 유구내 중도식 경질무문토기를 대상으로 하였다(尹世英·李弘鍾, 1994).

지 못했고 3 *l* 미만의 소형과 9 *l* 이상의 대형만이 선별되었다(도 7).

(1) 토기의 용량군별 비교

| 소형토기 |

도 8의 17~24가 해당된다. 접지면에는 그 을음부착 때문에 접지면흑반의 전체형태가 불명인 4점을 제외하고 동체상반부에 타원형이 관찰되는 17과 부정타원형의 20의 짚 밀착 흑반이 관찰된다. 21에는 외b면과의 대응관계도 확인된다. 23은 외저면의 흑반과 내면전체의 잔존흑반이 확인되는 것에서 직치해 소성된 것을 알 수 있다.

| 대형토기 |

도면 8의 25~27이 해당된다. 25의 경우는 동체부 전면에 걸쳐 큰 부정타원형의 흑반이 확인되며 외b면에도 각진 형태의 덮개접촉흑반이 확인된다. 또한 내면에도 흑반이 확인되

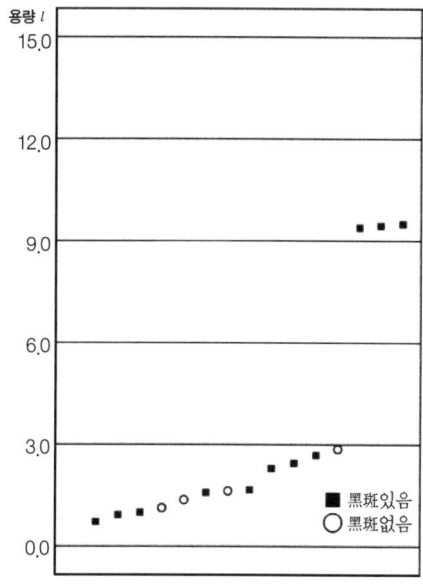

도 7 _ 미사리유적출토토기군의 용량

는데 이는 장작과 같은 연료재가 토기 내부에 들어갔던 것을 알 수 있다. 26은 동체부형태가 구형이어서 지면과의 접촉면이 적은 탓에 작은 타원형의 접촉면 흑반이 형성되었고 외b면에도 대응되는 위치에 흑반이 확인된다. 27의 경우는 토기 외면 전체에 그을음과 산화가 이루어져 흑반의 형태를 확인하기 곤란하다.

(2) 흑반에서 복원되는 야외소성방법

하남미사리유적출토 토기군에서 확인되는 소성흔의 특징은 아래와 같다.

| 덮개형인가 개방형인가 |

2점을 제외하고 동체부에 대형의 타원형이나 부정타원형의 접지변(짚 밀착) 흑반이 관찰된다. 또한 흑반부착위치의 내외면의 대응관계 및 외면 상하의 대응관계도 명확한 점에서 본 토기군이 덮개형 야외소성되었던 것을 알 수 있다.

| 설치각도 |

거의 대부분 횡치했지만, 직립한 예도 1점 있다. 직립한 23은 풍납토성의 2점과 동일

한 양상으로 내면전체에 흑반(잔존 흑반 또는 흑색화)이 확인된다.

| 내면흑반 |

내면에 「흑반이 없는」토기는 모두 6점으로 과반수를 점한다. 흑반이 부착된 경우는 잔불잔존, 장작접촉, 내면 전체(잔존이거나 흑색화)가 있다.

| 접지면흑반 |

부정타원형의 짚 밀착 흑반이 가장 많고 타원형 흑반이 다음으로 많다. 장동형의 심발을 횡치해 설치했기 때문에 짚에 맞닿은 접지면적이 커지면서 접지면의 근처에 장작을 설치할 필요성이 높았을 것이다.

| 덮개접촉흑반 |

그을음 때문에 유무가 불명인 것을 제외하고 외b면에 흑반이 없는 것이 3점, 접촉흑반 4점으로 거의 반반의 비율로 접촉흑반이 확인되었다. 덮개 접촉 흑반은 부정타원형이 주를 점하고 있다. 이중 25는 부근에 봉상흑반이 함께 있어 근처에 땔나무를 설치했던 것을 알 수 있다. 또한 대형심발 2점은 부정타원형의 덮개 접촉 흑반이 부착된데 비해, 소형은 덮개 접촉 흑반이 없는 비율이 높다.

4. 黑斑에서 復元된 中島式 硬質無文土器의 野外燒成方法

상기한 토기의 관찰을 통해 다음의 내용을 확인하거나 추정해 볼 수 있었다.

| 덮개형인가 개방형인가 |

풍납토성 출토 토기군에서 확인된 소성흔의 경우 접지면에서는 대형의 부정타원형 흑반이 부착된 예가 주를 점하는 점에서 짚을 깔고 그 위에 토기를 횡치해 설치했다. 덮개접촉흑반이 부가된 예는 다수 존재함과 동시에 외a,b면과 내a면에 흑반의 대응관계가 명확히 확인되는 심발이 다수 존재한다. 옅은 火色이 생긴 예가 있다(2, 14). 이러한 특징에서 본 토기군은 덮개형야외소성으로 소성된 것으로 판단된다.

덮개형야외소성이라는 방법은 청동기시대로부터 확인되는 전통적인 기법으로 무문토기의 주요한 소성기법이다. 따라서 본고의 자료검토결과 원삼국시대에도 청동기시대의 무문토기 제작전통을 이어 경질무문토기가 제작되었고 소성기법도 역시 이러한 전통

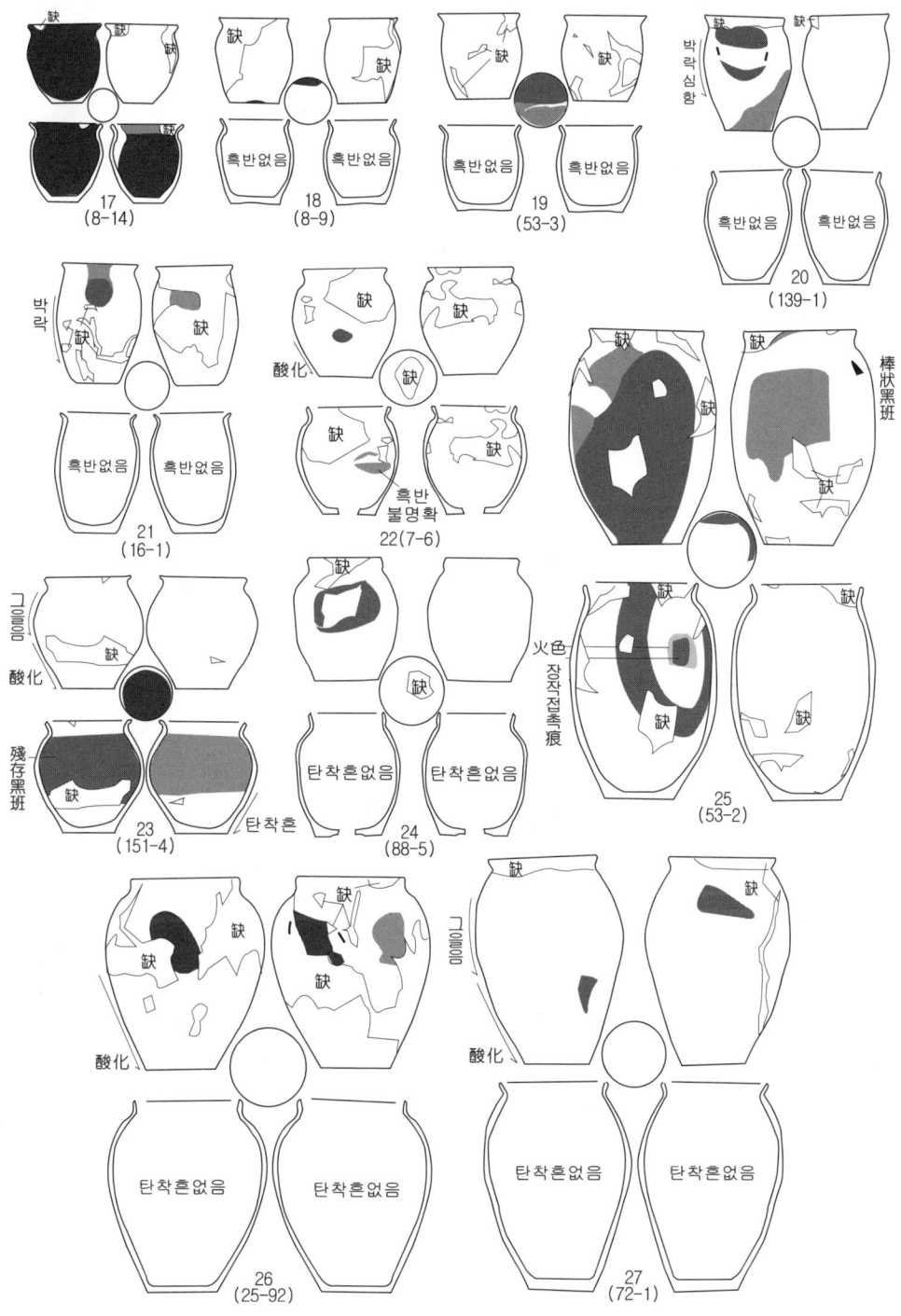

도 8 _ 미사리유적 출토 중도식 경질무문토기에 보이는 흑반 (S=1/10)

을 계승해 등요에서 소성되어진 타날문토기와 공반하면서도 이전의 소성 전통을 고수했던 것을 확인할 수 있었다.

| 흑반의 인정정도(그을음과 탄착흔의 부착빈도) |

이러한 소성흔이 토기의 사용에 의해 2차가열을 받게 되면서 그 때 산화되거나 그을음이 덮여 보이지 않게 되는 예도 있다. 이러한 양상은 특히 소·중형토기에 집중되는데, 조리용기로서 소·중형토기가 다수 사용되었던 것을 알 수 있다.

| 접지각도 | (도 9)

심발의 다수는 지면에 깐 벼과연료에 횡치해서 설치하고 있다. 다만 최종단계에 직립 상태였던 심발도 3점(11, 13, 23)이 존재한다. 그중 2점은 내면전체가 흑회색흑반에 덮여져 있는 점에서 최초부터 직립상태로 설치된 결과, 벼과 초본 연료의 덮개가 구연부 안으로 들어가 내면 전체에 잔존흑반이 남겨지게 되었거나, 야외소성최종단계에 내면을 흑색화하기 위해(덮개를 제거한 후) 횡치했던 위치를 변화시켜 심발을 직치했던가의 2가지 가능성을 고려해 볼 수 있다.

중도식 경질무문토기의 심발은 장동형으로 횡치할 때 접지면적이 큼에도 불구하고, 짚연료에 올려져 설치되었기 때문에 접지면에 대형의 짚 밀착 흑반이 부착된다. 접지했

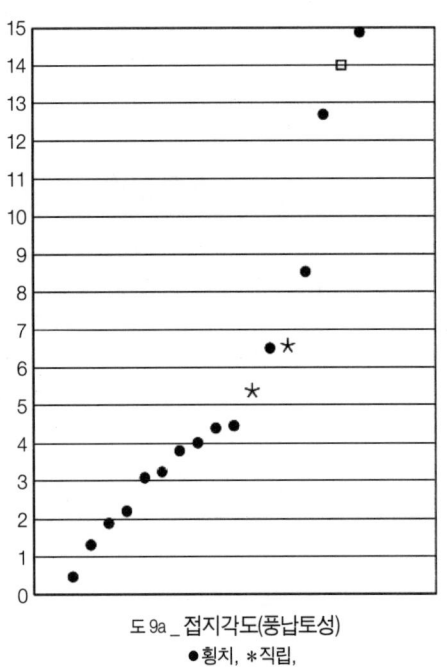

도 9a _ 접지각도(풍납토성)
●횡치, *직립,
□약간직립한기미의 횡치

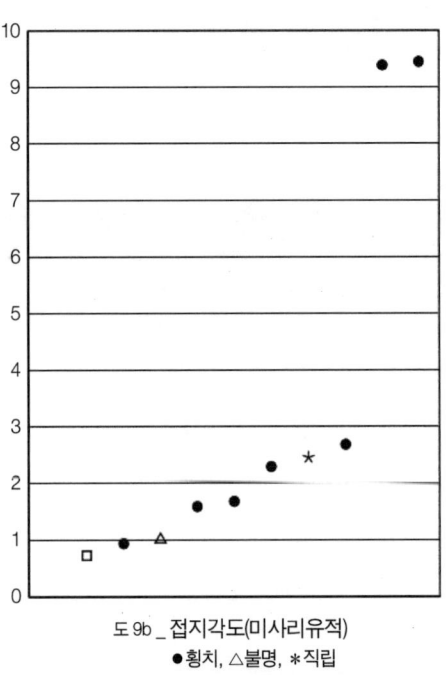

도 9b _ 접지각도(미사리유적)
●횡치, △불명, *직립
□약간직립한기미의 횡치

던 부분의 가스공급의 상승을 아마도 고려하지 않았다고 볼 수 있다.

| 연료의 배치 |

접지면 부근에 장작을 설치한 예가 많다. 그것은 장동기미의 심발을 지면에 놓을 때 짚의 위에 횡치해 설치했기 때문에 접지면에 가스공급이 불량할 것을 방지하기 위한 의도로 생각된다. 다만 무문토기에 비해 불규칙형의 비율이 낮고 타원형의 비율이 높은 점에서 접지면부근에 설치한 땔나무의 양은 감소되었다. 또한 상면(외b면)도 동일한 양상으로 무문토기보다도 땔나무가 설치되었던 빈도가 낮았던 것으로 보인다.

| 토기의 배치 |

16은 외b면에 불규칙한 弧狀의 덮개 접촉 흑반이 보이는 점에서 상면에 다른 토기를 積載했을 가능성이 있다. 다만 소형토기를 포함한 모든 심발은 접지면에 짚 밀착 흑반이 부가된 점에서 토기를 積載해 소성했던 빈도는 높지 않았던 것으로 추정된다.

| 덮개의 밀폐도와 가스공급의 방식 |

무문토기에 비해 「덮개 접촉 흑반 없음」이 나타나는 비율이 감소하고 타원형 덮개 접촉 흑반의 빈도가 증가하는 점에서 灰나 점토를 피복재로 사용했고, 무문토기보다도 밀폐도가 높은 덮개형이었던 것으로 추정된다. 다만 내외면의 마모부위에 있어서 단면에 흑색층이 노출되는 예가 많다(즉, 明色層의 두께가 얇다). 이러한 점에서 가스공급은 아마도 양호하지 않았던 것으로 보인다. 내면전체가 잔존흑반이 부착된 예가 있는 것도 가스공급이 양호하지 않았던 것을 보여준다고 하겠다. 이와같이 무문토기에 비해 덮개의 밀폐도는 높았지만 전체적으로 가스공급은 양호하지 않았는데, 이를 통해 지면(짚의 위)이나 상면에 설치되었던 장작의 양이 무문토기에 비해 적었던 것을 추정해 볼 수 있다.

| 무문토기와의 차이를 발생시키는 배경 |

이상을 정리하면, 원삼국시대의 중도식 경질무문토기는 청동기시대 중·후기 무문토기에 비해 짚을 깔고 그 위에 토기를 횡치해 설치한 점은 공통적이지만, 덮개의 밀폐도가 약간 높고, 접지면 사이나 상면에 땔나무를 설치하는 빈도가 낮아지는(장작절약형으로의 변화) 등의 차이를 보인다. 따라서 땔나무를 절약한 대신에 덮개 밀폐도를 높이려고 의도하였지만, 단면색조나 내면잔존흑반에서 추정해 보건데 중도식 경질무문토기의 가스공급은 무문토기보다도 저하되었던 것을 추정된다. 이러한 변화를 발생시키는 이유로는 대량의 땔나무를 소비하는 窯燒成과 장작 절약형의 덮개형 야외 소성이라는 분화가 진행되었기 때문으로 추정된다.

참고문헌

韓志仙, 2005,「百濟土器 成立期 樣相에 대한 再檢討」『百濟硏究』第41輯, 忠南大學校 百濟硏究所.

尹世英・李弘鍾, 1994,『渼沙里』第5卷, 渼沙里先史遺蹟發掘調査團.

李南珪・權五榮 外, 2003,『風納土城 Ⅲ』한신大學校博物館.

ㄱ

가마

질그릇, 기와, 벽돌, 숯 등을 소성하는 시설. 엄밀하게는 항구적인 상부구조를 가지며 연료를 추가할 수 있는 아궁이를 구비한 소성시설을 말하지만, 이러한 시설을 갖지 않은 신석기시대나 청동기시대의 토기소성유구에 대해서 이 용어를 사용하기도 한다.

개방형 야외소성
〔Open Field Firing; 開放型野燒き〕
아무 시설을 사용하지 않는 토기소성방법. 연료가 노출되어 있어서 열이 계속 방출되기 때문에 많은 연료를 필요로 한다. 소성이 진행되면서 토기 온도가 내려가는 단계에서도 땔나무에서 많은 그을음이 나오기 때문에 땔나무 접촉 흑반이 형성되기가 쉽다. 또한, 토기와 접촉한 땔나무나 숯에서 나오는 그을음의 양에 따라 '역U자형'이나 '2개 1쌍'의 땔나무 접촉 흑반, 숯 집적 흑반 등이 생성된다.

그을음〔スス〕
땔나무와 같은 유기물이 연소하면서 발생하는 탄소.

그을음 부착 흑반〔スス付着黑斑〕
토기 기벽의 온도가 내려가는 단계에 토기와 약간 떨어져 있는 땔나무에서 나온 그을음이 토기에 부착되어 형성되는 흑반. 개방형 야외소성에서 발생하는 빈도가 높다.

ㄴ

내A면
세로 방향으로 토기의 1/2을 잘랐을 때, 소성 종료 시에 지면을 향한 쪽의 내면.

내B면
세로 방향으로 토기의 1/2을 잘랐을 때, 소성 종료 시 위를 향한 쪽의 내면.

니요(泥窯)
소위 雲南方式의 덮개형 야외소성에서 사용되는 소성시설.

ㄷ

대조실험(對照實驗)
어떠한 대상에 있어 일정 조건의 영향을 규명하기 위하여, 목적으로 삼은 조건 이외의 조건을 동일하게 설정하는 실험방법. 두 가지 실험 결과를 비교·검토함으로써 특정 조건에 의한 영향을 검토할 수 있다.

— 덮개 접촉 흑반〔覆い接触黑斑〕

덮개형 야외소성에서 소성 종료 시까지 토기와 덮개가 접했던 부분에서 생성된 흑반.

— 덮개형 야외소성

〔Covered Open Firing; 覆い型野焼き〕

벼과식물 등의 초본식물 덮개를 이용하여 토기를 굽는 방법. 현재 동남아시아의 도작농경민과 아프리카 일부에서 관찰된다. 개방형 야외소성에 비해 연료의 소비량이 적으며 안정적인 온도변화를 나타낸다. 이 방식으로 소성된 토기에서는 화색이나 줄 모양 흑반 등의 특징적인 흔적이 나타나는 경우가 많다.

— 땔나무 접촉 흑반〔薪接触黑斑〕

토기 소성 시 땔나무와 접하였던 부분에서 생성되는 흑반. 역U자형, 2개 1쌍형, 불규칙형, 봉상, 숯 집적 흑반 등으로 세분된다.

— 민족지고고학〔Ethnoarchaeology〕

현재 살아 있는 사람들의 행위와 물질문화에 대한 검토를 통하여 고고학적 자료를 해석하려고 하는 고고학의 한 분야.

— 바탕흙

토기를 제작할 때에 사용하는 흙. 주로 2차 퇴적 점토가 사용되는데, 목적에 따라 흙을 精選하거나 의도적으로 강모래나 운모를 비롯한 광물 혹은 燒粘土 등을 혼합시키는 경우도 많다.

— 반첸〔Ban Chen〕

태국 동북부에 존재한 마을 명칭. 개방형 야외소성을 행하지만 땔나무에 점화한 후 부분적으로 짚을 덮은 덮개형과 유사한 소성 방법을 채택하고 있다.

— 백반〔白斑〕

토기 소성흔의 한 가지로, 탄소가 완전히 없어진 연료와 접촉했던 부분에 생성된 백색 부분.

— 봉상 흑반〔棒狀黑斑〕

소성 시 토기와 접촉했던 땔나무가 소성 종료 시까지 남아 있었을 경우에 생성되는 흑반. 땔나무 접촉 흑반의 한 가지이다.

— 불규칙형 흑반〔不規則形黑斑〕

불규칙한 형태를 나타나는 흑반. 세부적으로는 접지면 흑반이나 덮개 접촉흑반이 주변부에 있는 땔나무에 의해 정연하지 않게 나타났을 경우와 땔나무 접촉 흑반의 한 가지로 나타나는 경우가 있다.

— 빈도크〔Bindok〕

베트남에 존재하는 마을 명칭. 땔나무에 점화한 후 부분적으로 짚을 덮은 야외소성 방법을 사용하고 있다.

— 산화〔酸化〕

토기 표면에 한 번 부착된 탄소가 가열됨에 따라 소실되는 현상. 소성 시뿐만 아

니라 자비 시에도 일어날 수 있다. 산화
된 토기 기면은 밝은 색조로 변한다.

━ 산화염소성(酸化焰燒成)
산소가 공급되고 있는 상태에서 토기를
소성하는 방법. 갈색~적색 계통의 색조
를 나타낸다. ↔ 환원염소성

━ 설치각도
주로 덮개형 야외소성으로 토기를 소성
할 때 토기를 설치한 각도. 토기의 중심
축이 지면으로부터 어느 정도 기울어져
있는지를 수치로 표현한 것이다.

━ 성형
준비된 바탕흙으로 제작자가 기물을 원
하는 형태로 만드는 작업. 테쌓기, 감아올
리기, 형뜨기, 손빚기 등의 기법이 있다.

━ 소성점토괴(燒成粘土塊)
점토 덩어리가 불에 타서 소성된 것을 말
한다. 주로 토기소성시설로 추정되는 유
구의 출토품은 소성시설의 덮개로 생각
되는 경우가 많다. 식물의 壓痕이 확인되
는 사례도 있다. 하지만 주거 또는 금속
용해로 등의 벽체와 같이 다른 시설의 잔
존물일 가능성도 있다.

━ 소성파열(燒成破裂)
토기 태토 중에 포함된 구조수분이 급격
한 온도 상승에 의해 파열하면서 토기 표
면에 소성파열흔이 생기는 현상.

━ 소성파열흔(燒成破裂痕)
토기 표면에 나타나는 소성파열에 의한
흔적.

━ 소성흔(燒成痕)
토기의 소성과 동반된 여러 가지 흔적.
대표적인 것으로 흑반, 백반, 화색, 산화
부, 소성파열흔 등을 들 수 있다.

━ 수지도포(樹脂塗布)
방수나 장식을 위하여 토기 표면에 수지
를 칠하는 행위.

━ 숯 집적 흑반〔オキ溜まり黑斑〕
온도 하강 단계에 땔나무의 형태가 붕괴
된 숯과 접촉한 부분에서 생성되는 흑반.
기본적으로 내A면에서 관찰된다.

━ 승염식요(昇炎式窯)
소성 시 연료를 밑으로, 소성대상을 위로
설치하여 불이 수직으로 올라가는 구조
를 가지는 가마.

━ 실험고고학〔Experimental Archaeology〕
실제 고고자료에 적용 가능한 가설을 세
우기 위하여 실험을 이용하는 고고학의
한 방법.

ㅇ

━ 야외소성〔Field Firing; 野燒き〕
항구적인 상부구조를 가지지 않는 소성
장에서 토기를 굽는 방식. 크게 아무 시설
이 없는 개방형 야외소성과 벼과식물 등
으로 토기와 연료를 덮어 소성하는 덮개
형 야외소성의 두 가지로 나눌 수 있다.

━ 역U자형 흑반〔逆U字形黑斑〕
땔나무 접촉 흑반의 한 가지로, 토기와 접
한 땔나무의 상단과 양측에 넓게 부착된

그을음에 의한 흑반.

■ 외A면

세로 방향으로 토기의 1/2를 잘랐을 때, 소성 종료 시 지면을 향한 쪽의 외면.

■ 외B면

세로 방향으로 토기의 1/2를 잘랐을 때, 소성 종료 시 위를 향한 쪽의 외면.

■ 요상구조(窯狀構造)

완전한 가마 구조는 아니지만 외부와의 통기성을 어느 정도 차단하는 형태의 구조.

■ 운남방식(雲南方式)

中國 雲南省에서 관찰된 덮개형 야외소성의 한 형태. 진흙 피복재로 지면까지 전체를 덮기 때문에 가장 밀폐도가 높고, 또한 덮개가 지면에 이르기 때문에 짚 연료의 소성이 진행되어도 덮개가 무너지지 않는 이점이 있다.

■ 2개 1쌍형 흑반〔二個一雙黑斑〕

1) 토기 외면 양측 정반대의 위치에 부착된 한 쌍의 흑반. 佐原眞에 의해 흑반이 부착된 위치에 이러한 규칙성이 보이는 점이 처음으로 지적되었다.
2) 땔나무 접촉 흑반의 한 가지. 땔나무에서 나온 탄소가 산화 소실되지 않을 정도로 기벽의 온도가 내려간 단계에, 땔나무의 양측에서 나온 그을음에 의해 생긴 것.

大

■ 잔존 흑반〔殘存 黑斑〕

불의 순환이 불량한 부분에서 소성 초기 단계에 부착된 탄소가 잔존하여 생성된 흑반.

■ 접지각도(接地角度)

주로 덮개형 야외소성으로 토기가 구워졌을 때 토기와 지면이 이룬 각도. 토기의 중심축이 지면으로부터 어느 정도 기울어져 있는지를 수치로 표현한 것이다. 설치각도는 소성 시작 단계의 각도를 이르는 것에 비해서, 접지각도란 어느 한 시점에서 토기와 지면이 이루는 각도를 일컫는다.

■ 접지면 흑반〔接地面黑斑〕

토기와 지면 혹은 지면에 깐 연료 등과 접한 부분에 나타나는 흑반.

■ 조면

성형이 끝난 토기의 표면 상태를 조정하기 위한 행위. 나무 판이나 조개, 가죽 등의 도구를 사용하거나 손으로 토기 기면을 정리한다.

■ 줄 모양 흑반〔筋狀黑斑〕

볏짚과 같은 가는 연료(혹은 덮개로 사용된 식물)와 토기가 접한 부분에서 나타나는 흑반. 덮개형 야외소성의 지표가 된다.

■ 짚 밀착 흑반〔藁密着黑斑〕

소성 종료 시까지 토기와 볏짚이 접한 부분에서 나타나는 흑반. 주로 접지면과 덮개의 접촉면에서 관찰되는데, 주변에 다른 연료가 없을 때에는 정연한 타원형을 이룬다.

ㅊ

━ 측벽(側壁)

요상구조의 측면 쪽 벽을 이름.

━ 츄아〔Chua〕

반반의 비율로 섞인 점토와 왕겨의 덩어리를 하룻밤 소성한 후 분쇄한 혼합물. 소성된 츄아 점토덩어리는 왕겨를 대량으로 포함하기 때문에 매우 약하여, 쉽게 가루로 만들 수 있다. 모래보다는 토기의 조직에 가까우며 또한 대량으로 포함된 왕겨 편이 소성 시에 多孔質의 기벽을 만들어내기 때문에 급격한 온도의 상승에도 파손이 적다.

ㅋ

━ 카링가〔Kalinga〕

필리핀의 루손(Luzon)섬 산악지대에서 생활하고 있는 부족 및 그 촌락의 명칭. W. Longacre 등에 의해 토기에 대한 종합적인 민족지고고학 조사가 이루어졌다.

ㅌ

━ 탄착흔〔コゲ〕

넓은 의미로는 연료에 의하여 탄소가 토기 표면에 부착된 것을 이름. 좁은 의미로는 조리 등에 의하여 토기 내면에 부착된 유기물 흔적을 가리킨다. 주로 좁은 의미의 개념으로 사용된다.

ㅍ

━ 피복재(被覆材)

덮개형 야외소성에서 덮개를 만드는 재료. 볏짚과 그 위에 올리는 生草, 재, 진흙 등을 들 수 있다.

ㅎ

━ 한케오〔Hankeeo〕

태국 북부에 위치한 마을 명칭. 小林正史 등에 의해 토기에 대한 민족지조사가 진행되고 있다.

━ 화색(火色)

벼과 식물의 규산체에 의하여 토기 소성 시 산소가 공급된 상태에서 표면에 나타나는 오렌지색.

━ 환원염소성(還元焰燒成)

산소가 공급되지 않는 상태로 토기를 소성하는 방법. 어느 정도의 구조를 가진 가마에서 가능하다. 이 방식으로 소성된 토기는 회색 계통의 색조를 나타낸다. ↔ 산화염소성

━ 흑반(黑斑)

토기 소성 시 마지막까지 표면에 탄소가 부착되어 흑색화된 부분. 형성되는 요인에 따라 잔존 흑반, 짚 밀착 흑반, 땔나무 접촉 흑반, 숯 집적 흑반, 그을음 부착 흑반의 5가지로 분류된다.

● 庄田愼矢 _ SHODA, Shinya (편집 / 집필 / 번역)

1978년 日本 北海道에서 出生.
충남대학교 대학원 고고학과 문학박사.
(재)한국고고환경연구소 특별연구원.

대표논저
「松菊里型甕棺의 燒成 및 使用方法 研究」(2004)
「北海道オホーツク海沿岸先・原史土器の燒成痕」(2005)
「青銅器時代 土器燒成技法의 實證的 研究」(2006)

● 北野博司 _ KITANO, Hiroshi (집필)

1959년 日本 石川縣에서 出生. 富山大學 인문학부 졸업.
東北藝術工科大學 藝術學部 歷史遺産學科 助敎授.

대표논저
『出羽の古墳時代』(共著) 高志書院(2004)
『文字と古代日本』2 文字による交流(共著) 吉川弘文館(2005)
「律令國家轉換期の須惠器窯業」(2006)

● 小林正史 _ KOBAYASHI, Masashi (집필)

1957년 日本 新潟縣에서 出生.
미국 애리조나대학 인류학 박사.
北陸學院短期大學 교수.

대표논저
「東南アジアの土器作り民族誌における工程間の結びつき」(2003)
「稲作農耕民の土器作り民族誌の分析からみた彌生土鍋の作り分け」(2005)
「バングラデシュ西部の傳統的土器作りにおける成形手法の選擇」(2005)

● 長友朋子 _ NAGATOMO, Tomoko (집필)

1972년 日本 京都府에서 出生.
大阪大學大學院 文學研究科 博士(文學).
大手前大學 史學研究所 PD연구원.

대표논저
「文樣の地域性 -彌生時代における凹線文を素材として-」(2003)
「彌生時代から古墳時代への食事樣式の變化とその歷史的意義」(2005)
「彌生土器における覆い型野燒きの受容と展開 -西日本を中心に-」(2006)

● 崔仁建 _ CHOI, In-gon (집필)

1979년 서울에서 出生.
고려대학교 대학원 문화재학과 고고학전공 재학중.
(재)한국고고환경연구소 연구원.

편집 / 집필 / 번역자 소개

● 韓志仙 _ HAN, Ji-seon (집필)

1976년 광주에서 出生.
충남대학교 고고학과 박사과정 재학중.
한신대학교박물관 연구원.

대표논저

「百濟土器 成立期 樣相에 대한 再檢討」(2005)
「韓國原三國時代の土器にみられる調理方法の檢討」(2005)

● 山本孝文 _ YAMAMOTO, Takafumi (번역)

1974년 日本 長野縣에서 出生.
부산대학교 대학원 고고학과 문학박사.
(재)한국고고환경연구소 연구교수.

대표논저

「百濟 泗沘期 石室墳의 階層性과 政治制度」(2002)
「泗沘期 石室의 基礎編年과 埋葬構造」(2006)
『三國時代 律令의 考古學的 研究』(2006)

● 孫晙鎬 _ SON, Joon-ho (번역)

1972년 서울에서 出生.
고려대학교 대학원 문화재학과 고고학전공 문학박사.
(재)한국고고환경연구소 책임연구원.

대표논저

「磨製石器 分析을 통한 寬倉里遺蹟 B區域의 性格 檢討」(2003)
「磨製石器 使用痕分析의 現況과 韓國에서의 展望」(2005)
『靑銅器時代 磨製石器 研究』(2006)

토기소성의 고고학
土器燒成의 考古學

초판인쇄일 : 2007년 3월 25일 / 초판발행일 : 2007년 3월 30일 / 초판2쇄발행일 : 2008년 3월 5일 /
지은이 : 한국고고환경연구소 / 발행인 : 김선경 / 발행처 : 도서출판 서경문화사 /
주소 : 서울 종로구 동숭동 199 - 15(105호) / 전화 : 743 - 8203, 8205 / 팩스 : 743 - 8210 /
메일 : sk8203@chollian.net / 인쇄 : 한성인쇄 / 제책 : 반도제책사 / 등록번호 : 제 1 - 1664호 /
ISBN 89-6062-005-X   93900

＊파본은 본사나 구입처에서 교환하여 드립니다.

정가   22,000원